Sammlung Luchterhand 361

Über dieses Buch: Im vorliegenden Band sind Christa Wolfs phantastische Stücke – »unwahrscheinliche Geschichten« – aus den Jahren 1960 bis 1972 versammelt. Drei der phantastischen Erzählungen sind gemeinsam entstanden: neben den »Neuen Lebensansichten eines Katers«, eines gelehrten Nachfahren von E.T.A. Hoffmanns Kater Murr, und der scharfsinnigen Emanzipations-Satire »Selbstversuch« die Erzählung »Kleiner Ausflug nach H.«, eine so gewagte wie souveräne Satire über den Verbleib der Helden sozialistischer Literatur. Aber auch erzählerische Momente aus Christa Wolfs Romanen (»Nachdenken über Christa T.«, »Kindheitsmuster«) tauchen auf: die Arbeit des Erinnerns in »Blickwechsel«, die Spontanität des Tagebuchs in »Dienstag, der 27. September«, die konkrete Episode persönlichen Erlebens in »Juninachmittag« und das Spiel mit den offenen Möglichkeiten beim Traumspaziergang »Unter den Linden«.

Über die Autorin: Christa Wolf, geboren 1929 in Landsberg/ Warthe, lebt als freie Schriftstellerin in Berlin. Ihr umfangreiches erzählerisches und essayistisches Werk ist mit zahlreichen Preisen ausgezeichnet worden.

Christa Wolf
Gesammelte Erzählungen

Luchterhand
Literaturverlag

Die *Gesammelten Erzählungen* erschienen zuerst 1980 im Hermann Luchterhand Verlag, Darmstadt und Neuwied.
Die in diesem Band enthaltenen Erzählungen *Unter den Linden, Neue Lebensansichten eines Katers* und *Selbstversuch* erschienen zuerst 1974 im Aufbau-Verlag, Berlin und Weimar, sowie im Hermann Luchterhand Verlag, Darmstadt und Neuwied, unter dem Titel *Unter den Linden. Drei unwahrscheinliche Geschichten.*

Sammlung Luchterhand, Dezember 1981
Copyright © 1993 by Luchterhand Literaturverlag GmbH, Hamburg.
Alle Rechte vorbehalten. Umschlagentwurf: Max Bartholl/Christoph Krämer. Druck: Ebner Ulm. Printed in Germany.
ISBN 3-630-61361-6

11 12 13 14 15 16   98 97 96 95 94 93

Blickwechsel

Ich habe vergessen, was meine Großmutter anhatte, als das schlimme Wort *Asien* sie wieder auf die Beine brachte. Warum gerade sie mir als erste vor Augen steht, weiß ich nicht, zu Lebzeiten hat sie sich niemals vorgedrängt. Ich kenne alle ihre Kleider: das braune mit dem Häkelkragen, das sie zu Weihnachten und zu allen Familiengeburtstagen anzog, ihre schwarze Seidenbluse, ihre großkarierte Küchenschürze und die schwarzmelierte Strickjacke, in der sie im Winter am Ofen saß und den »Landsberger General-Anzeiger« studierte. Für diese Reise hatte sie nichts Passendes anzuziehen, an meinem Gedächtnis liegt es nicht. Ihre Knöpfstiefelchen konnte sie gebrauchen, sie hingen an ihren zu kurzen, leicht krummen Beinen immer zwei Zentimeter über dem Fußboden, auch wenn meine Großmutter auf einer Luftschutzpritsche saß, auch wenn der Fußboden festgetretene Erde war, wie an jenem Apriltag, von dem hier die Rede ist. Die Bomberverbände, die nun schon am hellerlichten Tag über uns hin nach Berlin zogen, waren nicht mehr zu hören. Jemand hatte die Tür des Luftschutzbunkers aufgestoßen, und in dem hellen Sonnendreieck am Eingang standen, drei Schritt von dem baumelnden Knöpfstiefelchen meiner Großmutter entfernt, ein Paar hohe schwarze Langschäfter, in denen ein Offizier der Waffen-SS steckte, der in seinem blonden Gehirn jedes einzelne Wort meiner Großmutter während des langen Fliegeralarms festgehalten hatte: Nein, nein, hier kriegt ihr mich nicht mehr weg, sollen sie mich umbringen, um mich alte Frau ist es nicht schade. – Was? sagte der SS-Offizier. Lebensmüde? Diesen asiatischen Horden wollt ihr in die Hände fallen? Die Russen schneiden doch allen Frauen die Brüste ab!
Da kam meine Großmutter ächzend wieder hoch. Ach Gott, sagte sie, womit hat die Menschheit das verdient! Mein Großvater fuhr sie an: Was du auch immer reden mußt!, und nun

sehe ich sie genau, wie sie auf den Hof gehen und sich jeder an seinen Platz bei unserem Handwagen stellen: Großmutter in ihrem schwarzen Tuchmantel und dem hell- und dunkelbraun gestreiften Kopftuch, das noch meine Kinder als Halswickel hatten, stützt die rechte Hand auf den hinteren Holm des Wagens, Großvater in Ohrenklappenmütze und Fischgrätjoppe postiert sich neben der Deichsel. Eile ist geboten, die Nacht ist nahe und der Feind auch, nur daß sie beide von verschiedenen Richtungen kommen: die Nacht von Westen und der Feind von Osten. Im Süden, wo sie aufeinandertreffen und wo die kleine Stadt Nauen liegt, schlägt Feuer an den Himmel. Wir glauben die Feuerschrift zu verstehen, das Menetekel scheint uns eindeutig und lautet: Nach Westen.

Wir aber müssen zuerst meine Mutter suchen. Sie verschwindet häufig, wenn es ans Weiterziehen geht, sie will zurück, und sie muß weiter, beide Gebote sind manchmal gleich stark, da erfindet sie sich Vorwände und läuft weg, sie sagt: Ich häng mich auf, und wir, mein Bruder und ich, leben noch in dem Bereich, in dem man Worte wörtlich nimmt, wir laufen in das kleine Waldstück, in dem meine Mutter nichts zu suchen hat und in dem auch wir nichts zu suchen haben wollen, wir ertappen uns gegenseitig dabei, wie wir den Blick in die Baumkronen werfen, wir vermeiden es, uns anzusehen, sprechen können wir sowieso nicht über unaussprechbare Vermutungen, wir schweigen auch, als meine Mutter, die jede Woche knochiger und magerer wird, vom Dorf heraufkommt, ein Säckchen Mehl auf den Handwagen wirft und uns Vorwürfe macht: Rennt in der Gegend umher und macht die Leute wild, was habt ihr euch bloß gedacht? Und wer soll den Bauern das Zeug aus der Nase ziehen, wenn nicht ich?

Sie spannt sich vor den Wagen, mein Bruder und ich schieben an, der Himmel gibt unheimlich Feuerwerk dazu, und ich höre wieder das feine Geräusch, mit dem der biedere Zug *Wirklichkeit* aus den Schienen springt und in wilder Fahrt mitten in die dichteste, unglaublichste Unwirklichkeit rast, so daß mich ein Lachen stößt, dessen Ungehörigkeit ich scharf empfinde.

Nur daß ich niemandem klarmachen kann, daß ich nicht über

uns lache, gottbewahre, über uns seßhafte, ordentliche Leute in dem zweistöckigen Haus neben der Pappel, über uns bunte Guckkastenleute im Essigpott; Mantje, Mantje, Timpete, Buttje, Buttje in de See, mine Fru, de Ilsebill, will nich so, as ik wol will. Aber keiner von uns hat doch Kaiser werden wollen oder gar Papst und ganz gewiß nicht Lieber Gott, ganz zufrieden hat der eine unten im Laden Mehl und Butterschmalz und saure Gurken und Malzkaffee verkauft, der andere englische Vokabeln an einem schwarzen Wachstuchtisch gelernt und hin und wieder aus dem Fenster über die Stadt und den Fluß gesehen, die ganz ruhig und richtig dalagen und mir nie den Wunsch eingegeben haben, sie zu verlassen, ganz beharrlich hat mein kleiner Bruder immer neue Merkwürdigkeiten aus seinem Stabilbaukasten zusammengeschraubt und dann darauf bestanden, sie mit Schnüren und Rollen in irgendeine sinnlose Bewegung zu bringen, während oben in ihrer Küche meine Großmutter eine Sorte Bratkartoffeln mit Zwiebeln und Majoran brät, die mit ihrem Tod aus der Welt verschwunden ist, und mein Großvater den Pechdraht über den Fensterriegel hängt und die blaue Schusterschürze abbindet, um auf seinem Holzbrettchen am Küchentisch in jedes Stückchen Brotrinde ein Dutzend feiner Kerben zu schneiden, damit sein zahnloser Mund das Brot kauen kann.

Nein, ich weiß nicht, warum man uns in den Essigpott geschickt hat, und um nichts in der Welt weiß ich, wieso ich darüber lachen muß, auch wenn mein Onkel, der den zweiten Handwagen unseres winzigen Zuges anführt, wieder und wieder argwöhnisch fragt: Möchte bloß wissen, an wem es hier was zu lachen gibt! Auch wenn ich begreife, wie enttäuscht einer sein muß, daß die Angst, man lache ihn aus, nicht mal zu Ende ist, wenn man endlich die Prokura in der Tasche hat. Auch wenn ich ihm gerne den Gefallen getan hätte, ihm zu versichern, ich lachte über mich selbst: Ich konnte schwer lügen, und ich fühlte deutlich, daß ich abwesend war, obwohl man eine jener Figuren, in der Dunkelheit gegen den Wind gelehnt, ohne weiteres mit mir hätte verwechseln können. Man sieht sich nicht, wenn man in sich drinsteckt, ich aber sah uns alle, wie ich uns heute sehe, als hätte irgendeiner mich aus meiner Hülle herausgehoben und danebengestellt mit dem Befehl: Sieh hin!

Das tat ich, aber es machte mir keinen Spaß.

Ich sah uns von der Landstraße abkommen, in der Finsternis auf Seitenwegen herumtappen und endlich auf eine Allee stoßen, die uns auf ein Tor führte, auf einen abgelegenen Gutshof und auf einen schiefen, leicht schlotternden Mann, der mitten in der Nacht zu den Ställen humpelte, dem es nicht gegeben war, sich über irgend etwas zu wundern, so daß er das verzweifelte, erschöpfte Trüppchen ungerührt auf seine Weise begrüßte: Na ihr, Sodom und Gomorrha? Macht ja nichts. Platz ist in der kleinsten Hütte für ein glücklich liebend Paar.

Der Mann ist nicht gescheit, sagte meine Mutter bedrückt, als wir Kalle über den Hof folgten, und mein Großvater, der wenig sprach, erklärte befriedigt: Der ist ganz schön im Gehirn verrückt. – So war es freilich. Kalle sagte Meister zu meinem Großvater, dessen höchste Dienstränge in seinem Leben Gemeiner in einem Kaiserlichen Infanterieregiment, Schustergeselle bei Herrn Lebuse in Bromberg und Streckenwärter bei der Deutschen Reichsbahn, Bezirksinspektion Frankfurt (Oder), gewesen waren. Meister, sagte Kalle, am besten nimmst du dir das Kabuff dahinten in der Ecke. Darauf verschwand er und pfiff: Nimm mal noch ein Tröpfchen, nimm mal noch ein Tröpfchen . . . Aber die Teeverteilung hatten die Schläfer in den Doppelstockbetten schon hinter sich, auch die unvermeidlichen Leberwurstbrote waren ihnen gereicht worden, man roch es. Ich versuchte, mir mit dem Arm beim Schlafen die Nase zuzuhalten. Mein Großvater, der fast taub war, begann wie jeden Abend laut sein Vaterunser aufzusagen, aber bei Und vergib uns unsere Schuld rief meine Großmutter ihm ins Ohr, daß er die Leute störe, und darüber kamen sie in Streit. Der ganze Saal konnte ihnen zuhören, wo früher nur ihre alten knarrenden Holzbetten Zeuge gewesen waren und das schwarzgerahmte Engelsbild mit dem Spruch: Wenn auch der Hoffnung letzter Anker bricht, verzage nicht!

Bei Morgengrauen weckte uns Kalle. Kutschern wirst du doch woll können? fragte er meinen Onkel. Herr Volk, was der Gutsbesitzer ist, will nämlich mit Mann und Maus abrücken,

8

aber wer fährt die Ochsenwagen mit den Futtersäcken? – Ich, sagte mein Onkel, und er blieb dabei, auch wenn meine Tante ihm in den Ohren lag, daß Ochsen gefährliche Tiere sind und daß er nicht für diese fremden Leute seine Haut zu Markte . . . Halt den Mund! schnauzte er. Und wie kriegst du sonst deine Plünnen hier weg? – Wir alle durften aufsitzen, und unser Handwagen wurde an der hinteren Wagenrunge festgezurrt. Oberprima, sagte Kalle, denkt bloß nicht, die Ochsen sind schneller als euer Handwagen. Herr Volk kam persönlich, um seinen neuen Kutscher mit Handschlag zu verpflichten, er trug einen Jägerhut, einen Lodenmantel und Knickerbocker, und Frau Volk kam, um die Frauen, die nun so oder so zu ihrem Gesinde gehörten, mit einem gütigen, gebildeten Wort zu bedenken, aber ich konnte sie nicht leiden, weil sie ohne weiteres du zu mir sagte und ihrer Dackelhündin Bienchen erlaubte, an unseren Beinen zu schnuppern, die vermutlich nach Leberwurstbroten rochen. Nun sah meine Tante, daß es sich um feine Leute handelte, sowieso hätte sich mein Onkel ja nicht bei irgendeinem Piefke verdingt. Dann begann es dicht hinter uns zu schießen, und wir zogen in beschleunigtem Tempo ab. Der Liebe Gott verläßt die Seinen nicht, sagte meine Großmutter.

Ich aber hatte in der Nacht zum letztenmal den Kindertraum geträumt: ich bin gar nicht das Kind meiner Eltern, ich bin vertauscht und gehöre zu Kaufmann Rambow in der Friedrichstadt, der aber viel zu schlau ist, seine Ansprüche offen anzumelden, obwohl er alles durchschaut hat und sich Maßnahmen vorbehält, so daß ich endlich gezwungen bin, die Straße zu meiden, in der er in seiner Ladentüre mit Lutschkellen auf mich lauert. Diese Nacht nun hatte ich ihm im Traum bündig mitteilen können, daß ich jegliche Angst, sogar die Erinnerung an Angst vor ihm verloren hatte, daß dies das Ende seiner Macht über mich war und ich von jetzt an täglich bei ihm vorbeikommen und zwei Stangen Borkenschokolade abholen werde. Kaufmann Rambow hatte kleinlaut meine Bedingungen angenommen.

Kein Zweifel, er war erledigt, denn er wurde nicht mehr gebraucht. Vertauscht war ich nicht, aber ich selbst war ich auch nicht mehr. Nie vergaß ich, wann dieser Fremdling in mich gefahren war, der mich inzwischen gepackt hatte und nach Gutdünken mit mir verfuhr. Es war jener kalte Januarmorgen, als ich in aller Hast auf einem Lastwagen meine Stadt in Richtung Küstrin verließ und als ich mich sehr wundern mußte, wie grau diese Stadt doch war, in der ich immer alles Licht und alle Farben gefunden hatte, die ich brauchte. Da sagte jemand in mir langsam und deutlich: Das siehst du niemals wieder.

Mein Schreck ist nicht zu beschreiben. Gegen dieses Urteil gab es keine Berufung. Alles, was ich tun konnte, war, treu und redlich für mich zu behalten, was ich wußte, Flut und Ebbe von Gerüchten und Hoffnungen anschwellen und wieder sinken zu sehen, vorläufig alles so weiterzumachen, wie ich es den anderen schuldig war, zu sagen, was sie von mir hören wollten. Aber der Fremdling in mir fraß um sich und wuchs, und womöglich würde er an meiner Stelle bald den Gehorsam verweigern. Schon stieß er mich manchmal, daß sie mich von der Seite ansahen: Jetzt lacht sie wieder. Wenn man bloß wüßte, worüber?

2

Über *Befreiung* soll berichtet werden, die Stunde der Befreiung, und ich habe gedacht: Nichts leichter als das. Seit all den Jahren steht diese Stunde scharf gestochen vor meinen Augen, fix und fertig liegt sie in meinem Gedächtnis, und falls es Gründe gegeben hat, bis heute nicht daran zu rühren, dann sollten fünfundzwanzig Jahre auch diese Gründe getilgt haben oder wenigstens abgeschwächt. Ich brauchte bloß das Kommando zu geben, schon würde der Apparat arbeiten, und wie von selbst würde alles auf dem Papier erscheinen, eine Folge genauer, gut sichtbarer Bilder. Wider Erwarten hakte ich mich an der Frage fest, was meine Großmutter unterwegs für Kleider trug, und von da geriet ich an den Fremdling, der mich eines Tages in sich verwandelt hatte und nun schon wieder ein anderer ist und andere Urteile spricht, und schließlich muß ich mich damit abfinden, daß aus der Bilderkette nichts wird; die Erinnerung ist kein Leporelloalbum, und es hängt nicht allein von einem Datum und zufälligen Bewegungen der alliierten Truppen ab, wann einer befreit wird, sondern doch auch von gewissen schwierigen und lang andauernden Bewegungen in ihm selbst. Und die Zeit, wenn sie Gründe tilgt, bringt doch auch unaufhörlich neue hervor und macht die Benennung einer bestimmten Stunde eher schwieriger; wovon man befreit wird, will man deutlich sagen, und wenn man gewissenhaft ist, vielleicht auch, wozu. Da fällt einem das Ende einer Kinderangst ein, Kaufmann Rambow, der sicherlich ein braver Mann war, und nun sucht man einen neuen Ansatz, der wieder nichts anderes bringt als Annäherung, und dabei bleibt es dann. Das Ende meiner Angst vor den Tieffliegern. Wie man sich bettet, so liegt man, würde Kalle sagen, wenn er noch am Leben wäre, aber ich nehme an, er ist tot, wie viele der handelnden Personen (der Tod tilgt Gründe, ja).

Tot wie der Vorarbeiter Wilhelm Grund, nachdem die Tiefflieger ihm in den Bauch geschossen hatten. So sah ich mit sechzehn meinen ersten Toten, und ich muß sagen: reichlich spät für jene Jahre. (Den Säugling, den ich in einem steifen Bündel aus einem Lastwagen heraus einer Flüchtlingsfrau reichte, kann ich nicht rechnen, ich sah ihn nicht, ich hörte nur, wie seine Mutter schrie, und lief davon.) Der Zufall hatte ergeben, daß Wilhelm Grund an meiner Stelle dalag, denn nichts als der nackte Zufall hatte meinen Onkel an jenem Morgen bei einem kranken Pferd in der Scheune festgehalten, anstatt daß wir mit Grunds Ochsenwagen gemeinsam wie sonst vor den anderen auf die Landstraße gingen. Hier, mußte ich mir sagen, hätten auch wir sein sollen, und nicht dort, wo man sicher war, obwohl man die Schüsse hörte und die fünfzehn Pferde wild wurden. Seitdem fürchte ich Pferde. Mehr noch aber fürchte ich seit jenem Augenblick die Gesichter von Leuten, die sehen mußten, was kein Mensch sehen sollte. Ein solches Gesicht hatte der Landarbeiterjunge Gerhard Grund, als er das Scheunentor aufstieß, ein paar Schritte noch schaffte und dann zusammensackte: Herr Volk, was haben sie mit meinem Vater gemacht!

Er war so alt wie ich. Sein Vater lag am Rande der Straße im Staub neben seinen Ochsen und blickte starr nach oben, wer darauf bestehen wollte, mochte sich sagen: in den Himmel. Ich sah, daß diesen Blick nichts mehr zurückholte, nicht das Geheul seiner Frau, nicht das Gewimmer der drei Kinder. Diesmal vergaß man, uns zu sagen, das sei kein Anblick für uns. Schnell, sagte Herr Volk, hier müssen wir weg. So wie sie diesen Toten an Schultern und Beinen packten, hätten sie auch mich gepackt und zum Waldrand geschleift. Jedem von uns, auch mir, wäre wie ihm die Zeltplane vom gutsherrlichen Futterboden zum Sarg geworden. Ohne Gebet und ohne Gesang wie der Landarbeiter Wilhelm Grund wäre auch ich in die Grube gefahren. Geheul hätten sie auch mir nachgeschickt, und dann wären sie weitergezogen, wie wir, weil wir nicht bleiben konnten. Lange Zeit hätten sie keine Lust zum Reden gehabt, wie auch wir schwiegen, und dann hätten sie sich fragen müssen, was sie tun könnten, um selbst am Leben zu bleiben, und, genau wie wir jetzt, hätten sie große Birkenzweige abgerissen und unsere Wagen damit besteckt, als würden die fremden Piloten sich durch das wandelnde Birkenwäldchen täuschen lassen. Alles, alles wäre wie jetzt, nur ich wäre nicht mehr dabei. Und der Unterschied, der mir alles war, bedeutete den meisten anderen hier so gut wie nichts. Schon saß Gerhard Grund auf dem Platz seines Vaters und trieb mit dessen Peitsche die Ochsen an, und Herr Volk nickte ihm zu: Braver Junge. Dein Vater ist wie ein Soldat gefallen.

Dies glaubte ich eigentlich nicht. So war der Soldatentod in den Lesebüchern und Zeitungen nicht beschrieben, und der Instanz, mit der ich ständigen Kontakt hielt und die ich – wenn auch unter Skrupeln und Vorbehalten – mit dem Namen Gottes belegte, teilte ich mit, daß ein Mann und Vater von vier Kindern nach meiner Überzeugung nicht auf diese Weise zu verenden habe. Es ist eben Krieg, sagte Herr Volk, und gewiß, das war es und mußte es sein, aber ich konnte mich darauf berufen, daß hier eine Abweichung vom Ideal des Todes für Führer und Reich vorlag, und ich fragte nicht, wen meine Mutter meinte, als sie Frau Grund umarmte und laut sagte: Die Verfluchten. Diese verfluchten Verbrecher.

Mir fiel es zu, weil ich gerade Wache hatte, die nächste Angriffswelle, zwei amerikanische Jäger, durch Trillersignal zu melden. Wie ich es mir gedacht hatte, blieb der Birkenwald weithin sichtbar als leichte Beute auf der kahlen Chaussee stehen. Was laufen konnte, sprang von den Wagen und warf sich in den Straßengraben. Auch ich. Nur daß ich diesmal nicht das Gesicht im Sand vergrub, sondern mich auf den Rücken legte und weiter mein Butterbrot aß. Ich wollte nicht sterben, und todesmutig war ich gewiß nicht, und was Angst ist, wußte ich besser, als mir lieb war.

Aber man stirbt nicht zweimal an einem Tag. Ich wollte den sehen, der auf mich schoß, denn mir war der überraschende Gedanke gekommen, daß in jedem Flugzeug ein paar einzelne Leute saßen. Erst sah ich die weißen Sterne unter den Tragflächen, dann aber, als sie zu neuem Anflug abdrehten, sehr nahe die Köpfe der Piloten in den Fliegerhauben, endlich sogar die nackten weißen Flecken ihrer Gesichter. Gefangene kannte ich, aber dies war der angreifende Feind von Angesicht zu Angesicht, ich wußte, daß ich ihn hassen sollte, und es kam mir unnatürlich vor, daß ich mich für eine Sekunde fragte, ob ihnen das Spaß machte, was sie taten. Übrigens ließen sie bald davon ab.

Als wir zu den Fuhrwerken zurückkamen, brach einer unserer Ochsen, der, den sie Heinrich nannten, vor uns in die Knie. Das Blut schoß ihm aus dem Hals. Mein Onkel und mein Großvater schirrten ihn ab. Mein Großvater, der neben dem toten Wilhelm Grund ohne ein Wort gestanden hatte, stieß jetzt Verwünschungen aus seinem zahnlosen Mund. Die unschuldige Kreatur, sagte er heiser, diese Äster, verdammten, vermaledeite Hunde alle, einer wie der andere. Ich fürchtete, er könnte zu weinen anfangen, und wünschte, er möge sich alles von der Seele fluchen. Ich zwang mich, das Tier eine Minute lang anzusehen. Vorwurf konnte das in seinem Blick nicht sein, aber warum fühlte ich mich schuldig? Herr Volk gab meinem Onkel sein Jagdgewehr und zeigte auf eine Stelle hinter dem Ohr des Ochsen. Wir wurden weggeschickt. Als der Schuß krachte, fuhr ich herum. Der Ochse fiel schwer auf die Seite. Die Frauen hatten den ganzen Abend zu tun, das

Fleisch zu verarbeiten. Als wir im Stroh die Brühe aßen, war es schon dunkel. Kalle, der sich bitter beklagt hatte, daß er hungrig sei, schlürfte gierig seine Schüssel aus, wischte sich mit dem Ärmel den Mund und begann vor Behagen krächzend zu singen: Alle Möpse bellen, alle Möpse bellen, bloß der kleine Rollmops nicht . . . Daß dich der Deikert, du meschuggichter Kerl! fuhr mein Großvater auf ihn los. Kalle ließ sich ins Stroh fallen und steckte den Kopf unter die Jacke.

3

Man muß nicht Angst haben, wenn alle Angst haben. Dies zu wissen ist sicherlich befreiend, aber die Befreiung kam erst noch, und ich will aufzeichnen, was mein Gedächtnis heute davon hergeben will. Es war der Morgen des 5. Mai, ein schöner Tag, noch einmal brach eine Panik aus, als es hieß, sowjetische Panzerspitzen hätten uns umzingelt, dann kam die Parole: im Eilmarsch nach Schwerin, da sind die Amerikaner, und wer noch fähig war, sich Fragen zu stellen, der hätte es eigentlich merkwürdig finden müssen, wie alles jenem Feind entgegendrängte, der uns seit Tagen nach dem Leben trachtete. Von allem, was nun noch möglich war, schien mir nichts wünschbar oder auch nur erträglich, aber die Welt weigerte sich hartnäckig, unterzugehen, und wir waren nicht darauf vorbereitet, uns nach einem verpatzten Weltuntergang zurechtzufinden. Daher verstand ich den schauerlichen Satz, den eine Frau ausstieß, als man ihr vorhielt, des Führers lang ersehnte Wunderwaffe könne jetzt nur noch alle gemeinsam vernichten, Feinde und Deutsche. Soll sie doch, sagte das Weib.

An den letzten Häusern des Dorfes vorbei ging es einen Sandweg hinauf. Neben einem roten mecklenburgischen Bauernhaus wusch sich an der Pumpe ein Soldat. Er hatte die Ärmel seines weißen Unterhemds hochgekrempelt, stand spreizbeinig da und rief uns zu: Der Führer ist tot, so wie man ruft: Schönes Wetter heute. Mehr noch als die Erkenntnis, daß der Mann die Wahrheit sagte, bestürzte mich sein Ton.

Ich trottete neben unserem Wagen weiter, hörte die heiseren Anfeuerungsrufe der Kutscher, das Ächzen der erschöpften Pferde, sah die kleinen Feuer am Straßenrand, in denen die Papiere der Wehrmachtsoffiziere schwelten, sah Haufen von Gewehren und Panzerfäusten gespensterhaft in den Straßengräben anwachsen, sah Schreibmaschinen, Koffer, Radios und allerlei kostbares technisches Kriegsgerät sinnlos unseren Weg säumen und konnte nicht aufhören, mir wieder und wieder in meinem Inneren den Ton dieses Satzes heraufzurufen, der, anstatt ein Alltagssatz unter anderen zu sein, meinem Gefühl nach fürchterlich zwischen Himmel und Erde hätte widerhallen sollen.

Dann kam das Papier. Die Straße war plötzlich von Papier überschwemmt, immer noch warfen sie es in einer wilden Wut aus den Wehrmachtswagen heraus, Formulare, Gestellungsbefehle, Akten, Verfahren, Schriftsätze eines Wehrbezirkskommandos, banale Routineschreiben ebenso wie geheime Kommandosachen und die Statistiken von Gefallenen aus doppelt versicherten Panzerschränken, auf deren Inhalt nun, da man ihn uns vor die Füße warf, niemand mehr neugierig war. Als sei etwas Widerwärtiges an dem Papierwust, bückte auch ich mich nach keinem Blatt, was mir später leid tat, aber die Konservenbüchse fing ich auf, die mir ein LKW-Fahrer zuwarf. Der Schwung seines Armes erinnerte mich an den oft wiederholten Schwung, mit dem ich im Sommer neununddreißig Zigarettenpäcken auf die staubigen Fahrzeugkolonnen geworfen hatte, die an unserem Haus vorbei Tag und Nacht in Richtung Osten rollten. In den sechs Jahren dazwischen hatte ich aufgehört, ein Kind zu sein, nun kam wieder ein Sommer, aber ich hatte keine Ahnung, was ich mit ihm anfangen sollte.

Die Versorgungskolonne einer Wehrmachtseinheit war auf einem Seitenweg von ihrer Begleitmannschaft verlassen worden. Wer vorbeikam, nahm sich, was er tragen konnte. Die Ordnung des Zuges löste sich auf, viele gerieten, wie vorher vor Angst, nun vor Gier außer sich. Nur Kalle lachte, er schleppte einen großen Butterblock zu unserem Wagen, klatschte in die Hände und schrie glücklich: Ach du dicker

Tiffel! Da kann man sich doch glatt vor Wut die Röcke hochheben!

Dann sahen wir die KZler. Wie ein Gespenst hatte uns das Gerücht, daß sie hinter uns hergetrieben würden, die Oranienburger, im Nacken gesessen. Der Verdacht, daß wir auch vor ihnen flüchteten, ist mir damals nicht gekommen. Sie standen am Waldrand und witterten zu uns herüber. Wir hätten ihnen ein Zeichen geben können, daß die Luft rein war, doch das tat keiner. Vorsichtig näherten sie sich der Straße. Sie sahen anders aus als alle Menschen, die ich bisher gesehen hatte, und daß wir unwillkürlich vor ihnen zurückwichen, verwunderte mich nicht. Aber es verriet uns doch auch, dieses Zurückweichen, es zeigte an, trotz allem, was wir einander und was wir uns selber beteuerten: Wir wußten Bescheid. Wir alle, wir Unglücklichen, die man von ihrem Hab und Gut vertrieben hatte, von ihren Bauernhöfen und aus ihren Gutshäusern, aus ihren Kaufmannsläden und muffigen Schlafzimmern und aufpolierten Wohnstuben mit dem Führerbild an der Wand – wir wußten: Diese da, die man zu Tieren erklärt hatte und die jetzt langsam auf uns zukamen, um sich zu rächen – wir hatten sie fallenlassen. Jetzt würden die Zerlumpten sich unsere Kleider anziehen, ihre blutigen Füße in unsere Schuhe stecken, jetzt würden die Verhungerten die Butter und das Mehl und die Wurst an sich reißen, die wir gerade erbeutet hatten. Und mit Entsetzen fühlte ich: Das ist gerecht, und wußte für den Bruchteil einer Sekunde, daß wir schuldig waren. Ich vergaß es wieder.

Die KZler stürzten sich nicht auf das Brot, sondern auf die Gewehre im Straßengraben. Sie beluden sich damit, sie überquerten, ohne uns zu beachten, die Straße, erklommen mühsam die jenseitige Böschung und faßten oben Posten, das Gewehr im Anschlag. Schweigend blickten sie auf uns herunter. Ich hielt es nicht aus, sie anzusehen. Sollen sie doch schreien, dachte ich, oder in die Luft knallen, oder in uns reinknallen, Hergottnochmal! Aber sie standen ruhig da, ich sah, daß manche schwankten und daß sie sich gerade noch zwingen konnten, das Gewehr zu halten und dazustehen. Vielleicht hatten sie sich das Tag und Nacht gewünscht. Ich konnte ihnen nicht helfen, und sie mir auch nicht, ich verstand sie nicht, und ich brauchte sie nicht, und alles an ihnen war mir von Grund auf fremd.

Von vorne kam der Ruf, jedermann außer den Fuhrleuten sollte absitzen. Dies war ein Befehl. Ein tiefer Atemzug ging durch den Treck, denn das konnte nur eines bedeuten: Die letzten Schritte in die Freiheit standen uns bevor. Ehe wir in Gang kommen konnten, sprangen die polnischen Kutscher ab, schlangen ihre Leine um die Wagenrunge, legten die Peitsche auf den Sitz, sammelten sich zu einem kleinen Trupp und schickten sich an, zurück, gen Osten, auf und davon zu gehen. Herr Volk, der sofort blaurot anlief, vertrat ihnen den Weg. Zuerst sprach er leise mit ihnen, kam aber schnell ins Schreien, Verschwörung und abgekartetes Spiel und Arbeits- verweigerung schrie er. Da sah ich polnische Fremdarbeiter einen deutschen Gutsbesitzer beiseite schieben. Nun hatte wahrhaftig die untere Seite der Welt sich nach oben gekehrt, nur Herr Volk wußte noch nichts davon, wie gewohnt griff er nach der Peitsche, aber sein Hieb blieb stecken, jemand hielt seinen Arm fest, die Peitsche fiel zu Boden, und die Polen gingen weiter. Herr Volk preßte die Hand gegen das Herz, lehnte sich schwer an einen Wagen und ließ sich von seiner spitzmündigen Frau und der dummen Dackelhündin Bien- chen trösten, während Kalle von oben Miststück, Miststück auf ihn herunterschimpfte. Die Franzosen, die bei uns blieben, riefen den abziehenden Polen Grüße nach, die sie sowenig verstanden wie ich, aber ihren Klang verstanden sie, und ich auch, und es tat mir weh, daß ich von ihrem Rufen und Winken und Mützehochreißen, von ihrer Freude und von ihrer Sprache ausgeschlossen war. Aber es mußte so sein. Die Welt bestand aus Siegern und Besiegten. Die einen mochten ihren Gefühlen freien Lauf lassen. Die anderen – wir – hatten sie künftig in uns zu verschließen. Der Feind sollte uns nicht schwach sehen.

Da kam er übrigens. Ein feuerspeiender Drache wäre mir lieber gewesen als dieser leichte Jeep mit dem kaugummimal- menden Fahrer und den drei lässigen Offizieren, die in ihrer bodenlosen Geringschätzung nicht einmal ihre Pistolentaschen aufgeknöpft hatten. Ich bemühte mich, mit ausdruckslosem Gesicht durch sie hindurchzusehen, und sagte mir, daß ihr zwangloses Lachen, ihre sauberen Uniformen, ihre gleichgültigen Blicke, dieses ganze verdammte Siegergehabe ihnen sicher zu unserer besonderen Demütigung befohlen war.

Die Leute um mich herum begannen Uhren und Ringe zu verstecken, auch ich nahm die Uhr vom Handgelenk und steckte sie nachlässig in die Manteltasche. Der Posten am Ende des Hohlwegs, ein baumlanger, schlacksiger Mensch unter diesem unmöglichen Stahlhelm, über den wir in der Wochenschau immer laut herausgelacht hatten – der Posten zeigte mit der einen Hand den wenigen Bewaffneten, wohin sie ihre Waffen zu werfen hatten, und die andere tastete uns Zivilpersonen mit einigen festen, geübten Polizeigriffen ab. Versteinert vor Empörung ließ ich mich abtasten, insgeheim stolz, daß man auch mir eine Waffe zutraute. Da fragte mein überarbeiteter Posten geschäftsmäßig: Your watch? Meine Uhr wollte er haben, der Sieger, aber er bekam sie nicht, denn es gelang mir, ihn mit der Behauptung anzuführen, der andere da, your comrade, sein Kamerad, habe sie schon kassiert. Ich kam ungeschoren davon, was die Uhr betraf, da signalisierte mein geschärftes Gehör noch einmal das anschwellende Motorengeräusch eines Flugzeugs. Zwar ging es mich nichts mehr an, aber gewohnheitsmäßig behielt ich die Anflugrichtung im Auge, unter dem Zwang eines Reflexes warf ich mich hin, als es herunterstieß; noch einmal der ekelhafte dunkle Schatten, der schnell über Gras und Bäume huscht, noch einmal das widerliche Einschlaggeräusch von Kugeln in Erde. Jetzt noch? dachte ich erstaunt und merkte, daß man sich von einer Sekunde zur anderen daran gewöhnen kann, außer Gefahr zu sein. Mit böser Schadenfreude sah ich amerikanische Artilleristen ein amerikanisches Geschütz in Stellung bringen und auf die amerikanische Maschine feuern, die eilig hochgerissen wurde und hinter dem Wald verschwand.

Nun sollte man sagen können, wie es war, als es still wurde. Ich blieb eine Weile hinter dem Baum liegen. Ich glaube, es war mir egal, daß von dieser Minute an vielleicht niemals mehr eine Bombe oder eine MG-Garbe auf mich heruntergehen würde. Ich war nicht neugierig auf das, was jetzt kommen würde. Ich wußte nicht, wozu ein Drache gut sein soll, wenn er aufhört, Feuer zu speien. Ich hatte keine Ahnung, wie der hürnene Siegfried sich zu benehmen hat, wenn der Drache ihn nach seiner Armbanduhr fragt, anstatt ihn mit Haut und Haar aufzuessen. Ich hatte gar keine Lust, mit anzusehen, wie der Herr Drache und der Herr Siegfried als Privatpersonen miteinander auskommen würden. Nicht die geringste Lust hatte ich darauf, um jeden Eimer Wasser zu den Amerikanern in die besetzten Villen zu gehen, erst recht nicht, mich auf einen Streit mit dem schwarzhaarigen Leutnant Davidson aus Ohio einzulassen, an dessen Ende ich mich gezwungen sah, ihm zu erklären, daß mein Stolz mir nun gerade gebiete, ihn zu hassen.

Und schon überhaupt keine Lust hatte ich auf das Gespräch mit dem KZler, der abends bei uns am Feuer saß, der eine verbogene Drahtbrille aufhatte und das unerhörte Wort Kommunist so dahinsagte, als sei es ein erlaubtes Alltagswort wie Haß und Krieg und Vernichtung. Nein. Am allerwenigsten wollte ich von der Trauer und Bestürzung wissen, mit der er uns fragte: Wo habt ihr bloß all die Jahre gelebt?

Ich hatte keine Lust auf Befreiung. Ich lag unter meinem Baum, und es war still. Ich war verloren, und ich dachte, daß ich mir das Geäst des Baumes vor dem sehr schönen Maihimmel merken wollte. Dann kam mein baumlanger Sergeant nach getanem Dienst den Abhang hoch, und in jedem Arm hatte sich ihm ein quietschendes deutsches Mädchen eingehängt. Alle drei zogen in Richtung der Villen ab, und ich hatte endlich Grund, mich ein bißchen umzudrehen und zu heulen.

Dienstag, der 27. September

Als erstes beim Erwachen der Gedanke: Der Tag wird wieder anders verlaufen als geplant. Ich werde mit Tinka wegen ihres schlimmen Fußes zum Arzt müssen. Draußen klappen Türen. Die Kinder sind schon im Gange.
G. schläft noch. Seine Stirn ist feucht, aber er hat kein Fieber mehr. Er scheint die Grippe überwunden zu haben. Im Kinderzimmer ist Leben. Tinka liest einer kleinen, dreckigen Puppe aus einem Bilderbuch vor: Die eine wollte sich seine Hände wärmen; die andere wollte sich seine Handschuh wärmen; die andere wollte Tee trinken. Aber keine Kohle gab's. Dummheit!
Sie wird morgen vier Jahre alt. Annette macht sich Sorgen, ob wir genug Kuchen backen werden. Sie rechnet mir vor, daß Tinka acht Kinder zum Kaffee eingeladen hat. Ich überwinde einen kleinen Schreck und schreibe einen Zettel für Annettes Lehrerin: Ich bitte, meine Tochter Annette morgen schon mittags nach Hause zu schicken. Sie soll mit ihrer kleinen Schwester Geburtstag feiern.
Während ich Brote fertigmache, versuche ich mich zu erinnern, wie ich den Tag, ehe Tinka geboren wurde, vor vier Jahren verbracht habe. Immer wieder bestürzt es mich, wie schnell und wie vieles man vergißt, wenn man nicht alles aufschreibt. Andererseits: *Alles* festzuhalten wäre nicht zu verwirklichen: man müßte aufhören zu leben. – Vor vier Jahren war es wohl wärmer, und ich war allein. Abends kam eine Freundin, um über Nacht bei mir zu bleiben. Wir saßen lange zusammen, es war das letzte vertraute Gespräch zwischen uns. Sie erzählte mir zum erstenmal von ihrem zukünftigen Mann . . .
Nachts telefonierte ich nach dem Krankenwagen.
Annette ist endlich fertig. Sie ist ein bißchen bummelig und unordentlich, wie ich als Kind gewesen sein muß. Damals hätte ich nie geglaubt, daß ich meine Kinder zurechtweisen würde, wie meine Eltern mich zurechtwiesen. Annette hat ihr

Portemonnaie verlegt. Ich schimpfe mit den gleichen Worten, die meine Mutter gebraucht hätte: So können wir mit dem Geld auch nicht rumschmeißen, was denkst du eigentlich? Als sie geht, nehme ich sie beim Kopf und gebe ihr einen Kuß. Mach's gut! Wir blinzeln uns zu. Dann schmeißt sie die Haustür unten mit einem großen Krach ins Schloß.

Tinka ruft nach mir. Ich antworte ungeduldig, setze mich versuchsweise an den Schreibtisch. Vielleicht läßt sich wenigstens eine Stunde Arbeit herausholen. Tinka singt ihrer Puppe lauthals ein Lied vor, das die Kinder neuerdings sehr lieben: »Abends, wenn der Mond scheint, zum Städtele hinaus . . .« Die letzte Strophe geht so:

Eines Abends in dem Keller
aßen sie von einem Teller,
eines Abends in der Nacht
hat der Storch ein Kind gebracht . . .

Wenn ich dabei bin, versäumt Tinka nie, mich zu beschwichtigen: Sie wisse ja genau, daß der Storch gar keine Kinder tragen könne, das wäre ja glatt Tierquälerei. Aber wenn man es *singt*, dann macht es ja nichts.

Sie beginnt wieder nach mir zu schreien, so laut, daß ich im Trab zu ihr stürze. Sie liegt im Bett und hat den Kopf in die Arme vergraben.

Was schreist du so?

Du kommst ja nicht, da *muß* ich rufen.

Ich habe gesagt: Ich komme gleich.

Dann dauert es immer noch lange lange lange bange bange bange. Sie hat entdeckt, daß Wörter sich reimen können. Ich wickle die Binde von ihrem zerschnittenen Fuß. Sie schreit wie am Spieß. Dann spritzt sie die Tränen mit dem Finger weg: Beim Doktor wird's mir auch weh tun. – Willst du beim Doktor auch so schrein? Da rennt ja die ganze Stadt zusammen. – Dann mußt *du* mir die Binde abwickeln. – Ja, ja. – Darf ich heute früh Puddingsuppe? – Ja, ja. – Koch mir welche! – Ja, ja.

Der Fußschmerz scheint nachzulassen. Sie kratzt beim Anziehen mit den Fingernägeln unter der Tischplatte und möchte sich ausschütten vor Lachen. Sie wischt sich die Nase mit dem

Hemdenzipfel ab. He! schreie ich, wer schneuzt sich da ins Hemde? – Sie wirft den Kopf zurück, lacht hemmungslos: Wer schneuzt sich da ins Hemde, Puphemde ...

Morgen habe ich Geburtstag, da können wir uns heute schon ein bißchen freuen, sagt sie. Aber du hast ja vergessen, daß ich mich schon alleine anziehn kann. – Hab's nicht vergessen, dachte nur, dein Fuß tut dir zu weh. – Sie fädelt umständlich ihre Zehen durch die Hosenbeine: Ich mach das nämlich viel vorsichtiger als du. – Noch einmal soll es Tränen geben, als der rote Schuh zu eng ist. Ich stülpe einen alten Hausschuh von Annette über den kranken Fuß. Sie ist begeistert: Jetzt hab ich Annettes Latsch an!

Als ich sie aus dem Bad trage, stößt ihr gesunder Fuß an den Holzkasten neben der Tür. Bomm! ruft sie. Das schlagt wie eine Bombe! – Woher weiß sie, wie eine Bombe schlägt? Vor mehr als sechzehn Jahren habe ich zum letztenmal eine Bombe detonieren hören. Woher kennt sie das Wort?

G. liest in Lenins Briefen an Gorki, wir kommen auf unser altes Thema: Kunst und Revolution, Politik und Kunst, Ideologie und Literatur. Über die Unmöglichkeit deckungsgleicher Gedankengebäude bei – selbst marxistischen – Politikern und Künstlern. Die »eigene« Welt«, die Lenin Gorki zugesteht (und mehr als zugesteht: die er voraussetzt) bei aller Unversöhnlichkeit in philosophischen Fragen. Seine Rücksichtnahme, sein Takt bei aller Strenge. Zwei gleichberechtigte Partner arbeiten miteinander, nicht der alles Wissende und der in allem zu Belehrende stehen sich gegenüber. Freimütige und großmütige gegenseitige Anerkennung der Kompetenzen ... Wir kommen auf die Rolle der Erfahrung beim Schreiben und auf die Verantwortung, die man für den *Inhalt* seiner Erfahrung hat: Ob es einem aber frei steht, beliebige, vielleicht vom sozialen Standpunkt wünschenswerte Erfahrungen zu machen, für die man durch Herkunft und Charakterstruktur ungeeignet ist? Kennenlernen kann man vieles, natürlich. Aber *erfahren?* – Es gibt einen Disput über den Plan zu meiner neuen Erzählung. G. dringt auf die weitere Verwandlung des bisher zu äußerlichen Plans in einen, der mir gemäß wäre. Oder ob ich eine Reportage machen wolle? Dann bitte sehr, da könnte ich sofort loslegen. Leichte Verstimmung meinerseits, wie immer geleugnet, wenn ich in Wirklichkeit spüre, daß »was Wahres dran ist«.

Ob ich das gelesen habe? Einen kleinen Artikel Lenins unter der Überschrift »Ein talentiertes Büchlein«. Gemeint ist ein Buch eines »fast bis zur Geistesgestörtheit erbitterten Weißgardisten«: »Ein Dutzend Dolche in den Rücken der Revolution«, das Lenin bespricht – halb ironisch, halb ernsthaft, und dem er »Sachkenntnis und Aufrichtigkeit« bescheinigt, da wo der Autor beschreibt, was er kennt, was er durchlebt und empfunden hat. Lenin nimmt ohne weiteres an, daß die Arbeiter und Bauern aus den reinen, sachkundigen Schilderungen der Lebensweise der alten Bourgeoisie die richtigen Schlüsse ziehen würden, wozu der Autor selbst nicht imstande ist, und scheint es für möglich zu halten, einige dieser Erzählungen zu drucken. »Ein Talent soll man fördern« – was wiederum Ironie ist, aber auch genauso Souveränität. Wir kommen auf die Voraussetzungen für souveränes Verhalten in einem Land, in dem sich die sozialistische Gesellschaft unter Voraussetzungen und Bedingungen wie bei uns entwickeln muß. Über Gründe und Grundlagen des Provinzialismus in der Literatur.

Wir lachen, wenn wir uns bewußt machen, worüber wir endlos zu jeder Tages- und Nachtzeit reden, wie in schematischen Büchern, deren Helden wir als unglaubwürdig kritisieren.

Ich gehe mit Tinka zum Arzt. Sie redet und redet, vielleicht, um sich die Angst wegzureden. Mal verlangt sie die Erläuterung eines Hausbildes (Wieso findest du es nicht schön? Ich finde es schön bunt!), mal will sie mit Rücksicht auf ihren kranken Fuß getragen werden, mal hat sie allen Schmerz vergessen und balanciert auf den Steineinfassungen der Vorgärten.

Unsere Straße führt auf ein neues Wohnhaus zu, an dem seit Monaten gebaut wird. Ein Aufzug zieht Karren mit Mörtelsäcken hoch und transportiert leere Karren herunter. Tinka will genau wissen, wie das funktioniert. Sie muß sich mit einer ungefähren Erklärung der Technik begnügen. Ihr neuer unerschütterlicher Glaube, daß alles, was existiert, »zu etwas gut« ist, *ihr* zu etwas gut ist. Wenn ich so oft um die Kinder Angst habe, dann vor allem vor der unvermeidlichen Verletzung dieses Glaubens.

Als wir die Treppen der Post hinunterlaufen, klemme ich sie mir unter den Arm. – Nicht so schnell, ich fälle! – Du fällst nicht. – Wenn ich groß bin und du klein, renne ich auch so schnell die Treppen runter. Ich werd größer als du. Dann spring ich ganz hoch. Kannst du übrigens über das Haus springen? Nein? Aber ich. Über das Haus und über einen Baum. Soll ich? – Mach doch! – Ich *könnte* ja leicht, aber ich will nicht. – So. Du willst nicht. – Nein. – Schweigen. Nach einer Weile: Aber in der Sonne bin ich groß. – Die Sonne ist dunstig, aber sie wirft Schatten. Sie sind lang, weil die Sonne noch tief steht. – Groß bis an die Wolken, sagt Tinka. Ich blicke hoch. Kleine Dunstwolken stehen sehr hoch am Himmel.

Im Wartezimmer großes Palaver. Drei ältere Frauen hocken beieinander. Die eine, die schlesischen Dialekt spricht, hat sich gestern eine blaue Strickjacke gekauft, für hundertdreizehn Mark. Das Ereignis wird von allen Seiten beleuchtet. Gemeinsam schimpfen alle drei über den Preis. Eine jüngere Frau, die den dreien gegenübersitzt, mischt sich endlich überlegenen Tons in die fachunkundigen Gespräche. Es kommt heraus, daß sie Textilverkäuferin und daß die Jacke gar nicht »Import« ist, wie man der Schlesierin beim Einkauf beteuert hatte. Sie ist entrüstet. Die Verkäuferin verbreitet sich über die Vor- und Nachteile von Wolle und Wolcrylon. Wolcrylon sei praktisch, sagt sie, aber wenn man so richtig was Elegantes haben will, nimmt man Wolle. – Was gut ist, kommt wieder, sagt die zweite der drei Frauen, und ich blicke beschwörend Tinka an, die zu einer gewiß unpassenden Frage ansetzen will. Im Westen kostet so eine Jacke fünfzig Mark, meint die Schlesierin. – Na ja, erklärt die zweite, rechnen Sie doch um: eins zu drei. Kommen auch hundertfünfzig Mark raus. – Stimmt schon.

Es hat wohl keinen Sinn, sich in ihre Umrechnungen einzumischen.

Ich habe das Geld von meiner Tochter, sagt die Schlesierin. Von meinen hundertzwanzig Mark Rente hätte ich's nicht gekonnt. – Alle drei seufzen. Dann meint die Nachbarin: Dafür bin ich immer gewesen: schlicht, aber fein. – Ich mustere sie verstohlen und kann das Feine an ihr nicht finden. – Sie, unbeirrt: Diesen Mantel hier. Hab ich mir 1927 gekauft. Gabardine. Friedensware. Nicht totzukriegen. – Entsetzt sehe ich mir den Mantel an. Er ist grün, leicht schillernd und unmodern, sonst ist ihm nichts anzumerken. Ein Mantel kann doch nicht unheimlich sein. Tinka zieht mich am Ärmel, flüstert: Wann ist neunzehnhundertsiebenundzwanzig? – Vor dreiunddreißig Jahren, sage ich. – Sie gebraucht eine Redewendung ihres Vaters: War da an mich schon zu denken? – Mitnichten, sage ich. An mich war auch noch nicht zu denken. – Ach du grüne Neune, sagt Tinka. – Die Schlesierin, immer noch mit ihrer blauen Strickjacke beschäftigt, tröstet sich: Jedenfalls werde ich im Winter nicht frieren.

Die dritte, eine dürre Frau, die bisher wenig gesprochen hat, bemerkt jetzt mit stillem Triumph: Über all das brauch *ich* mir gottlob keine Gedanken zu machen . . . – Stumme Frage der anderen. Schließlich: Sie haben Verwandte drüben? – Nein. Das heißt: doch. Meine Tochter. Aber die arrangiert das bloß. Da ist ein Herr. Ich kenn den gar nicht, aber er schickt mir, was ich brauche. Jetzt hat er schon wieder nachfragen lassen, was mir für den Winter noch fehlt . . . – Blanker Neid in den Augen der anderen. Ja – dann! Besser kann's einem heutzutage ja gar nicht gehen.

Ich schweige, habe längst aufgegeben zu lesen. Die Sprechstundenhilfe ruft alle drei hinaus.

Tinka ist ganz still, als der Arzt an der Wunde herumdrückt. Sie ist blaß, ihre Hand in der meinen wird feucht. Hat's weh getan? fragt der Arzt. Sie macht ihr undurchdringliches Gesicht und schüttelt den Kopf. Sie weint nie vor Fremden. Draußen, als wir auf den Verband warten, sagt sie plötzlich: Ich freu mich, daß ich morgen Geburtstag hab!

Der Himmel hat sich mit Wolken überzogen. Wir sind schon gespannt auf den Maureraufzug. Tinka hätte lange da gestanden, hätte sie nicht eilig ein Eckchen suchen müssen. Dann wird sie schweigsam. Der große schwarze Hund, an dessen Hütte wir bald vorbei müssen, beschäftigt sie. Wie immer erzählt sie mir an dieser Stelle, daß dieser Hund einer Frau mal in den Finger gebissen hat. Es muß jahrelang her sein, falls es überhaupt stimmt, aber auf Tinka hat die Legende davon einen unauslöschlichen Eindruck gemacht. Wirkung von Erzähltem!

Die Post, die ich zu Hause vorfinde, ist enttäuschend, eine nichtssagende Karte von einem nichtssagenden Mädchen. Dafür halten ein paarmal Motorräder vor dem Haus, Eil- und Telegrammboten, Ersatz fürs Telefon. Einer bringt die Korrekturfahnen von G.s Buch über Fürnberg. Während das Essen kocht, lese ich Kinderaufsätze zu dem Thema »Mein schönster Ferientag«, die in der Bibliothek des Waggonwerks abgegeben wurden. Ein neunjähriges Mädchen schreibt: »Bei uns im Ferienlager war es herrlich. Wir hatten einen Tag frei. Da konnten wir hingehen wohin wir wollten. Ich bin in den Wald gegangen. Da habe ich einen großen und einen kleinen Hirsch gesehen. Sie lagen alle beide da und rührten sich nicht. Sie waren so zahm, daß man sie anfassen konnte. Da bin ich schnell wieder zurückgelaufen und habe den Lagerleiter geholt. Es war ja nicht weit bis in unser Lager. Ich habe ihm alles erzählt, und er ist mit mir mitgegangen. Er hat den großen Hirsch an einer Leine mitgenommen und ich durfte den kleinen Hirsch tragen. Wir hatten einen kleinen Stall, da habe ich sie alle beide reingestellt und habe sie jeden Tag gefüttert. So war mein schönster Tag.«

Ich bin dafür, diesem Mädchen für seine unwahrscheinliche Geschichte den ersten Preis im Wettbewerb zu geben.

Nach dem Essen fahre ich ins Waggonwerk, zur Parteigruppensitzung der Brigade. In der Straßenbahn sucht ein älteres Ehepaar in allen Taschen verzweifelt nach dem Groschen, der den beiden fehlt, um die Fahrscheine kaufen zu können. Sie haben sich beim Einkaufen verausgabt. Ich biete der Frau den Groschen an. Große Verlegenheit: Ach nein, ach nein, sie könnten ja auch laufen. Schließlich nimmt der Mann den Groschen, unter Beteuerungen, wie peinlich es ihm sei. So was ist wohl nur bei uns Deutschen möglich, denke ich.

Im Betrieb war ich ein paar Wochen nicht. Die Halle steht voller halbfertiger Waggons. Anscheinend ist die Produktionsstockung überwunden. Ich freue mich zu früh.

Willy bemerkt mich nicht gleich. Ich sehe zu, wie er mit seiner neuen Vorrichtung zur Vorbereitung der Druckrahmen arbeitet. Er und J., sein Brigadier, haben diese einfache, aber praktische Vorrichtung entwickelt und als Verbesserungsvorschlag eingereicht. Sie sparen damit die Hälfte der Zeit für diesen Arbeitsgang ein. Im Betrieb wurde hinter ihrem Rükken getuschelt, es hat böses Blut gegeben. Heute soll ich erfahren, was wirklich los ist.

Willy blickt auf. Na, mei Herze? sagt er. Er freut sich. Er hat noch zu tun. Ich setze mich in den Brigadeverschlag, den sie selbst »Rinderoffenstall« nennen. Noch fünfundvierzig Minuten bis Arbeitsschluß, aber drei sitzen schon hier und warten, daß die Zeit vergeht. Immer noch nicht genug Arbeit? Köpfeschütteln. Das Bild in der Halle trog. – Und was macht ihr mit der übrigen Zeit? – Beschäftigungstheorie, sagen sie. Eisenplatz, Holzplatz, Bohlen ausbessern – Und das Geld? – Das stimmt. Wir kriegen ja den Durchschnitt. – Sie sind mißgelaunt, resigniert, wütend – je nach Temperament. Und was das schlimmste ist: Sie hoffen nicht mehr auf die entscheidende Wende zum Besseren. Lothar sagt: Im Januar sitzen wir wieder in der Tinte, wenn wir uns auch jetzt im letzten Quartal noch ein Bein ausreißen, um den Plan zu machen. Das Geld wird für Überstunden rausgeschmissen. Soll das rentabel sein?

Sein Geld stimmt, aber er ärgert sich über die Unrentabilität des Betriebes. Kann der Werkleiter in jede Brigade gehen und erklären, was mit dem Betrieb los ist? Er kann es nicht. Aber erklärt werden müßte es, und zwar ganz genau, und möglichst jede Woche nach dem neuesten Stand. Uneingeweihte Leute fangen an, verantwortungslos zu handeln.

Inzwischen dreht sich das Gespräch um das Betriebsfest am letzten Sonnabend. Jürgen erzählt, wie er seine Frau, die zu viel getrunken hatte, mit Mühe und Not in einem Werksomnibus nach Hause schaffen konnte, nachdem sie einen aufdringlichen Kollegen öffentlich geohrfeigt hatte. Vor Wut habe ich mir am nächsten Tag noch einen angetrunken, sagt er. Er hat ein bißchen Angst, er könnte durch seine Frau blamiert sein. Da fangen die anderen an, ähnliche Vorfälle mit ihren eigenen Frauen zu erzählen, sachlich, ohne Gefühlsaufwand, wie Männer eben über Frauen reden. Ich denke: Bestimmt hatte der zudringliche Kollege die Ohrfeige verdient . . .

Im Sitzungszimmer der Parteileitung treffen sich neun Genossen. Sie kommen in ihrem Arbeitszeug, ungewaschen. Eine Frau ist dabei, mit lustigen, lebendigen Augen; ich habe in der Brigade schon mal erlebt, daß sie auf den Tisch haut. Hier sagt sie nichts.

Lange Rede, kurzer Sinn – wir fangen an, sagt Willy. Er ist Gruppenorganisator. Ich weiß, was er heute vorhat, und beobachte gespannt und anerkennend, wie er rücksichtslos sein Ziel ansteuert. Vor ihm liegt der Bericht für die öffentliche Rechenschaftslegung seiner Brigade. Ich kenne ihn. Aber die Genossen aus der Nachbarbrigade, die Wettbewerbspartner, sitzen ein bißchen verdattert vor den dreiundzwanzig Seiten der anderen, die ja bei aller Freundschaft doch auch die Rivalen sind. Und wenn man die verzwickte Geschichte der beiden Brigaden kennt, die doch mal *eine* Brigade waren . . . Die Starbrigade des Werkes, unter der Führung von P., der Willy gegenübersitzt, sich immer wieder den Schweiß abwischt und sich übertölpelt vorkommt.

Schnell und undeutlich beginnt Willy aus dem Rechenschaftsbericht vorzulesen, ein sorgfältig ausgewähltes Stück. Die Hände, in denen er das Blatt hält, zittern ein bißchen. Auf einen Uneingeweihten muß die Atmosphäre in dem überheizten Zimmer eher einschläfernd wirken.

Niemand nimmt Zitate so ernst wie Willy. Er liest vor, was Lenin über die Steigerung der Arbeitsproduktivität gesagt hat. Und wie geht es bei uns? unterbricht er sich. Ein Kollege sagt: Als wir noch keine Brigade der sozialistischen Arbeit werden wollten, waren wir uns immer einig. Jetzt gibt es dauernd Stunk. – Willy hebt die Stimme. Er kommt jetzt auf ihren Verbesserungsvorschlag: eben jene einfache Vorrichtung, die ich vorhin in Aktion sah. Einen Riesenqualm gab es! sagt er und läßt das Blatt sinken, blickt über seine Drahtbrille direkt auf P.: Fünfzig Prozent Einsparung! Das hat es noch nicht gegeben – bei uns nicht! Man hat die Realität des Vorschlags angezweifelt. Ja, auch du, P.! Red nicht, jetzt bin ich dran! Aber der Vorschlag ist real, da gibt's nichts dran zu wackeln. Klar haben wir 'ne Prämie gekriegt. Klar werden wir beiden die nächsten drei Monate gut verdienen. Tausend Mark kommen für mich dabei zusammen, wenn ihr's wissen wollt. Und was weiter? Gilt vielleicht der materielle Anreiz für uns Genossen nicht? Alles wäre in Ordnung gewesen, wenn die beiden ihre Prämie verteilt, die Mäuler mit ein paar Flaschen Bier gestopft hätten. Aber damit ist Schluß! ruft Willy. Gleichmacherei gibt's nicht mehr. Und auf dem nächsten Brigadeabend geben wir einen aus.

So kam in der Abteilung die hinterhältige Frage auf: Bist du Kommunist oder Egoist?

Und das, ruft Willy aus, längst schon erregt und sich oft verhaspelnd, das haben wir alle gewußt. Oder nicht? Und wie sind wir als Genossen aufgetreten? Gar nicht. Wie konnten wir auch! Waren uns ja selbst nicht einig. Konkreter! ruft einer aus der Nachbarbrigade.

Willy, immer lauter: Jawohl! So konkret du willst! In der BGL werden wir beide zu Aktivisten vorgeschlagen. Wer spricht dagegen? Genosse P.! In der Parteileitung will man unser Bild zum Tag der Republik an der »Straße der Besten« aufstellen. Wer rät ab? Genosse P.! Konkret genug?

Vielleicht darf ich jetzt auch mal was sagen, verlangt P. Bitte, sagt Willy. Bloß eins noch: Es geht um die Sache und nicht darum, ob mir deine Nase oder dir meine Nase nicht paßt. Jeder hier am Tisch kennt P.s Ausspruch aus der Zeit, als Willy mit seiner »rückläufigen Kaderentwicklung« neu in seiner Brigade war: Er oder ich, das ist hier die Frage. Für uns beide ist in einer Brigade kein Platz. – Am Ersten Mai stand noch P.s Bild an der »Straße der Besten«. Beide müssen viel vergessen und manches gedacht haben, was sie sich selbst nicht zugeben würden, damit überhaupt geredet werden kann wie heute. Man muß nicht erwarten, daß der Konflikt nach den Regeln klassischer Dramaturgie zugespitzt und bis zu Ende »ausgetragen« wird. Viel ist schon, daß P. zugibt: Euer

Vorschlag war real. Daß ihr die Prämie kriegt, ist richtig. – Danach ist sein Vorrat an Selbstverleugnung erschöpft. Er weicht aus, zerrt eine alte Geschichte hervor, über die er sich weitschweifig ergeht. Er kann sich nicht einfach so geschlagen geben. Es geht hin und her zwischen den beiden Brigaden, die Spannung flacht ab, auch Willy muß mal ein Loch zurückstecken, was ihm schwer genug fällt.

Vor ihm liegt immer noch der Rechenschaftsbericht seiner Brigade. In einer Woche sollen P.s Leute auch soweit sein. Plötzlich wird ihnen vor der Arbeit bange. Diesen kleinen Triumph gönnt Willy sich noch, das merkt jeder. Aber nun ist es genug, man muß sich einigen. Man bespricht, wer P. helfen soll. Wenn du mich Querpfeifer auch haben willst . . ., sagt Willy. – Alter Idiot! erwidert P.

Jemand kommt auf die Idee, man müsse die Frauen zur Rechenschaftslegung der Brigade einladen, das sei ein Zug der Zeit. Dagegen kann keiner öffentlich sprechen, aber klar wird: Feurige Fürsprecher hat der Vorschlag nicht. Die Frauen, sagt einer, haben doch alle genug mit den Kindern zu tun, besonders nach Feierabend . . . Günter R. ist froh: Eine Frau könne ja nur mitbringen, wer eine habe.

Na und du? fährt Willy ihn an. Hast wohl keine? – Nee, sagt Günter. Nicht mehr. – Was ist eigentlich los mit deiner Ehe? Daß du mir nicht absackst wegen solcher Geschichten! droht Willy. – Günter ist der Jüngste am Tisch. Er macht eine wegwerfende Handbewegung, ist aber glühend rot geworden. Lappalie! Nicht der Rede wert!

Später erzählt mir P.: Günter war für ein paar Wochen zur sozialistischen Hilfe in den Schwesterbetrieb nach G. geschickt worden, und als er eines Tages unvermutet nach Hause kommt, spaziert ihm doch der Meister seiner Frau aus seinem Schlafzimmer entgegen. Da ist er natürlich gleich am nächsten Tag aufs Gericht. Da ist auch nichts mehr zu flicken . . .

Nach und nach ist die Stimmung heiter geworden. Witze werden gerissen. Als ich behaupte, sie wollten alle nichts von Kultur wissen, gibt es Protest. Die Einladungskarten für die Rechenschaftslegung werden herumgezeigt, weiße Doppelkärtchen, auf denen in goldener Schnörkelschrift »Einladung« gedruckt ist. Das ist ihnen vornehm genug. Sie wollen sich allerhand Gäste einladen, wollen »ein Beispiel geben«, wie Willy sagt. Er läßt die Versammlung jetzt locker schleifen, ist kaum noch verkrampft, sieht ganz zufrieden aus. Er blinzelt mir zu und grinst. Ganz schön durchtrieben, sage ich später zu ihm. Muß man ja sein, Meechen, sagt er. Kommst sonst zu nichts.

Ich gehe schnell nach Hause, aufgeregt, mit aufgestörten Gedanken. Ich höre noch einmal, was sie sagen, dazu, was sie nicht sagen, was sie nicht einmal durch Blicke verraten. Wem es gelänge, in dieses fast undurchschaubare Geflecht von Motiven und Gegenmotiven, Handlungen und Gegenhandlungen einzudringen . . . Das Leben von Menschen groß machen, die zu kleinen Schritten verurteilt scheinen . . .

Um diese Jahreszeit ist es gegen Abend schon kalt. Ich kaufe noch ein, was ich zum Kuchenbacken brauche, und nehme ein paar Geburtstagsblumen mit. In den Gärten welken schon die Dahlien und Astern. Mir fällt der riesige Rosenstrauß ein, der damals, vor vier Jahren, im Krankenhaus auf meinem Nachttisch stand. Mir fällt der Arzt ein, den ich sagen hörte: Ein Mädchen. Aber sie hat ja schon eins. Na, es wird ihr wohl nichts ausmachen . . . Seine Erleichterung, als ich schon den Namen hatte. Die Schwester, die mich belehrte, wie unerwünscht manchmal Mädchen noch seien und was man da alles erleben könne, besonders mit den Vätern. Die kommen einfach nicht, wenn es wieder ein Mädchen ist, ob Sie's glauben oder nicht. Darum dürfen wir am Telefon nicht sagen, was es ist, Junge oder Mädchen.

Alle wollen mithelfen beim Kuchenbacken. Die Kinder stehen überall im Wege. Schließlich lege ich ihnen im Zimmer eine Märchenplatte auf, »Peter und der Wolf«. Nachher kratzen sie die Teigschüsseln aus, bis sie ihnen entzogen werden. Annette erzählt aus der Schule: Wir haben ein neues Lied gelernt, aber es gefällt mir nicht besonders. Republik reimt sich auf Sieg – wie findest du das? Ich find's langweilig. Wir haben eine neue Russischlehrerin. Die hat sich gewundert, wie viele Wörter wir schon kennen. Aber denkst du, die hat uns ihren

Namen gesagt? Nicht die Bohne. Dabei mußten wir ihr unseren Namen alle auf einen Sitzplan aufschreiben. Die denkt sich gar nichts dabei, glaube ich. – Sie quirlen lange unruhig umher und wollen sich nicht damit abfinden, daß man auch in der Nacht vor dem Geburtstag schlafen muß.

Der Kuchen geht im Ofen über alle Maßen. Jetzt, wo es still wird, ist mir, als könnte ich hören, wie er geht. Die Formen waren zu voll, der Teig geht und geht und tropft in die Röhre und verbreitet einen Geruch nach Angebranntem in der ganzen Wohnung.

Als ich den Kuchen herausziehe, ist eine Seite schwarz, ich ärgere mich und finde keinen, dem ich die Schuld geben könnte außer mir selbst, und dann kommt noch G. und nennt den Kuchen »etwas schwarz«, da sage ich ihm ungehalten, daß es an den zu vollen Formen und am schlechten Ofen und am zu starken Gasdruck liegt. Na ja, sagt er und zieht sich zurück.

Später hören wir die Violinsonate op. 100 von Antonin Dvořák, auf die Fürnberg ein Gedicht gemacht hat. Eine liebliche, reine Musik. Mein Ärger löst sich auf. Wir merken beide gleichzeitig, daß wir nach verbranntem Kuchen riechen, und fangen an zu lachen.

Ich muß noch etwas schreiben, aber alles stört mich: das Radio, der Fernseher nebenan, der Gedanke an den Geburtstagsrubel morgen und an diesen zerrissenen Tag, an dem ich nichts geschafft habe. Unlustig decke ich den Geburtstagstisch, mache den Lichterkranz zurecht. G. blättert in irgendeinem Büchlein, findet es »gut geschrieben«. Aus irgendeinem Grund stört mich auch das.

Ich sehe die Manuskriptanfänge durch, die auf meinem Schreibtisch übereinanderliegen. Die Langwierigkeit des Vorgangs, den man Schreiben nennt, erbittert mich. Aus der reinen Brigadegeschichte haben sich schon ein paar Gesichter herausgehoben, Leute, die ich besser kenne und zu einer Geschichte miteinander verknüpft habe, die, wie ich deutlich sehe, noch viel zu simpel ist. Ein Mädchen vom Lande, das zum erstenmal in ihrem Leben in die größere Stadt kommt, um hier zu studieren. Vorher macht sie ein Praktikum in

einem Betrieb, bei einer schwierigen Brigade. Ihr Freund ist
Chemiker, er bekommt sie am Ende nicht. Der dritte ist ein
junger Meister, der, weil er einen Fehler gemacht hat, in diese
Brigade zur Bewährung geschickt wurde . . . Es ist merkwürdig, daß diese banalen Vorgänge, »dem Leben abgelauscht«,
auf den Seiten eines Manuskripts ihre Banalität bis zur Uner-
träglichkeit steigern. Ich weiß, daß die wirkliche Arbeit erst
beginnen wird, wenn die Überidee gefunden ist, die den
banalen Stoff erzählbar und erzählenswert macht. Aber sie
findet sich nur – wenn überhaupt, woran ich heute abend
ernsthaft zweifle – durch diese lange Vorarbeit, deren Vergeb-
lichkeit mir klar ist.
Ich weiß, daß weder die Seiten, die schon daliegen, noch die
Sätze, die ich heute schreibe, bleiben werden – nicht ein
Buchstabe von ihnen. Ich schreibe, und dann streiche ich es
wieder aus: Wie immer wurde Rita pfeilschnell aus dem Schlaf
geschleudert und war wach, ohne Erinnerung an einen Traum.
Nur ein Gesicht mußte da gewesen sein. Sie wollte es festhalten, es verging. Robert lag neben ihr.
Vor dem Einschlafen denke ich, daß aus Tagen wie diesem das
Leben besteht. Punkte, die am Ende, wenn man Glück gehabt
hat, eine Linie verbindet. Daß sie auch auseinanderfallen
können zu einer sinnlosen Häufung vergangener Zeit, daß nur
eine fortdauernde unbeirrte Anstrengung den kleinen Zeitein-
heiten, in denen wir leben, einen Sinn gibt . . .
Die ersten Übergänge in die Bilder vor dem Einschlafen kann
ich noch beobachten, eine Straße taucht auf, die zu jener
Landschaft führt, die ich so gut kenne, ohne sie je gesehen zu
haben: der Hügel mit dem alten Baum, der sanft abfallende
Hang zu einem Wasserlauf, Wiesengelände, und am Horizont
der Wald. Daß man die Sekunden vor dem Einschlafen nicht
wirklich erleben kann – sonst schliefe man nicht ein –, werde
ich immer bedauern.

Juninachmittag

Eine Geschichte? Etwas Festes, Greifbares, wie ein Topf mit
zwei Henkeln, zum Anfassen und zum Daraus-Trinken?
Eine Vision vielleicht, falls Sie verstehen, was ich meine.
Obwohl der Garten nie wirklicher war als dieses Jahr. Seit wir
ihn kennen, das sind allerdings erst drei Jahre, hat er nie
zeigen dürfen, was in ihm steckt. Nun stellt sich heraus, daß es
nicht mehr und nicht weniger war als der Traum, ein grüner,
wuchernder, wilder, üppiger Garten zu sein. Das Urbild eines
Gartens. Der Garten überhaupt. Ich muß sagen, das rührt uns.
Wir tauschen beifällige Bemerkungen über sein Wachstum
und verstehen im stillen, daß er seine Üppigkeit übertreibt;
daß er jetzt nicht anders kann, als zu übertreiben, denn wie
sollte er die seltene Gelegenheit nicht gierig ausnützen, aus
den Abfällen, aus den immer noch reichlichen Regenabfällen
der fern und nah niedergehenden Unwetter Gewinn zu
ziehen?
Dem eenen sin Ul is dem annern sin Nachtigall.
Was ein Ul ist? Das Kind saß zu meinen Füßen und schnitzte
verbissen an einem Stückchen Borke, das zuerst ein Schiff
werden wollte, später ein Dolch, dann etwas aus der Umgebung eines Regenschirms. Nun aber, wenn nicht alles trog, ein
Ul. Dabei würde sich herausstellen, was dieses verflixte Ding
von einem Ul eigentlich war. Obwohl man, das mußt du
zugeben, mit so einem stumpfen Messer nicht schnitzen kann.
Als ob nicht erwiesen wäre, daß man sich mit einem stumpfen
Messer viel öfter schneidet als mit einem schönen scharfen!
– Ich aber, geübt im Überhören versteckter Vorwürfe, legte
mich in den Liegestuhl zurück und las weiter, was immer man
gegen ein stumpfes Schnitzmesser vorbringen mochte.
Du, sagte ich etwas später zu meinem Mann, den ich nicht
sehen konnte; aber seine Gartenschere war zu hören: beim
Wein sicherlich; denn den mußte man dieses Jahr immerzu
lichten, weil er sich gebärdete, als stünde er an einem Mosel-

hang und nicht an einem dürftigen Staketengitter unter einer märkischen Kiefer. Du, sagte ich: Du hattest doch recht.

Eben, sagte er. Warum du das nie lesen wolltest!

Sie kann schreiben, sagte ich.

Obwohl nicht alles gut ist, sagte er, damit ich nicht wieder Gefahr lief, über das Ziel hinauszuschießen.

Kunststück! Aber wie sie mit diesem Land fertig wird . . .

Ja! sagte er überlegen. Italien!

Und das Meer? fragte ich herausfordernd.

Ja! rief er, als sei das erst der unwiderlegliche Beweis. Das Mittelmeer!

Aber das ist es ja nicht. Ein ganz genaues Wort neben dem anderen. Das ist es.

Obwohl das Mittelmeer vielleicht auch nicht vollständig zu verachten wäre, sagte er.

Ihr immer mit euren Fremdwörtern! sagte das Kind vorwurfs-voll.

Die Sonne, so selten sie war, hatte schon angefangen, sein Haar zu bleichen. Im Laufe des Sommers und besonders in den Ferien an der Ostsee würde wieder jener Goldhelm zustande kommen, den das Kind mit Würde trug, als etwas was ihm zukam, und den wir von Jahr zu Jahr vergessen.

Ich blätterte eine Seite um, und der süßliche Duft von fast verblühten Akazien mischte sich mit dem fremden Geruch von Macchiastauden und Pinien, aber ich hütete mich, noch mehr Fremdwörter aufzubringen, und steckte meine Nase widerspruchslos in die Handvoll stachliger Blätter, die das Kind mir hinhielt, voller Schadenfreude über den unscheinba-ren Ursprung des Pfefferminztees. Es stand wie ein Storch mitten in einer Insel wilden Schnittlauchs und rieb sich eins seiner hageren Beine am anderen. Mir fiel ein, daß es sommers wie winters nach Schnittlauch und Minze und Heu und nach allen möglichen Kräutern roch, die wir nicht kannten, die es aber geben mußte, denn das Kind roch nach ihnen.

Schnecken gehen übertrieben langsam, findest du nicht? sagte es, und es war nicht zu leugnen, daß die Schnecke in einer geschlagenen Stunde nicht fertiggebracht hatte, vom linken

Holzbein meines Liegestuhls bis zur Regentonne zu kriechen. Obwohl man nicht völlig sicher sein konnte, wieweit sie unsere Wette vorhin verstanden und akzeptiert hatte und ob sich eine Schnecke so etwas vornehmen kann: in einer Stunde, die Regentonne, und überhaupt.

Wußtest du übrigens, daß sie wild nach Pflaumenblättern sind? Das hab ich ausprobiert.

Ich wußte es nicht. Ich habe in meinem Leben noch keine Schnecke essen sehen, am wenigsten Pflaumenblätter, aber ich behielt meine Unwissenheit und meine Zweifel für mich und ließ das Kind losgehen, um etwas zu suchen, was weniger enttäuschend wäre als diese Schnecke.

Als es nicht mehr zu hören war, war plötzlich sekundenlang überhaupt nichts mehr zu hören. Weder ein Vogel noch der Wind, noch sonst irgendein Laut, und Sie können mir glauben, daß es beunruhigend ist, wenn unsere stille Gegend wirklich still wird. Man weiß ja nie, wozu alles den Atem anhält. Aber diesmal war es nur eines von diesen guten, alten Verkehrsflugzeugen; ich sage ja nicht, daß es nicht enorm schnell und komfortabel sein kann, denn diese Fluggesellschaften, die uns überfliegen, stehen in hartem Konkurrenzkampf. Ich meine nur: Es flog für jedermann sichtbar von Osten nach Westen, wenn man mit diesen Bezeichnungen ausnahmsweise nichts als die Himmelsrichtungen meint; für das Gefühl der meisten Fluggäste flog die Maschine wohl von Westen nach Westen; das kommt daher, daß sie in Westberlin aufgestiegen war, denn der Luftkorridor – ein Wort, über das man lange nachdenken könnte – führt just über unseren Garten und die Regentonne und meinen Liegestuhl, von dem aus ich mit Genugtuung beobachtete, wie dieses Flugzeug ohne die geringste Mühe nicht nur sein eigenes Brummen, sondern überhaupt alle Geräusche hinter sich herzog, die in unseren Garten gehörten.

Ich weiß nicht, ob anderswo der Himmel auch so dicht besetzt ist wie bei uns. Indem man sich platt auf die Erde legt und in den Himmel starrt, könnte man in einer Stunde die Flugzeugtypen vieler Herren Länder kennenlernen. Aber das

nützt mir nichts, denn mir hat nicht einmal der Krieg beige-
bracht, Flugzeuge verschiedener Fabrikate und Bestimmun-
gen voneinander zu unterscheiden. Ich weiß nicht mal: Blinzeln sie rechts rot und links grün, wenn sie nachts über unser
Haus fliegen und hinter den Bäumen in der Dunkelheit ver-
schwinden, oder umgekehrt?
Und: Kümmern sie sich eigentlich im geringsten um uns? Nun
ja: Ich bin oft genug geflogen, um zu wissen, daß die Maschine
keine Augen zum Sehen und keine Seele zum Kümmern hat.
Aber ich gehe jede Wette ein, daß mehr als ein Staatssekretär
und Bankier und Wirtschaftskapitän heute nachmittag über
uns dahinzieht. Sogar für diese oder jene der neuerdings so
betriebsamen Prinzessinnen möchte ich mich fast verbürgen.
Man hat die Woche über das Seine getan und in sich und
anderen das Gefühl gestärkt, auf Vorposten zu stehen, und am
Sonnabend fliegt man guten Gewissens nach Hause. Man
interessiert sich beim Aufsteigen flüchtig für dieses Land da,
Landstraßen, Ortschaften, Gewässer, Häuser und Gärten.
Irgendwo drei Punkte in einer grünen Fläche (die Schnecke
lasse ich natürlich aus dem Spiel). Sieh mal an: Leute. Na ja.
Wie die hier wohl leben. Übrigens: ungünstiges Gelände. Von
der Luft aus allein ist da nicht viel zu machen.
Denk bloß nicht, daß ich dich jetzt schlafen lasse, sagte das
Kind. Es hatte sich auf Indianerart angeschlichen und war
befriedigt, daß ich erschrak. Es hockte sich neben mich, um
auch in den Himmel zu gucken und ihn nach Schiffen und
Burgen abzusuchen, nach wilden Gebirgsketten und gold-
überzogenen Meeren der Seligkeit. Keine Schlachtschiffe
heute. Keine Unwetterdrohung weit und breit. Nur das ferne
Motorenbrummen und die atemberaubende Entwicklung einer Wüstenoase, auf deren Palmengipfeln die Sonne lag und
deren Tierwelt sich in wunderbarer Schnelligkeit verwandelte,
denn dort oben hatten sie den Trick heraus, eins aus dem
anderen hervorgehen, eins ins andere übergehen zu lassen: das
Kamel in den Löwen, das Nashorn in den Tiger und, was
allerdings etwas befremdend war, die Giraffe in den Pinguin.
Uns kam ein Anflug von Unsicherheit über die Zuverlässig-

keit von Himmelslandschaften, aber wir verbargen ihn voreinander.

Weißt du eigentlich, daß du früher immer Ingupin gesagt hast? fragte ich.

Statt Pinguin? So dumm war ich nie!

Wie lange ist für ein achtjähriges Kind nie? Und wie lange ewig? Vier Jahre? Oder zehn? Oder die unvorstellbare Spanne zwischen ihrem Alter und dem meinen?

Ingupin! beharrte ich. Frag Vater.

Aber wir konnten ihn nicht fragen. Ich konnte nicht hören, wie er auflachte und Ingupin sagte, in demselben Tonfall, den er vor vier Jahren hatte. Ich konnte den Blick nicht erwidern, den er mir zuwerfen würde. Denn Vater sprach am Zaun mit dem Gartennachbar. Was man so sagt: Wie? Sie wollen die wilden Reizker an Ihren Tomaten noch mehr kappen? Das kann doch nicht Ihr Ernst sein! Wir hörten dem Streit mit überheblichem Vergnügen zu, wie man auf etwas hört, was einen nicht wirklich angeht. Übrigens gaben wir dem Vater recht. Aus Prinzip, und weil der Nachbar im Frühjahr unseren letzten Respekt verloren hat, als er in vollem Ernst verlangte, das Kind solle all die mindestens sechshundert gelben Butterblumen in unserem Garten abpflücken, damit sie nicht zu Pusteblumen werden und als Samen sein akkurat gepflegtes Grundstück bedrohen konnten. Wir hatten viel Spaß an dem Gedanken: Armeen von Pusteblumenfallschirmchen – sechshundert mal dreißig, grob gerechnet – treiben eines Tages in einem freundlichen Südwestwind auf des Nachbars Garten los, und er steht da, ächzend, weil er zu dick wird, bis an die Zähne mit Hacke und Spaten und Gartenschlauch bewaffnet, seinen Strohhut auf dem Kopf und seinen wütenden kleinen schwarzen Köter zu seinen Füßen; aber sie alle zusammen richten nichts aus gegen die Pusteblumensamen, die gemächlich herbeisegeln und sich niederlassen, wo sie eben abgesetzt werden, ohne Hast und ohne Widerstreben, denn das bißchen Erde und Feuchtigkeit, um erst mal Fuß zu fassen und einen winzigen Keim zu treiben, findet sich allemal. Wir waren ganz und gar auf seiten der Pusteblumen.

Immerhin beklagte sich der Nachbar zu Recht, daß die Erdbeeren dieses Jahr am Stiel faulen und daß kein Mensch weiß, wohin das führen soll, wenn ein heiterer Nachmittag wie dieser zu den großen Ausnahmen gehört.

Mitten in dieses müde Gerede, in das gedämpfte Gelächter aus einem anderen Garten, in den ein wenig traurigen Dialog meines Buches brach der trockene, scharfe, wahrhaft markerschütternde Knall eines Düsenfliegers. Immer genau über uns, sagte das Kind beleidigt, aber nicht erschrocken, und ich ließ mir nicht anmerken, wie leicht mir immer noch durch einen Schreck der Boden unter den Füßen wegsackt. – Er schafft es ja nicht anders, sagte ich. – Was denn? – Die Schallmauer. Er muß ja durch. – Warum? – Er ist extra dafür gemacht, und nun muß er durch. Auch wenn es noch mal so laut krachen würde. – Das muß ihm doch selber peinlich sein. Vielleicht steckt sich der Flieger Watte in die Ohren? – Aber er hört ja nichts. Das ist es doch: Der Schall bleibt hinter ihm. – Praktisch, findest du nicht? sagte das Kind und setzte im selben Ton hinzu: Mir ist langweilig.

Ich weiß wohl, daß man die Langeweile von Kindern zu fürchten hat und daß sie nicht zu vergleichen ist mit der Langeweile von Erwachsenen; es sei denn, ihre Langeweile wäre tödlich geworden: Was sollten wir mehr fürchten müssen als die tödliche Langeweile ganzer Völker? Aber davon kann hier nicht die Rede sein. Ich mußte mit der Langeweile des Kindes fertig werden und sagte vage und unwirksam: Mach doch was.

In der Zeitung steht, sagte das Kind, man soll Kindern Aufgaben geben. Davon werden sie gebildet.

Du liest Zeitung?

Natürlich. Aber die besten Sachen nimmt Vater mir weg. Zum Beispiel: »Leiche des Ehemanns in der Bettlade«.

Das wolltest du unbedingt lesen?

Das wäre spannend gewesen. Hatte die Ehefrau den Ehemann ermordet?

Keine Ahnung.

Oder wer hatte ihn im Bettkasten versteckt?

Aber ich hab doch diesen Artikel nicht gelesen!

Wenn ich groß bin, lese ich alle diese Artikel. Mir ist langweilig.

Ich wies das Kind an, Wasser und Lappen zu holen und Tisch und Stühle abzuwischen, und ich sah die Leiche des Ehemanns in der Bettlade durch seine Träume schwimmen, sah Ehefrauen herumgeistern, die darauf aus sind, ihre Männer umzubringen – womit denn bloß? Mit einem Beil? Mit dem Küchenmesser? Mit der Wäscheleine?, sah mich an seinem Bett stehen: Was ist denn? Hast du schlecht geträumt? und sah seine erschrockenen Augen: Nichts. Mir ist nichts. Seid ihr alle da? Irgendwann einmal wird das Kind seinen Kindern von einem frühen Alptraum erzählen. Der Garten wird längst versunken sein, über ein altes Foto von mir wird es verlegen den Kopf schütteln, und von sich selbst wird es fast nichts mehr wissen. Die Leiche des Ehemanns in der Bettlade aber wird sich erhalten haben, bleich und unverfroren, so wie mich noch immer jener Mann peinigt, von dem mein Großvater mir einst erzählt hat: Für eine grausige Bluttat zum Wahnsinn durch einen Wassertropfen verurteilt, der in regelmäßigen Abständen tagein, tagaus auf seinen geschorenen Kopf fiel.

He, sagte mein Mann, hörst du heute nicht?

Ich dachte an meinen Großvater.

An welchen – an den, der mit achtzig noch Kopfstand machte?

An den, der fünfundvierzig an Typhus starb.

Der mit dem Seehundsbart?

Ja. Der.

Daß ich mich unter deinen Großvätern nie zurechtfinden kann!

Es muß an dir liegen. Sie sind nicht zu verwechseln.

Er fuhr fort, sich über meine Großväter zu entrüsten, und ich fuhr fort, sie in Schutz zu nehmen, als müßten wir einen unsichtbaren Zuschauer über unsere wahren Gedanken und Absichten täuschen. Er stand neben dem kleinen Aprikosenbaum, der dieses Jahr überraschend aus seiner Kümmerlichkeit herausgeschossen ist, wenn er es auch nicht fertiggebracht hat, mehr als eine einzige Frucht zu bilden, und diese winzige grüne Aprikose gaben wir vor anzusehen; so weit trieben wir die Täuschung. Was er in Wirklichkeit ansah, weiß ich nicht. Ich jedenfalls wunderte mich über die Beleuchtung, die jetzt den Aprikosenbaum umgab und alles, was in seiner Nähe herumstand, so daß man ohne den geringsten Überdruß eine Weile hinsehen konnte. Auch wenn man inzwischen von den Großvätern zu etwas anderem überging, zum Beispiel zu dem Buch, das ich immer noch in der Hand hielt und dessen Vorzug gerade darin lag, nicht zu stören beim Betrachten von Aprikosenbäumen. Sondern das Seine dazuzugeben, in aller Bescheidenheit, wie der Dritte es soll.

Aber ein paar zu viele Einsiedler und Propheten und Verhexte kamen doch in ihm vor, darüber wurden wir uns einig, und ich holte mir die Erlaubnis, eine Geschichte zu überspringen, in der eine gräßliche Volksrache an einem Verräter mit allen Einzelheiten beschrieben sein soll; ich gab zu, all diesen Verstümmelungen und Ermordungen von Männern vor den Augen ihrer gefesselten Frauen nicht mehr gewachsen zu sein; ich gab zu, daß ich neuerdings Angst habe vor dem nächsten Tropfen, der auf unsere bloßen Köpfe fällt.

Genau in diesem Augenblick trat unsere Tochter auf, und drüben schob der Ingenieur sein neues froschgrünes Auto zur Sonnabendwäsche aus der Garage. Was das Auto betrifft: Niemand von uns hätte den traurigen Mut gehabt, dem Ingenieur zu sagen, daß sein Auto froschgrün ist, denn in den Wagenpapieren steht »lindgrün«, und daran hält er sich. Er hält sich überhaupt an Vorgedrucktes. Sie brauchen nur seinen Haarschnitt anzusehen, um die neuesten Empfehlungen der Zeitschrift »Ihre Frisur« zu kennen, und seine Wohnung, um zu wissen, was vor zwei Jahren in der »Innenarchitektur« für unerläßlich gehalten wurde. Er ist ein freundlicher, semmelblonder Mann, unser Ingenieur, er interessiert sich nicht für Politik, aber sieht hilflos aus, wenn wir den letzten Leitartikel fade nennen. Er läßt sich nie etwas anmerken, und wir lassen uns auch nie etwas anmerken, denn wir sind fest überzeugt, daß der semmelblonde Ingenieur mit seinem froschgrünen Auto dasselbe Recht hat, auf dieser Erde zu sein, wie wir mit unseren Pusteblumen und Himmelslandschaften und diesem und jenem etwas traurigen Buch. Wenn nur unsere dreizehnjährige Tochter, eben die, die gerade durch die Gartentür kommt, sich nicht in den Kopf gesetzt hätte, alles, was mit dem Ingenieur zusammenhängt, modern zu finden. Und wenn wir nicht wüßten, welch katastrophale Sprengkraft für sie in diesem Wort steckt.

Habt ihr gesehen, was für eine schicke Sonnenbrille er heute wieder aufhat, fragte sie im Näherkommen. Ich konnte durch einen Blick verhindern, daß der Vater die Sonnenbrille, die wir gar nicht beachtet hatten, unmöglich nannte, und wir sahen schweigend zu, wie sie über das Stückchen Wiese stakste und einen sehr langen Schatten warf, wie sie sich auf komplizierte Weise neben dem Aprikosenbäumchen niederließ und ihre Bluse glattzog, um uns klarzumachen, daß es kein Kind mehr war, was da vor uns saß.

Sagte ich schon, daß sie von der Probe zum Schulfest kam? Es klappt nicht, sagte sie. Rein gar nichts klappt. Wie findet ihr das?

Normal, sagte der Vater, und ich glaube bis heute, das war nichts anderes als die Rache für die schicke Sonnenbrille des Ingenieurs.

Ja, du! sagte die Tochter aufgebracht. Du findest es womöglich normal, wenn die Rezitatoren ihre Gedichte nicht können und wenn der Chor ewig den Ton nicht trifft und wenn die Solotänzerin andauernd auf den Hintern fällt?

Von dir lerne ich alle diese Ausdrücke, stellte das Kind fest, das auf dem Rand der Regentonne saß und sich kein Wort aus dem nervenaufreibenden Leben der großen Schwester entgehen ließ. Das brachte den Vater zu der Erklärung, daß, wenn eine Solotänzerin auf den Hintern falle, dies eine bedauerliche Tatsache sei, aber kein Ausdruck. Die wirkliche Frage allerdings bestehe darin, ob man beim Schulfest überhaupt eine Solotänzerin brauche.

Wie soll ich Ihnen in dürren Worten begreiflich machen, daß der Streit, der nun losging, tiefe Wurzeln hatte, die weniger aus dem zufälligen Auftritt einer Solotänzerin ihre Nahrung zogen als aus der grundsätzlichen Meinungsverschiedenheit über den Geschmack der Lehrerin, die alle Schulfeste ausrichtet, seit unsere Kinder an dieser Schule sind. Immer noch hat sie in der neunten oder zehnten Klasse ein gutgebautes Mädchen gefunden, das bereit war, in einem roten Schleiergewand über die Bühne zu schweben und zu einer Klaviermusik anzudeuten, daß es sich nach irgend etwas sehnt. Wenn Sie mich fragen: Diese Mädchen haben weder erbitterte Ablehnung noch unkritische Verzückung verdient, aber, wie ich schon sagte, um sie geht es ja nicht. Es geht ja nicht mal um die Neigung der Lehrerin zu bengalischer Beleuchtung, denn mit allen möglichen Arten von Beleuchtung fertig zu werden, sollten wir wohl gelernt haben. Nein: In Wirklichkeit erträgt er nicht seiner Tochter schmerzhafte Hingabe an alles, was sie für vollkommen hält; erträgt nicht den Anblick ihrer Verletzbarkeit; stellt sich, töricht genug, immer wieder bei Gewitter ins freie Feld, um die Blitze, die ihr zugedacht sind, auf sich abzulenken. Wofür er im Wechsel stürmische Zärtlichkeit erntet und wütenden Undank, so daß er tausendmal sagt: Von dieser Sekunde an werde ich mich nie wieder in diese Weibersachen einmischen, das schwöre ich. – Aber wir hörten nicht auf seine Schwüre, denn er ist eingemischt, mit und ohne Schwur. Da beißt die Maus kein'n Faden ab.

Mause-Loch, sagte das Kind versuchsweise fragend: Werden sie mich weiter links liegenlassen? Die Antworten, die es in schneller Folge von uns bekam und die ich hier getreulich verzeichne, werden Sie merkwürdig finden: Regen-Wurm, sagte ich. Glücks-Pilz, sagte der Vater. Nacht-Gespenst, sagte die Tochter. Bei einer so guten Sammlung von Wörtern konnte unser Spiel unverzüglich losgehen, und die erste Runde lautete: Regenloch, Mausepilz, Glücksgespenst und Nachtwurm, dann kamen wir schon in Fahrt und ließen uns hinreißen zu Lochwurm und Mausegespenst und Regenglück und Pilznacht, und danach war kein Halten mehr, die Dämme brachen und überschwemmten das Land mit den hervorragendsten Mißbildungen, Wurmgespenst und Mauseregen und Nachtloch und Pilzwurm und Lochglück und Nachtregen und Pilzmaus quollen hervor.

Verzeihen Sie. Aber es ist schwer, sich nicht hinreißen zu lassen. Möglicherweise gibt es bessere Wörter. Und natürlich sind fünf oder sechs Spieler besser als vier. Wir haben es mal mit dem Ingenieur versucht. Wissen Sie, was er sagte? Sie erraten es nicht. Natürlich betrog er uns. Zu den Spielregeln gehört ja, daß jeder, ohne nachzudenken, das Wort nennt, das obenauf in seinem Kopf liegt. Der Ingenieur aber grub vor unseren Augen sein Gehirn sekundenlang um und um, er strengte sich mächtig an, bis er, sehr erleichtert, Aufbau-Stunde zutage förderte. Wir ließen uns natürlich nicht lumpen und gruben auch und bedienten ihn mit Arbeits-Brigade und Sonder-Schicht und Gewerkschafts-Zeitung, und das Kind brachte ganz verwirrt Pionier-Leiter heraus. Aber ein richtiges Spiel wurde nicht aus Gewerkschaftsaufbau und Brigadestunde und Sonderarbeit und Schichtleiter und Zeitungspionier, wir trieben es lustlos ein Weilchen, lachten pflichtgemäß kurz auf bei Leitergewerkschaft und brachen dann ab.

Niemand von uns verlor ein Wort über diesen mißglückten Versuch, um die Gefühle der Tochter nicht zu verletzen, aber es arbeitete sichtbar in ihr, bis sie abends trotzig hervorbrachte: Er hat eben Bewußtsein!

Schneegans, sagte damals der Vater, dasselbe, was er auch heute sagt, weil die Tochter die erledigte Solotänzerin noch einmal hervorzieht und zu ihrer Rechtfertigung anführt, sie werde diesmal wunderbarerweise in einem meergrünen Kleid auftreten. Meergrüne Schneegans! Er nahm das Kind an die Hand, und sie gingen los mit Gesichtern, als verließen sie uns für immer und nicht nur für einen kurzen Gang zu ihrer geheimen Kleestelle, denn von Glückspilz waren sie zwanglos auf Glücksklee gekommen. Die Tochter aber sah ihnen triumphierend nach. Schneegans sagt er immer, wenn er kein Argument mehr hat, nicht? Hast du zufällig einen Kamm?

Ich gab ihr den Kamm, und sie holte einen Spiegel aus ihrem Körbchen hervor und befestigte ihn umständlich in den Zweigen des kleinen Aprikosenbaums. Dann nahm sie das Band aus ihrem Haar und begann sich zu kämmen. Ich wartete, weil es nicht lohnte, eine neue Seite anzufangen. Ich sah, wie sie sich zu beherrschen suchte, aber es mußte gesagt sein: Sie sitzen überhaupt nicht, siehst du das? – Wer, bitte? – Meine Haare. Kommt nichts dabei heraus, wenn man sie kurz vor dem Schlafengehen wäscht. Nun war es gesagt. Diese Frisur brachte ihre zu große Nase stark zur Geltung – aber erbarm dich, fügte ich hastig ein, du hast doch gar keine zu große

Nase! –, wenn sie auch den Vorteil hatte, ihre Trägerin etwas älter zu machen. Der Busschaffner eben hatte sie jedenfalls mit »Sie« angeredet: Sie, Frollein, ziehn Sie mal ein bißchen Ihre Beine ein! Das war ihr peinlich gewesen, aber nicht nur peinlich, verstehst du? – Hättest du nicht, sagte ich, absichtlich die Akzente verschiebend, ihm einen kleinen Dämpfer geben können? Vielleicht so: Reden Sie etwa mit mir so höflich? – Ach nein. So etwas fällt ihr leider nie ein, wenn sie es brauchte, und außerdem ging es ja nicht um die Unhöflichkeit des Busschaffners, sondern um das »Sie«. Jedoch, um auf die Haare zurückzukommen: Du, sagte meine Tochter. Was möchtest du lieber sein, schön oder klug?

Kennen Sie das Gefühl, wenn eine Frage in Ihnen einschlägt? Ich wußte sofort, daß dies die Frage aller Fragen war und daß sie mich in ein unlösbares Dilemma brachte. Ich redete ein langes und breites, und am Gesicht meiner Tochter sah ich, wie sie mich aller Vergehen, die in meiner Antwort denkbar waren, nacheinander für schuldig hielt, und ich bat im stillen eine unvorhandene Instanz um eine glückliche Eingebung und dachte: Wie sie mir ähnlich wird; wenn sie es bloß noch nicht merkt!, und laut sagte ich plötzlich: Also hör mal zu. Wenn du mich so anguckst und mir sowieso kein Wort glaubst – warum fragst du mich dann erst? Da hatte ich sie am Hals, und darauf war die Frage ja auch angelegt. Der Kamm lag wie für immer im Gras, und ich hatte ihre weichen Lippen überall auf meinem Gesicht und an meinem Ohr sehr willkommene Beteuerungen von Ich-hab-nur-dich-wirklich-lieb und von ewigem Bei-mir-Bleiben und Immer-auf-mich-hören-Wollen, jene heftigen Eide eben, die man zum eigenen Schutz überstürzt leistet, kurz ehe man sie endgültig brechen muß. Und ich glaubte jedes Wort und spottete meiner Schwäche und meinem Hang zum billigen Selbstbetrug.

Jetzt lecken sie sich wieder ab, sagte das Kind verächtlich und warf mir lässig ein Sträußchen Klee in den Schoß, sieben Kleestengelchen, und jedes von ihnen hatte vier wohl ausgebildete Blätter, wovon man sich gefälligst überzeugen wolle. Keine optische Täuschung, kein doppelter Boden, keine Klebespucke im Spiel. Solides vierblättriges Glück.

Sieben! rief die Tochter elektrisiert. Sieben ist meine Glückszahl. Kurz und gut: Sie wollte die Blätter haben. Alle sieben für sich allein. Wir fanden nicht gleich Worte für diesen unmäßigen Anspruch, und wir kamen gar nicht darauf, sie zu erinnern daß sie sich noch nie für Glücksklee interessiert hatte und auch selber nie ein einziges vierblättriges Kleeblatt fand. Wir sahen sie nur groß an und schwiegen. Aber sie war so auf das Glück versessen, daß sie kein bißchen verlegen wurde.

Ja, sagte das Kind schließlich. Sieben ist ihre Glückszahl, das stimmt. Wenn wir zur Schule gehen, macht sie immer sieben Schritte von einem Baum bis zum nächsten. Zum Verrücktwerden. Sie nahm, als sei das ein Akt unvermeidlicher Gerechtigkeit, die Blätter aus meinem Schoß und gab sie der Schwester. Übrigens bekam ich sie sofort zurück, nachdem die Tochter sie heftig gegen ihre angeblich zu große Nase gepreßt hatte; ich sollte sie vorläufig in meinem Buch aufbewahren. Es wurde sorgfältig überwacht, wie ich sie zwischen Pinien und Macchiastauden legte, an den Rand des fremden Mittelmeeres, auf die Stufen jener Treppe zu dem Wahrsager, der aus Barmherzigkeit log, auf den Holztisch, an dem der junge Gastwirt seine Gäste bewirtet hatte, solange er noch glücklich und nicht als Opfer eines düsteren Unheils gezeichnet war. Die Seiten, auf denen jene gräßliche Rachetat begangen wird, ließ ich aus, denn was weiß ich von vierblättrigem Klee und von der Glückszahl Sieben, und was gibt mir das Recht, gewisse Kräfte herauszufordern?

Sicher ist sicher.

Wer von euch hat nun wieder meinen Bindfaden weggenommen? Mit einem Schlag rutschte die fremde Flora und Fauna den Horizont herunter, wohin sie ja auch gehört, und was uns anging, war des Vaters düsteres Gesicht.

Bindfaden? Niemand, sagten wir tapfer. Was für Bindfaden? Ob wir keine Augen im Kopf hätten, zu sehen, daß die Rosen angebunden werden müßten?

Das Kind zog eine der Schnüre aus seiner Hosentasche, die es immer bei sich trug, und bot sie an. Das machte uns anderen bewußt, daß es Ernst war. Die Tochter schlug vor, neuen Bindfaden zu holen. Aber der Vater wollte keinen neuen

Bindfaden, sondern die sechs Enden, die er gerade zurechtge-
schnitten und hier irgendwo hingelegt hatte und die wir ihm
natürlich wegnehmen mußten. Siehst du, sagten wir uns mit
Blicken, man hätte ihn nicht so lange sich selbst überlassen
dürfen, man hätte ihm wenigstens ein Kleeblatt in die Tasche
stecken sollen, denn jedermann braucht Schutz vor bösen
Geistern, wenn er allein ist. Wir sahen uns für den Rest des
Nachmittags Bindfaden suchen und hörten obendrein den
Vater sein Geschick beklagen, das ihn unter drei Frauen
geworfen hat. Wir seufzten also und wußten uns nicht zu
helfen. Da kam Frau B.
Frau B. schaukelte über die Wiese heran, weil sie bei jedem
Schritt ihr ganzes Gewicht von einem Bein auf das andere
verlagern muß, und in ihrer linken Hand trug sie ihre
Einkaufstasche, ohne die sie nicht auf die Straße geht, aber in
ihrer Rechten hielt sie sechs Enden Bindfaden. Na, sagte sie,
die hat doch einer wieder am Zaun hängenlassen. Nachher
werden sie gesucht, und dann ist der Teufel los.
Ach ja, sagte der Vater, die kommen mir eigentlich gerade
zupaß. Er nahm den Bindfaden und ging zu den Rosen.
Vielen Dank, Frau B., sagten wir. Aber setzen Sie sich doch.
Die Tochter holte einen von den frisch abgewaschenen Gar-
tenstühlen, und wir sahen etwas besorgt zu, wie er vollständig
unter dem mächtigen Körper der Frau B. verschwand. Frau B.
pustete ein bißchen, denn für sie, wie sie nun mal ist, wird
jeder Weg eine Arbeit, sie schöpfte neuen Atem und teilte uns
dann mit, daß der geschossene Zustand unserer Erdbeeren
von übermäßiger künstlicher Düngung herrühre. Frau B. ist
nämlich kein noch so merkwürdiges Verhalten irgendeiner
lebenden Kreatur fremd, sie sieht mit einem Blick die Krankheit und ihre Wurzel, wo andere Leute lange herumsuchen
müssen. Unsere Wiese hätte längst gemäht und das Unkraut
auf dem Möhrenbeet verzogen werden müssen, sagte sie uns,
und wir bestritten nichts. Aber dann gab uns Frau B. Grund
zum Staunen mit der Frage, ob wir eigentlich schon in das
Innere der gelben Rose geblickt hätten, die als erste links auf
dem Beet steht. Nein, in die Rose hineingesehen hatten wir
noch nicht, und wir fühlten, daß wir ihr damit etwas schuldig

47

geblieben waren. Das Kind lief gleich, es nachzuholen, und kam atemlos mit der Meldung zurück: Es lohne sich. Nach innen zu werde die Rose dunkelgelber, zum Schluß sogar beinahe rosa. Wenn auch ein Rosa, was es sonst nicht gibt. Das Tollste aber sei, wie tief diese Rose war. Wirklich, man hätte es nicht gedacht.

Wie ich Ihnen gesagt habe, sagte Frau B. Es ist eine edle Sorte. Die Haselnüsse haben aber auch gut angesetzt dieses Jahr.

Ja, Frau B., sagten wir. Und jetzt erst, nachdem Frau B. es bemerkt, hatten die Haselnüsse wirklich gut angesetzt, und uns schien, alles, worauf ihr Blick mit Zustimmung oder Mißbilligung gelegen, sogar die geschossenen Erdbeeren, hatte nun erst den rechten Segen.

Da tat Frau B. ihren Mund auf und sagte: Dieses Jahr verfault die Ernte auf dem Halm.

Aber Frau B.! riefen wir.

Ja, sagte sie ungerührt. Das ist, wie es ist. Wie der Hundertjährige Kalender sagt: Unwetter und Regen und Gewitter und Überschwemmungen. Die Ernte bleibt draußen und verfault auf dem Halm.

Da schwiegen wir. Wir sahen die Ernte nach dem Hundertjährigen Kalender zugrunde gehen unter den gelassenen Blicken der Frau B., und eine Sekunde lang kam es uns vielleicht vor, daß sie selber es war, die über die Ernte und die Haselnüsse und die Erdbeeren und Rosen zu befinden hatte. Es ist ja nicht ganz ausgeschlossen, daß man durch lebenslängliche Arbeit an den Produkten der Natur ein gewisses Mitspracherecht über sie erwerben kann. Vergebens versuchte ich, mir die Fluten von Fruchtsäften, die Berge von Marmeladen und Gelees vorzustellen, die im Laufe von vierzig Jahren über Frau B.s Küchentisch gegangen waren, ich sah die Waggons voller Möhren und grüner Bohnen, die aus ihren Händen gewachsen und von ihren Fingern geputzt worden waren, die Tausende von Hühnern, die sie gefüttert, die Schweine und Kaninchen, die sie gemästet, die Ziegen, die sie gemolken hatte, und ich mußte zugeben, daß es gerecht wäre, wenn MAN ihr nun vor anderen mitteilen würde: Also hören Sie mal zu, meine liebe Frau B., was dieses Jahr die Ernte betrifft, dachten WIR . . .

Denn den Hundertjährigen Kalender hat ja auch noch kein Mensch mit Augen gesehen.

Da sind sie ja wieder, sagte Frau B. befriedigt. Ich muß mich bloß wundern, daß es ihnen nicht über wird.

Wem denn, Frau B.? Was denn?

Doch da sahen wir sie auch: die Hubschrauber. Muß ich mich entschuldigen für den regen Flugverkehr über unserem Gebiet? Tatsache ist: Um diese Nachmittagsstunde fliegen zwei Hubschrauber die Grenze ab, was immer sie über dem Drahtzaun zu erblicken hoffen oder fürchten mögen. Wir aber, wenn wir gerade Zeit haben, können einmal am Tage sehen, wie nahe die Grenze ist, wir können die langen Propellerarme kreisen sehen und uns gegenseitig die hellen Flecke in der Kanzel, die Gesichter der Piloten, zeigen, wir können uns fragen, ob es immer die gleichen sind, die man für diesen Flug abkommandiert hat, oder ob sie sich abwechseln. Vielleicht schicken sie sie bloß, um uns an sie zu gewöhnen. Man hat ja keine Angst vor Sachen, die man jeden Tag sieht. Aber nicht einmal die nächtlichen Scheinwerfer und die roten und gelben Leuchtkugeln, die vor der Lichtkuppel der Großstadt aufzischen, rücken uns die Grenze so nahe wie die harmlos-neugierigen Hubschrauber, die das Tageslicht nicht scheun.

Zu denken, daß er aus Texas sein könnte, sagte Frau B. Wo gerade mein Junge ist.

Wer denn, Frau B.?

Der Flieger da. Er kann doch ebensogut aus Texas sein, oder nicht?

Das kann er. Aber was in aller Welt macht Ihr Sohn in Texas?

Fußball spielen, sagte Frau B.

Da fiel uns wieder alles über ihren taubstummen Sohn ein, der mit seiner ebenfalls taubstummen Frau im Westen lebte und der nun mit der Fußballmannschaft der Gehörlosen in Texas war, ohne zu ahnen, was seine Mutter gerade angesichts eines fremden Hubschrauberpiloten sagt. Auch Anita fiel uns ein, Frau B.s Tochter, die ebenfalls taub war und allein in einer fremden, aber erreichbaren Stadt einen Beruf lernte und jede Woche ihre Wäsche nach Hause schickte. Wir sahen Frau B.

noch einmal an und suchten Spuren von Schicksal in ihrem Gesicht. Aber wir sahen nichts Besonderes.

Seht mal alle geradeaus, sagte das Kind und zog eine Grimasse. Am Zaun stand unsere Nachbarin, die Witwe Horn.

Prost die Mahlzeit, sagte Frau B. Dann werd ich man gehen.

Aber sie blieb und drehte ihren ganzen mächtigen Körper dem Zaun zu und sah der Witwe Horn entgegen: der Frau, die keine Zwiebel an Kartoffelpuffer macht und die ihren verstopften Ausguß nicht reparieren läßt und die sich kein Kopftuch zum Wechseln leistet, aus nacktem, blankem Geiz. Sie war gekommen, mit ihrer durchdringenden, teilnahmslosen Stimme zu uns über das Eisenbahnunglück zu reden.

Jetzt sind es zwölf, sagte sie statt einer Begrüßung.

Guten Tag, erwiderten wir beklommen. Was denn: zwölf?

Zwölf Tote, sagte die Witwe Horn. Nicht neun, wie sie gestern noch in der Zeitung schrieben.

Allmächtiger Himmel, sagte Frau B. und sah unsere Nachbarin an, als habe *sie* die drei Toten umgebracht, die gestern noch nicht in der Zeitung standen. Wir wußten, daß Frau B. ihr alles zutraute, denn wer am Gelde hängt, stiehlt auch und bringt Leute um, aber das ging zu weit. Auch wenn uns selbst das Glitzern in den Augen der Witwe Horn nicht recht gefallen wollte.

Woher wissen Sie denn das, fragten wir, und ist es wirklich sicher, daß drei aus unserem Ort dabei sind?

Vier, sagte unsere Nachbarin beiläufig. Aber die Frau von diesem Schauspieler war ja hoch versichert.

Nein, sagten wir und wurden blaß. Ist sie auch tot?

Natürlich, sagte die Witwe Horn streng.

Da schwiegen wir ein paar Sekunden lang für die Frau vom Schauspieler. Ein letztes Mal kam sie mit ihren beiden Dakkeln die Straße herauf bis zu unserer Gartentür, ein letztes Mal beschwerte sie sich zwischen Ernst und Spaß über die Unarten der Hunde, ließ sie sich widerstrebend von Baum zu Baum ziehen und strich ihr langes blondes Haar zurück. Ja: Jetzt sagen wir es alle, daß sie schönes Haar hatte, kaum gefärbt, und daß sie schlank war und gut aussah für ihr Alter. Aber wir konnten es ihr nicht sagen, sie war schon vorbei, sie wendete uns auf eine unwiderrufliche Art den Rücken zu, die wir nicht an ihr kannten, wir durften nicht hoffen, daß sie sich umdrehen oder gar zu uns zurückkommen werde, nur damit wir unaufmerksamen Lebenden noch einmal in ihr Gesicht sehen und es uns einprägen könnten – für immer.

Was für ein unpassendes Wort für die lebendige, von wechselnden Alltagssorgen geplagte Frau des Schauspielers.

Er ist ja noch nicht zurück, sagte unsere Nachbarin, die nicht gemerkt hatte, daß jemand vorbeiging.

Wer denn?

Na, der Schauspieler doch. Sie haben ja nichts mehr von ihr gefunden, bloß die Handtasche mit dem Personalausweis. Das muß den Mann ganz durcheinandergebracht haben. Er ist noch nicht zurück.

Es kam, was kommen mußte. Das Kind tat den Mund auf und fragte: Aber warum denn? Warum haben sie denn nichts mehr von ihr gefunden?

Wir starrten alle die Witwe Horn an, ob sie nun beschreiben würde, wie es nach so einem Eisenbahnunglück auf den Schienen aussehen kann, aber sie sagte, ohne unsere beschwörenden Blicke zu beachten, in ihrem gleichen ungerührten Ton: Das geht alles nicht so schnell. Sie suchen noch.

Kommen Sie doch näher, sagte ich. Setzen Sie sich doch.

Aber dazu konnte unsere Nachbarin nur lächeln. Man sieht sie nie lächeln, außer wenn ihr etwas Unnatürliches zugemutet wird: daß sie etwas verschenken soll, zum Beispiel. Oder daß sie sich mitten am Tag hinsetzen soll. Wer sitzt, der denkt. Wer Mist auf sein Maisfeld karrt oder ein Stück Land umgräbt oder Hühner schlachtet, muß weit weniger denken als ein Mensch, der in seiner Stube sitzt und auf das Büfett mit den Sammeltassen stiert. Wer möchte sich dafür verbürgen, daß nicht auf einmal ein Mann vor dem Büfett steht, da, wo er immer gestanden hat, um seine Zeitung herunterzulangen; ein hassenswürdiger Mann, der, wie man hört, die Strafe für das Verlassen seiner Frau vor kurzem durch den Tod gefunden hat. Oder Enkelkinder, die man nicht kennt, denn man hat ja die Schwiegertochter, dieses liederliche Frauenzimmer, mitsamt dem Sohn hinausgeworfen. Da springt man auf und holt die Drahtkiste mit den Küken in die gute Stube, mögen sie doch die leere Wohnung mit ihrem Gepiepe füllen, mögen doch die Federn umherfliegen, daß man kaum atmen kann, mag doch alles zum Teufel gehen. Oder man rennt in die Küche und färbt Eier und verschenkt sie zu Ostern an die Nachbarkinder, diese Nichtsnutze, die abends an der Türklingel zerren und dann auseinanderstieben, so daß niemand da ist, wenn man hinausstürzt, immer wieder hinausstürzt, aber nichts ist da. Nichts und niemand, wie man sich auch den Hals verrenkt.

Wiedersehen, sagte die Witwe Horn. Weiter wollt ich dann ja nichts. Mit ihr ging Frau B. Jeder ihrer gewichtigen Schritte gab zu verstehen, daß sie sich nicht gemein machte mit der hageren Frau, die neben ihr trippelte. Die Grenze galt es zu hüten, die unverschuldetes Schicksal und selbstverschuldetes Unglück auf immer voneinander trennt.

Ein Streit brach zwischen den Kindern aus, auf den ich nicht achtete. Er wurde heftiger, zuletzt jagten sie sich zwischen den Bäumen, das Kind hielt einen abgerissenen Papierfetzen hoch und schrie: Sie liebt schon einen, sie liebt schon einen!, und die Tochter, außer sich, forderte ihren Zettel, forderte ihr Geheimnis zurück, das genauso schwer zu verbergen wie zu offenbaren war. Ich lehnte den Kopf an das Kissen in meinem Liegestuhl. Ich schloß die Augen. Ich wollte nichts sehen und nichts hören. Jene Frau, von der man nur noch die Handtasche gefunden hatte, sah und hörte auch nichts mehr. In welchem Spiel sie ihre Hände auch gehabt haben mochte, man hatte sie ihr weggeschlagen, und das Spiel ging ohne sie weiter.

Der ganze federleichte Nachmittag hing an dem Gewicht dieser Minute. Hundert Jahre sind wie ein Tag. Ein Tag ist wie hundert Jahre. Der sinkende Tag, sagt man ja. Warum soll man nicht spüren können, wie er sinkt: vorbei an der Sonne, die schon in die Fliederbüsche eintaucht, vorbei an dem kleinen Aprikosenbaum, an den heftigen Schreien der Kinder, auch an der Rose vorbei, die nur heute und morgen noch außen gelb und innen rosa ist. Aber man kriegt Angst, wenn immer noch kein Boden kommt, man wirft Ballast ab, dieses und jenes, um nur wieder aufzusteigen. Wer sagt denn, daß der Arm schon unaufhaltsam ausgeholt hat zu dem Schlag, der einem die Hände aus allem herausreißt? Wer sagt denn, daß diesmal wir gemeint sind? Daß das Spiel ohne uns weiterginge?

Die Kinder hatten aufgehört sich zu streiten. Sie fingen Heuhüpfer. Die Sonne war kaum noch sichtbar. Es begann kühl zu werden. Wir sollten zusammenräumen, rief der Vater uns zu, es sei Zeit. Wir kippten die Stühle an den Tisch und brachten die Harken in den kleinen dumpfen Schuppen.

Als wir gingen, war die Luft voller Junikäfer. An der Gartentür drehten wir uns um und sahen zurück.

Wann war das eigentlich mit diesem Mittelmeer, fragte das Kind. Heute?

Unter den Linden

> Ich bin überzeugt, daß es mit zum
> Erdenleben gehört, daß jeder in dem
> gekränkt werde, was ihm das Emp-
> findlichste, das Unleidlichste ist: Wie
> er da herauskommt, ist das Wesent-
> liche.
>
> Rahel Varnhagen

Unter den Linden bin ich immer gerne gegangen. Am liebsten,
du weißt es, allein. Neulich, nachdem ich sie lange gemieden
hatte, ist mir die Straße im Traum erschienen. Nun kann ich
endlich davon berichten.

Unbeschreiblich liebe ich diese sicheren Anfänge, die nur
denen gelingen, die glücklich sind. Immer wußte ich, auch mir
würden sie einst wieder zur Verfügung stehen. Das sollte das
Zeichen sein für Wiederaufnahme in den Bund, dessen Strenge
nur noch von seiner Freizügigkeit übertroffen wird: den Bund
der Glücklichen. Da ich neuerdings selbst ohne Zweifel bin,
wird man mir wieder glauben. Nicht mehr bin ich an die
Tatsachen gekettet. Ich kann frei die Wahrheit sagen.

Denn höher als alle schätzen wir die Lust, gekannt zu sein.

Daß die Straße berühmt ist, hat mich nie gestört, im Wachen
nicht und erst recht nicht im Traum. Ich begreife, daß sie
dieses Mißgeschick ihrer Lage verdankt: Ost-West-Achse. Sie
und die Straße, die mir im Traum erscheint, haben nichts
miteinander zu tun. Die eine wird in meiner Abwesenheit
durch Zeitungsbilder und Touristenfotos mißbraucht, die andere hält sich auch über lange Zeiträume unbeschädigt für
mich bereit. Ich gebe zu, oberflächlich gesehen kann man die
beiden miteinander verwechseln. Ich selbst verfalle in diesen
Fehler: Dann überquere ich achtlos meine Straße und erkenne
sie nicht. Jüngst erst mied ich sie viele Tage lang und suchte
anderswo mein Glück, aber finden konnte ich es nicht.

Es wurde Sommer, da träumte ich, der Tag sei gekommen. Ich
brach auf, denn nun war ich bestellt. Ich sagte es keinem und

wollte es selbst kaum wahrhaben. Ich dachte (wie man im Wachen und Träumen listig etwas denken kann, um sich selbst zu täuschen), ich würde mir nun endlich die neuen Stadtviertel ansehen, von denen überall geredet und geschrieben wurde. Aber schon der Busschaffner war im Komplott – mit wem, bleibt dahingestellt. Aus nichtigem Anlaß kam er mir grob, und ich zahlte ihm bebend vor Zorn alle unbeglichenen Grobheiten meines Lebens heim, als müßte ich umkommen, wenn ich auch diese noch hinnahm. Der Mann schwieg sofort und musterte mich grinsend, und an mir war es nun, mich zu ärgern, daß ich es denen so leicht machte. Denn nun mußte ich gekränkt bei der nächsten Haltestelle aussteigen und fand mich, kaum noch überrascht, genau da, wo sie mich hinhaben wollten: vor der Staatsoper, Unter den Linden.

Also war es soweit. Du kennst das wohl: Man weiß nur, man ist bestellt und hat Folge zu leisten. Stunde, Ort und Zweck der Verabredung werden einem nicht mitgeteilt. Man ist auf Vermutungen angewiesen, die sich aus Wünschen speisen und daher oft fehlgehen. Jedes Kind weiß aus dem Märchen, daß man unbekümmert loszulaufen hat und sich vorbehaltlos und freundlich allen Dingen zuwenden soll. Genauso ging ich, in der trockenen, angenehm scharfen Junihitze, in dem Geruch von Staub und Benzin, in dem Motorenlärm und dem weißen Licht, das von den Steinen zurückschlug. Auf Anhieb stellte sich die helle, heitere Aufmerksamkeit ein, die ich lange Zeit so bitter vermißt hatte. Der Tag war sehr schön.

Im Traum holt man nach, was man immer versäumt hat. So wollte ich endlich einmal ganz genau der Großen Wachablösung zusehen, die gerade an der Neuen Wache mit klingendem Spiel und zuckenden weißen Handschuhen aufzog. Wollte mir die Kommandos einprägen, mit denen sie, zack zack, die beiden Hauptakteure wie an straff gespannten Schnüren aus dem zurückbleibenden Peloton ziehen, wollte mir keinen der bewunderungswürdigen Paradeschritte entgehen lassen, die, haarscharf einer uns Uneingeweihten unsichtbaren Linie folgend, genau vor den Stiefelspitzen des Wachpostens zu enden haben — wenn dieser da steht, wo das Reglement ihn hingestellt hat. Was in der Regel der Fall ist, da kann man unbesorgt sein. Ausgerechnet an diesem Nachmittag aber war die Regel verletzt worden, und einer der beiden ablösenden Offiziersaspiranten marschierte schnurstracks auf eine Katastrophe los: Der Fleck, auf dem sein Vorgänger ihn zu erwarten hatte (zwischen der zweiten und dritten Säule) war leer.

Vor fünf oder zehn Minuten erst hatte der Pflichtvergessene, geschädigt womöglich von der Hitze, auf ein nur ihm vernehmbares Kommando hin plötzlich eine exakte Linkswendung ausgeführt, war mit vorschriftsmäßig geschultertem Gewehr im Stechschritt bis zur Ecke des von ihm symbolisch bewachten Gebäudes marschiert und, nach erneutem Linksschwenk, endlich im dichten Schatten einer Kastanie stehengeblieben. Ruhigen Gewissens stand er in untadeliger Haltung am falschen Ort auf Posten, durfte auf Ablösung nicht hoffen, dieweil sein Ablöser ohne den erforderlichen Gegenspieler erbittert alle die komplizierten Manöver ausführte, die ihn endlich auf den zu lange schon verwaisten Platz des Kameraden brachten. – Nicht, daß es mich etwas anging, aber das abrückende Wachpeloton schien wieder vollzählig zu sein.

Merkwürdige Gestalten sah ich in der Menge, die sich nach dem Ende des Schauspiels schnell verlief. Nicht alle waren sie mit Spreewasser getauft und unter Kiefern aufgewachsen. An einen Inder mit einem rubinroten Stein am schneeweißen Turban erinnerte ich mich, an schlanke, schwarze Leute, die sich immer wie im Tanz bewegten, und vor allem an ein putziges Pärchen, das sich aus dem quirligen Strom löste und eng umschlungen auf das Standbild Alexander von Humboldts zuging, an dem sie beide dann, das Mädchen und der Junge, stumm und aufmerksam hochblickten. Seltsame Vögel mit grellbuntem Gefieder: die gleichen Blue Jeans, die gleichen hellblauen Pullover um die Taille geknotet, die gleichen großgeblümten Hemden – von hinten weder an ihren schmalen Hüften noch am gleich langen, zottligen Haar zu unterscheiden. Als sie sich umdrehten, sah ich, daß sie den steinernen Alexander gelten ließen, und von der gleich flachen Brust der beiden sprang mir als schwarze Schrift auf großen orangefarbenen Broschen entgegen: All I need is love. – Sie freuten

sich über mein Lächeln, sagten etwas in ihrer weichen singen-
den Sprache – ein Lob, glaube ich, das ebenso mir wie dem
Alexander Humboldt gelten konnte – und zogen auf biegsa-
men, flachen Sandalen ab. Großmütig stellte ich ihnen meine
Straße zur Verfügung, da sie von weither gekommen waren,
sie anzusehen. Mir gefiel, daß auch fremde, merkwürdige
Vögel hier ihr Körnchen fanden.
Du siehst, ich war nicht weit davon, daß mir alles gefiel, was
mir über den Weg lief.
Du weißt, daß man im Traum begreifen kann, man träumt.
Das Mädchen trat in meinen Traum und ich dachte: Jetzt
träume ich schon von ihr. Ein dunkles Motiv, was hat das zu
bedeuten? Und doch, das mußte ich zugeben, paßte niemand
besser in meinen Traum als sie – aus Gründen, die mir vorerst
verborgen waren. Sie verschwand in der Tür der Universität.
Habe ich dir jemals von dem Mädchen erzählt? Ich werde es
wohl verheimlicht haben, aber die Geschichte geht mir nach.
Man hat sie mir einmal vorgehalten, als ich sie ganz und gar
nicht hören wollte.
Da sah ich meinen alten Freund Peter aus der Universität
kommen, und die schöne blonde Frau, die mir längst aufgefallen war, erhob sich von ihrer Bank im Hof und ging ihm
entgegen. Auf einmal fürchtete ich, schon hier, schon mit
dieser zufälligen Begegnung könnte der Nachmittag enden.
Aber es war keine Gefahr, daß mein Freund Peter mich
bemerkte. Er hatte nur Augen für diese Frau, mit der er, wie
ich wußte, erst seit Wochen verheiratet war. Sie gehört zu den
Geschöpfen, die immer Mädchen bleiben, was auch mit ihnen
geschehen mag, und die dadurch die Männer bis aufs Blut
reizen. Den Stachel gönnte ich meinem Freund Peter. Sollte er
büßen für seine Untreue. Sollte er die Tränen bezahlen, die
Marianne um ihn vergossen hatte. Aber im gleichen Atemzug
gönnte ich ihm auch diese schöne blonde Frau, die mit ihren
klappernden Absätzen neben ihm ging, sich in seinen Arm
hängte und zu ihm aufsah.
Ach, ich verstand ihn ja. Immer noch konnte ich Pferde mit
ihm stehlen, nur wußte ich nicht, ob ich es noch wollte. Auf
zwei Schritt Entfernung ging er wie blind an mir vorbei,

lachend zog er seine junge Frau im Laufschritt über die Straße zu seinem Auto, das er aufheulen ließ und in einer unverschämt scharfen Kurve in den Verkehr steuerte, die mich verstimmte.

Erinnerst du dich, was ich oft von ihm gesagt habe: Der schafft alles, was er sich vornimmt. Nur rechnete ich nicht damit, daß er sich vornehmen könnte, was mir durchaus zuwider war. Aber siehe da, er schaffte auch das. Schaffte es, seine neue Frau auf dieselbe Bank zu setzen, die ein für allemal uns dreien gehörte: ihm, Marianne und mir. Schaffte es ohne weiteres, sich nichts dabei zu denken. Hatte geschafft, was uns verwehrt war: die unausgesprochenen Schwüre zu vergessen, die im ganzen Ernst jener Jahre das ernsteste waren und auf die sich unsere Jugend nun zusammenzog. Ernst wie die Strafen, die uns treffen sollten, würde es uns einfallen, eidbrüchig zu werden. Nun sah ich es mit eigenen Augen: Strafe für Treuebruch trifft nur den, der an Treue glaubt. Doch das tat mein Freund Peter nicht.

Das Mädchen – ja! Sie hatte gelogen und betrogen, aber auf sie baute ich, nie war mir das so klar geworden wie jetzt im Traum. Kurze Zeit lang hatte ich sogar den Verdacht, ich sei ihretwegen hierhergekommen; ich hätte von Anfang an die Absicht verfolgt, gewisse Örtlichkeiten zu besichtigen, die in ihrem Drama als Kulissen mitspielten: Was man bei Gericht Lokaltermin nennt.

Ein Schwarm Mädchen trieb mir entgegen. Studentinnen, untergehakt in kurzen Reihen. Früher hätte ich versucht, in einer von ihnen das Mädchen zu erkennen, nach dessen Aussehen, Haarfarbe und Gestalt zu fragen ich mich immer gehütet habe. Es war nicht wahrscheinlich, aber doch auch nicht ausgeschlossen, ihr hier zu begegnen, vor der Universität, an der sie noch voriges Jahr studiert hatte. Daß sie exmatrikuliert war, mochte sie nicht hindern, hier herumzustreichen. Es konnte für sie keine unlösbare Aufgabe sein herauszuspionieren, wie der Betreffende seine Tage verbrachte; wann er, zum Beispiel, nach seinen Vorlesungen die Universität verließ; leicht konnte sie – falls ihr noch daran lag, ihn zu sehen – sich zur erkundeten Stunde hinter dem Sockel des steinernen Wilhelm Humboldt verbergen. Bis er erschien, lachend und guten Gewissens, wie mein Freund Peter eben erschienen war.

Immer lachten sie gerade, wenn man sie sieht.

Jener Mann, an dem das Mädchen vielleicht noch immer hing, war auch Dozent. Namen spielen keine Rolle, hieß es, du kennst ihn doch nicht, und wenn – um so schlimmer. Also konnte er ebensogut auch Historiker sein, wie mein Freund Peter. Historiker gibt es wie Sand am Meer.

Ich kann dir nicht erklären, warum es mir auf einmal so wichtig war, Verständnis aufzubringen für Peter, meinen alten Freund. Da fiel mir dieses und jenes ein, Mißhelligkeiten in seinem Berufsgang, gewöhnliche Kränkungen, die ihm widerfuhren und die ihn nachhaltiger zu treffen schienen als andere, weil er ausersehen und von klein auf daran gewöhnt war, ein Glückspilz zu sein. An den alltäglichsten Zurücksetzungen litt er, wie nur ein Mensch leiden kann, den man hindert, einer großen Bestimmung zu folgen. Wir — ich, seine Frau Marianne – hielten seine Mißgeschicke für banal, während er wirkliches, unzumutbares Unglück in ihnen sah. Mir war noch nicht aufgegangen, daß die Markierungen für Glück und Unglück auf jeder Lebensskala in anderer Höhe angebracht sind. Was passierte ihm denn schon. Eine Assistentenstelle, die ihm ein anderer vor der Nase wegschnappt. Eine Reise zu einem Auslandskongreß, bei der man ihn übergeht. Eine Vorlesung, mit der er zu Recht zu glänzen hoffte, die aber durch eine Studienplanreform unter den Tisch fällt. Kleinigkeiten. Ich weiß, sagte er selbst. Aber es paßt mir nicht, versteht ihr?

Dich wird es nicht wunder nehmen, daß die junge Lehrerin vom Lande, die ihre Zehnjährigen über die Straße getrieben hatte wie eine Herde junger Lämmer, gerade mich nach der Uhrzeit fragte. Alle Leute, die keine Uhr haben, fragen mich nach der Zeit. Sie besitze allerdings eine Uhr, sagte die Lehrerin, eine alte, schöne, von ihrem verstorbenen Lieblingsonkel, nur sei sie sehr empfindlich und liege dauernd beim Uhrmacher in Königs Wusterhausen zur Reparatur. Sie werden es mir nicht glauben: Seit drei Wochen finde ich keine Zeit, sie abzuholen.

Ich war ihr in dem Augenblick begegnet, da sie jedermann alles erzählt hätte: von den schlechten Busverbindungen in ihr Dorf, von der Schwierigkeit, ein größeres und vor allem helles Zimmer zu finden, und von ihrem Heimweh an den Sonntagen, wenn das flache Land ihr wirklich auf die Nerven ging, weil sie ja aus Thüringen war. Sie sah mich mit ihren kulligen braunen Augen erwartungsvoll an, ob ich die Mitteilung, daß sie aus Thüringen sei, gebührend zu würdigen wisse. Derweil mühte ich mich unauffällig ab, von meiner kleinen runden Moskauer Armbanduhr mit dem schmalen schwarzen Dederonband die Zeit abzulesen, auf die meine Lehrerin doch schließlich zurückkommen würde. Merkwürdigerweise wollte es mir nicht gelingen. Zwar bin ich kurzsichtig, aber doch nicht auf die Entfernung zwischen Auge und Handgelenk, auch trug ich meine Sonnenbrille mit den Zeißgläsern und sah auf meinem Arm jedes einzelne Härchen. Nur das Zifferblatt der Uhr verschwamm immer mehr, je näher ich es meinem Gesicht brachte.

Ich muß dich bitten, nicht ungeduldig zu werden. Ich kann ja nur sagen, wie es in meinem Traum wirklich zuging, und werde dich nicht mit Erklärungsversuchen behelligen.

Aus Thüringen? Aber von daher kam doch jenes Mädchen auch, von dem man mir allerlei Bemerkenswertes erzählt hat! Das mag schon sein, gab die kleine Lehrerin bereitwillig zu, es kommen jetzt viele daher. Ihr Ausspruch kam mir rätselhaft vor, ich wollte später noch über seinen Sinn nachdenken, wenn ich ihr nur erst über die Zeit Bescheid gegeben hätte. Inzwischen verwies die Lehrerin ihren Jungen die Springübungen an der dicken Steinquadermauer jenes Gebäudes, in dem, soviel ich weiß, eine Abteilung der Akademie der Wissenschaften untergebracht ist. In Berlin haben Sie also nicht studiert? fragte ich sie noch, um sicher zu gehen. Aber nein! sagte sie fast entrüstet. Immerhin sei es ganz eindrucksvoll, dies alles einmal in Natur zu sehen, den neuen Fernsehturm und den Marx-Engels-Platz und das Brandenburger Tor. Die Wirkung sei doch noch ganz anders als auf dem Bildschirm.

Ihre Mädchen hatten angefangen, auf den Steinplatten des Bürgersteigs Hopse zu spielen, Himmel und Hölle. Da sehen

Sie es, sagte die Lehrerin, als sei dies unangebrachte Spiel der Kinder ein überzeugender Beweis für ihre vielfältigen Kümmernisse. Aber ich habe sie ja auch erst ein Jahr.

Diese Feststellung schien sie zu trösten, und sie zog vergnügt mit ihnen ab. Auf einer Auskunft über die genaue Zeit hatte sie nicht bestanden, nun bestand auch ich nicht darauf. Warum sollte ich kleinlicher sein als ein junges Ding aus der Provinz?

Mir war nicht ganz geheuer, als ich meinen Weg wieder aufnahm. Immer hatte ich geahnt, daß diese Straße in die Tiefe führt. Ich brauchte nur rechterhand durch das schmiedeeiserne Tor in den Innenhof der Staatsbibliothek einzutreten, den ich übrigens nicht erkannte. Aber es verlangte auch niemand von mir, daß ich mich erinnerte. Ich hatte nur weiterzugehen, auf den grünblau gekachelten Brunnen zu, hatte seinen Rand zu übersteigen und unterzutauchen. Man macht sich übertriebene Vorstellungen davon: Es ist einfach, man muß es sich nur oft genug und dringlich gewünscht haben. Auf dem Grund des Beckens blieb ich liegen, wie ich es mir oft ausgemalt habe: Liegen vor Richtertischen, sich niederlegen auf die nackten Dielen vor den Untersuchungskommissionen, auf die Steinböden vor die Prüfungsausschüsse, ruhig liegen und die Aussage endlich verweigern (was du, Mädchen, nicht mehr nötig hattest, als es so weit war). Jetzt verstand ich, daß es mir bisher an Schwere gefehlt hatte, an spezifischem Gewicht. Wer zu leicht ist, sinkt einfach nicht, das leuchtet ein, es ist ein physikalisches Gesetz, das man in der Schule lernt. Es befriedigte mich, endlich auf den Grund gekommen zu sein.

Die Gesichter, die über dem Rand des Beckens erschienen, um mich zu betrachten, gingen mich nichts an. Die Wasserlinie trennte uns. Neugier und Argwohn und Schadenfreude konnten mir nichts anhaben, auch der Schmerz ging vorbei. Allerdings wußte ich noch, wie er aussah, er hatte ein Gesicht, das sich zu den anderen über den Beckenrand hängte und mir stumm befahl, mich zu erheben, freiwillig mein Element zu verlassen, um ihm zu folgen, alle alten Erfahrungen in den Wind zu schlagen, wieder unter die Leute zu gehen und die Tabus zu verletzen.

Ach Lieber, du willst immer die Wahrheit wissen. Aber die Wahrheit ist keine Geschichte und überhaupt nichts Glaubwürdiges. Die Wahrheit ist, daß ich freiwillig aus dem Brunnen kam, sofort wie unter einer starken Strahlung trocken und nüchtern war und auf die schwere, geschnitzte Tür der Staatsbibliothek zuging, die ich, wohl wissend, was ich tat, leicht und ohne zu zögern aufstieß.

Hier solle ich nicht mehr eintreten, hatte bis zu diesem Tag unsichtbar über der Tür gestanden. Ich solle mich nicht aussetzen. Ein stärkerer Zauber hatte das Verbot aufgehoben. Ausgesetzt war ich wie jeder, was denn sonst?

Für dich, damit du mir glauben kannst, gehe ich nun daran, die Übergänge zwischen dem Glaublichen und dem Unglaublichen zu verwischen. Gleich bei meinem Eintritt enthüllten sich mir die Regeln dieses Ortes. Sie schienen mir übrigens leicht zu befolgen, viel wurde nicht verlangt: Dreh dich nicht um, sagte zu mir die bleiche, aufgeschwemmte Pförtnerin, die jeder beachten muß und die selbst keinen zu kennen braucht. Eilfertig nickte ich, während ich meine Lesekarte hochhielt, die ich stets bei mir trage und gegen die sie wie immer nichts einzuwenden hatte. Als ich das hölzerne Drehkreuz passierte, kamen mir Zweifel: Sollte das alles sein? Das konnte ich doch nicht glauben, zu tief steckte mir die Scheu vor diesem Ort in den Knochen. Ich mußte mich vergewissern, mußte zurückgehen und sie fragen. Da hinderte mich eine Steife in Rücken und Genick, mich umzudrehen. Das wäre mir ja das neueste, dachte ich aufgebracht, begann aber gehorsam, die Steinstufen hochzusteigen. Für diesmal wollte ich es hinnehmen. Manchmal wechseln die Gesetze über Nacht, nach denen man sich an bestimmten Orten zu verhalten hat, und es hat nichts weiter zu bedeuten. Ein bißchen zitterten mir die Knie. Was einem nicht alles passieren kann.

Ich bin sicher, in jenen Bezirken scheinen die Prüfungen leicht, aber die Strafen für geringes Versagen sind schwer. Alles oder nichts! lautet die Devise, und es wird einem verheimlicht, wie man sie zu befolgen hat. Manche aber wissen Bescheid. Das Mädchen zum Beispiel. Sagte ich schon, daß es sich treulich an meiner Seite hielt? Es ersparte mir das Umdrehen.

Mir ist von Ihnen berichtet worden, wollte ich sagen, zurückhaltend, wie es am Platze war, denn ich mußte den Anfang machen, wußte aber nicht, wie. Hier, wollte ich sagen, an dieser Stelle des Geländers lag meine Hand, als man mir zu meiner Belehrung mitteilte, was Ihnen widerfahren ist. Dies jedoch ging sie nichts an, so wenig wie die Tatsache, daß ich seit jenem lange vergangenen Dezembermorgen keinen Fuß mehr in dieses Haus, geschweige auf diese Treppe setzen durfte – genau die Zeit, in der meine Bekanntschaft mit ihr inniger geworden war. Mir undurchschaubare Kräfte schienen daran interessiert, im Nehmen und Geben eine Art von Gleichgewicht herzustellen.

Vor einer halben Stunde hatte ich dieses Mädchen, von dem ich außer dem Wesentlichen nichts wußte, zur Geschichtsstudentin ernannt. So war es nur logisch, ohne weiteres mit ihr in den Lesesaal für Gesellschaftswissenschaften zu gehen. Ich ließ sie fühlen, daß ich im Bilde war: Hierher, nicht wahr, ging man einst, um sich auf einen ganz bestimmten Platz zu setzen, von dem aus man einen ganz bestimmten Rücken im Auge behalten konnte. Und um dann sofort, wenn der Betreffende gegangen war, an das Regal zu treten und den schweren Folianten, den er soeben aus der Hand gelegt hatte, an den eigenen Platz zu schleppen.

Woher ich das weiß? Lassen wir das besser beiseite. Liebe? Ach du meine Güte – so sind Sie auch nichts weiter als ein junges dummes wundergläubiges Ding? Das sich gerade auf ihn versteifen muß, der nun mal ihr Dozent ist, der nun mal verheiratet ist (mit einer Frau, die womöglich Marianne hieß, ein flüchtiger Gedanke). Sollten Sie sich wirklich eingeredet haben, man könne beliebig viele törichte Handlungen aneinanderreihen, ohne daß die dann schließlich doch auf etwas hinauslaufen, das nicht töricht wäre? Mein liebes Kind. Das mag Ihnen glauben wer will. Ich nicht. (Du siehst, ich setzte mich aufs hohe Roß, und fast sah es aus, ich hatte sie zitiert, um auf sie herabblicken zu können.)

Warum nicht Sie? (Das war ihre Frage.)

Weil mir nun einmal – lassen wir wiederum beiseite, woher – vollkommen klar ist, daß man alle diese absurden Dinge nicht tut ohne geheimes Wissen um ihren Zweck. Ohne ein geheimes Einverständnis mit dem Resultat. Womit ja nicht gesagt ist, daß einem immer klar sein muß, was man sucht. Gehen wir. Hier im Foyer übrigens, wo heute die Kinderbücher und die übergroßen Autorenfotos ausgestellt sind, gab es einmal Laienmalerei von Medizinern zu besichtigen: Mit Skalpell und Pinsel, oder so ähnlich. Jeder konnte hingehen, nicht nur Ärzte, natürlich. Auch ich konnte hingehen, auch mein alter Bekannter Max, der aber nicht allein kam. Nein, Mädchen, ich muß Sie bitten, nicht die Augenbrauen hochzuziehen, sondern den echten Zufall zu respektieren. Er kam zufällig nicht allein, ich traf ihn und den Mann, mit dem er zusammen war, rein zufällig, dies war der letzte Zufall, der im Zusammenhang mit Maxens Begleiter passierte, und daher hat er es verdient, festgehalten zu werden.

Ihr wolltet euch doch schon lange kennenlernen.

Dies war nun typisch Max, Elefant im Porzellanladen, immer auf dem Sprung, Leute zusammenzubringen, man braucht jemanden nur mal irgendwo flüchtig gesehen zu haben – zum Beispiel bei einem von diesen zahlreichen populärwissenschaftlichen Vorträgen –, man braucht nur mal beiläufig einen Namen genannt zu haben, schon kennt er ihn und fühlt sich verpflichtet, ihn bei nächster Gelegenheit heranzuschleppen.

Wollten? So? Lange schon? Wie kommst du darauf?

Sei nicht so unhöflich. Dies also ist Herr . . .

Keine Angst. Sehe ich so aus, als würde ich Namen nennen? Den Ihren kenne ich nicht, und jener andere ist überflüssig. Ich bin auch dabei, ihn zu vergessen.

Selbviert die Treppen hinunter: Max, der Namenlose, Sie, ich. Sie weigern sich? Wollen nicht dabeigewesen sein? Hatten diese Stadt noch gar nicht betreten? Zogen sich gerade in ihrer Kleinstadtmädchenkammer das Kleid für das Abiturfest an? Dachten an nichts Böses? O, Sie Kindskopf! Wie Sie sich irren können! Schritt für Schritt sind Sie neben uns hergegangen, keine Stufe ist Ihnen erspart geblieben, und Wort für Wort, Note für Note muß das kleine Lied Ihnen bekannt gewesen sein, das mir schon die ganze Zeit durch den Kopf geht und das Sie nun zum ersten Mal von mir hören werden:

Ich suchte an dem Fenster dich
Die Gärten duften ohne Sinn
Wo magst du sein wo magst du sein
Was nutzt es denn im Mai zu leben
Was weißt du von dem Leid zu lieben

Fragen dieser Art scheinen entzaubernd zu wirken. Jedenfalls kontrollierte die Pförtnerin meine Lesekarte, als habe sie mir nie eine geheime Losung zugeflüstert, der Springbrunnen im Innenhof war nicht in Betrieb, leer und flach lag das grünblaue Becken. Ich trat auf die Straße, setzte meine Sonnenbrille wieder auf und stellte mit einem Blick auf meine zuverlässige Moskauer Uhr fest, daß es gleich drei war. Vor einer halben Stunde erst hatte ich meinen Freund Peter getroffen und ihn lachen hören, wie jahrelang nicht mehr. Alles, was uns früher an ihm gefiel, hatte er wiedergefunden: Lachen, Glanz und Sicherheit. Hatte es im gleichen Augenblick zurückbekommen, als es ihm gelungen war, uns abzuschütteln – uns Verfolger, uns Gerichtsvollzieher, die pfänden wollten, was er nicht besaß. Du hast mir die Schwäche für ihn manchmal vorgeworfen. So habe ich dir damals, als ich ihn eines Abends Unter den Linden traf, nichts weiter davon erzählt als die Tatsache: Ich traf ihn. Ecke Charlottenstraße, wo damals noch das alte Lindencafé war, in das wir später hineingingen. Wir kamen beide von verschiedenen Sitzungen und waren müde. Niemand konnte mir erwünschter kommen als er. Mensch, Peter, wie sich das trifft, mal wieder ein bißchen klönen wie in alten Zeiten. Die Linde, an deren Stamm ich mich lehnte, war dünner und mindestens zwei Spannen kürzer als heute, mein Freund Peter hielt auf der leeren Straße dem leicht eingebeulten Mond eine Rede, wie er es als Student getan hätte. Er wollte mich zum Lachen bringen, und er brachte mich zum Lachen. Wirklich, zu all seinen glänzenden Eigenschaften fehlte ihm nur die eine, die sie alle zusammenhalten könnte: ein bißchen Festigkeit. Darauf muß ich zu sprechen gekommen sein, weil er von seinem neuen Dissertationsthema anfing. Unwillkürlich schlug ich denselben Ton an wie er. Den Ton, der von jetzt an zwischen uns am Platze war. Ich sagte obenhin: Haben sie dir den Schneid abgekauft?

Hör bloß auf, hat er erwidert. Da sah ich, daß er nicht feige, sondern gelassen war, und merkte, wieviel schwerer mit einem Gleichgültigen zu reden ist als mit einem Schuldbewußten. Man kommt sich lächerlich vor, wenn man einem wie Peter alle die guten Gründe vorhält, die er selbst noch vor einer Woche für sein altes, aktuelles, ein bißchen heikles Thema angeführt hat: Er kennt sie ja und denkt nicht daran, sie zurückzuziehen. (Ging es nicht um eine strittige Etappe der jüngsten Geschichte? Um ein inzwischen von anderen beakkertes Feld?) Wir saßen vor unserem Bier, und Peter führte mir mit verteilten Rollen die Sitzung vor, die man extra einberufen hatte, um seine Eigenliebe zu streicheln. Um den Überzeugten zu überzeugen. Das neue Thema, das der Lehrkörper seines Instituts ihm vorschlug, verhielt sich zu seinem alten wie der Schoßhund zum Igel, das wußte jeder, und keiner durfte zeigen, daß er es wußte. Peter machte mir vor, wie jeder seiner Kollegen – einige von ihnen kannte ich ja – immer neue, bessere Beweise für die Dringlichkeit dieser Arbeit erbrachte, die jedenfalls niemandem schaden konnte. Mein Freund Peter hatte vorher gewußt, daß sie – übrigens ohne Absprache untereinander – entschlossen waren, Demokratie zu spielen, und welche Rolle jedem einzelnen in diesem Stück zufiel. Er selbst hatte natürlich enttäuscht zu sein, bekümmert, dann halb und halb entwaffnet, er hatte gut dosierten Widerstand zu leisten und ihn genau im richtigen Moment zögernd, aber den besseren Argumenten weichend, aufzugeben. Den warmen Händedruck, den der erleichterte Institutsleiter ihm hatte zuteil werden lassen, gab er an mich weiter. Er sah mir mit der gleichen Sympathie in die Augen, die soeben der Professor, der sein neues Thema betreuen würde, in seinen Blick gelegt hatte.

Da schlug ich, verwirrt von den sich überlagernden Sympathien, die Augen nieder und habe sie seitdem nie wieder so freimütig wie einst zu meinem Freund Peter aufgehoben. Vorwürfe machte ich ihm nicht. Wer bin ich, um jemandem Vorwürfe zu machen? Trotzdem rief er aus: Warum denn gerade ich?

Die Frage ist mir nachgegangen, bis hierher, bis heute. Ich

habe sie nicht für mich behalten können, habe sie weitergege-
ben, im unpassenden Moment, an den unpassenden Mann.
Das war hier in der Nähe, drüben im Lindencorso, im neuen
Espresso, als es noch wirklich neu war. Es muß Herbst
gewesen sein, ich trug meinen Wildledermantel und ging wie
blind an dem Fenstertisch vorbei, damit der Mann, der Ungenannte, der wie jeden Donnerstag um diese Zeit hier sitzen
mußte, mich als erster bemerken, damit er aufstehen, mir
nachkommen, mich begrüßen und an seinen Tisch holen
mußte. Natürlich ist die Risikorate bei solchen Unternehmungen groß, aber diesmal glückte es. Auch die Überraschung
glückte mir. Du wirst es ja nicht glauben, aber ich mußte sie
nicht heucheln. Ich war überrascht. Ach – Sie hier? Tatsächlich, jeden Donnerstag! Zwischen Ihren beiden Hauptvorle-
sungen?
Lob des Zufalls.
Zum ersten und fast zum einzigen Mal an einem Tisch, wie
andere Leute, die mittags schnell ungarische Salami und Brot
miteinander essen und eine Cola dazu trinken oder, wie er es
vorzog, ein Kännchen Mocca. Nur daß andere Leute sich
einfach verabreden oder zufällig hierhergeraten, während
mich der Zufall nach jener schönen Anfangsleistung im Stich
gelassen hatte. Berechnung war mir aufgezwungen, Schläue,
nervenaufreibende Erkundigungen, entwürdigende Telefona-
te, die mich zu einer bestimmten Stunde an einen bestimmten
Ort führten: diesen hier.
Die Kunst der Unbefangenheit. Platz nehmen, jede Spur von
Berechnung und Schläue in sich getilgt haben, ehe die Blicke
sich begegnen. Sogar die Erinnerung an Scham vergessen
haben, wenn man, zögernd, auf die Uhr blickt: Zeit? Nun,
wenn es sein muß – ein Weilchen. (Und dann dreißig Minuten
nichts zu wissen von der Zeit danach, die so endlos und
schwarz sein mag, wie sie es für richtig hält.) Die Kunst, ein
Gespräch anzufangen, wo man es vor langer Zeit abgebrochen
zu haben glaubt, und nicht verlegen zu werden, wenn heraus-
kommt: Dieses Gespräch hat es nie gegeben. In Gedanken
bestenfalls. Die Kunst, eine Anrede zu vermeiden, den anderen mit seinem Du – das natürlich Max eingeführt hat – in

Sicherheit zu wiegen, und dann, harmlos in einem harmlosen Satz, wie ein Pfeil das perfide Sie abzuschießen: Sie waren im Urlaub wieder am Schwarzen Meer? Und Ihre Frau verträgt diese Hitze im August?

Die Kunst, nicht zur Kenntnis zu nehmen, keine Wirkung zu zeigen, in den einmal bezogenen Stellungen zu verharren: Darf ich dich zu einem Kaffee einladen? – Wenn es Ihnen Spaß macht . . . – Rauchst du? – Wenn Sie mich dazu verleiten . . .

Die Hohe Schule, deren Lektionen man beherrscht, ohne sie je gelernt zu haben. Und mitten darin, in dem verräterisch leichten Ton, auf den man sich geeinigt hat, meine Frage: Warum denn ich?

Der Anschlag mißlang. Zu überrumpeln war er nicht, ich hätte es wissen müssen. Impulsive Äußerungen sind ihm nicht zu entlocken, seine Antwort ist klug und beherrscht, ein Urteil, das ich hinzunehmen habe: Auch dir wird nur abverlangt, was du leisten kannst.

Wie recht Sie immer haben. Lassen wir das.

Mein Freund Peter, an jenem Abend, an dem ich ihm zum letztenmal in die Augen sah, wußte natürlich genau, was auf dem Spiel stand – wie ich. Seine Frage war ein letzter Appell an meine Fairneß, und ich habe versäumt, ihm klarzumachen, daß nicht alles im Leben auf die Regeln des sportlichen Wettkampfes hinausläuft. Ich betrachtete ihn mit Trauer und Sympathie. Gezähmter Riese. – Nie kamen wir später auf jenen Herbstabend zurück, jeder aus einem andern Grund. Er, weil er entschlossen war, nicht zurückzublicken. Ich, weil ich mir vorwarf, den unaufhaltsamen Verlust eines Freundes nicht aufgehalten zu haben. Eine Weile spielten wir noch mit, alle drei, auch Marianne, die in jenen Monaten abmagerte. Doch ein Ende machte nicht sie, sondern er, mein gewesener Freund Peter. Eines Tages war er mit jener blonden braunäugigen Frau auf und davon.

Gerade als er mich zu langweilen begann, mein Freund Peter, schwamm, ungerufen wie immer, der Goldene Fisch vorbei – derselbe, von dem Peter in seinen besten Tagen so unvergleichlich zu erzählen wußte. Guten Tag, Fisch. Er erkannte mich zum Glück wieder. Hast dir aber ganz schön Zeit gelassen. Gehen wir. Für unseren ehemaligen Freund Peter können wir beide nichts mehr tun. Er und wir – einmal könnten wir uns als Nicht-Freunde gegenüberstehen. Sollte es da nicht geboten sein, daß ich ihn morgen noch einmal anrufe und ihm mit unverstellter Stimme zum Doktortitel gratuliere? Wer bin ich denn, ihm die paar Floskeln zu verweigern, die ihm vielleicht gerade noch fehlen zu seiner vollständigen Zufriedenheit . . . Und fehlen sie ihm nicht – um so besser. Er wird den Takt besitzen, mich nicht zu seiner neuen schönen Frau einzuladen, ich das Zartgefühl, jene Ausdrücke zu meiden, die ein Verhalten wie das seine kennzeichnen. So können wir nebeneinander leben durch das, was wir nicht tun. (Nach den Regeln des Straßenverkehrs: »Vorsicht und gegenseitige Rücksichtnahme . . .«)

Du bist unzufrieden, Fisch. Kunststück. Ein Goldener Fisch kann streng sein. Ich, Fisch, muß warten. Unter den Hantierungen, die einstweilen meine Tage füllen, wächst freilich die Sehnsucht nach Aufrichtigkeit, bis zu dem schönen Augenblick, da ich den Telefonhörer hinwerfen und die Floskel verweigern werde. Du zweifelst, Fisch? Aber der Tag muß kommen. Erst dann werde ich erfahren, welches der Lebensgüter, die man hier, auf dieser Straße, verteilt, für mich bestimmt ist und ob ich bereit sein werde, es zu empfangen. Denn dies ist die Straße – wußtest du es wirklich nicht, Fisch! – auf welcher unaufhörlich der große, gerechte Austausch stattfindet, bis jeder bekommen hat, was ihm zuträglich ist: Die Kleine aus Thüringen einstweilen ihr gottverlassenes Dorf, ihre ungezügelte Klasse und das Heimweh am Sonntag; das Mädchen (du kennst es doch, Fisch?) die langen Tage im Glühlampenwerk und die langen einsamen Abende; Peter im Glück seine schöne Frau und noch lange, lange nicht den schweren kalten Stein, mit dem er einst gewiß wird abziehen müssen; und ich – ach, mancherlei, das die Geringschätzung nicht verdient, die du aus meinem Ton heraushörst.

Komm, mein Wunderfisch. Gehen wir zu den neuen blanken Schaufenstern, vor denen die Leute stehen und in Gedanken ihr Geld zählen. Dein Anblick scheucht sie auf, Fisch, empört und beleidigt laufen sie weg, sich beschweren, sie haben dich nicht in Betracht gezogen. Laß sie, ich zeig dir alles.

Er kommt getreulich, stumm wie er ist. Ich zeige ihm die bulgarische Volkskunst; die Teppiche gefallen ihm, besonders die weißen schafwollenen. Er schüttelt bedauernd den Kopf, daß sie so teuer sind. Dann stehen wir vor dem Lederladen, in dem es so gut riecht, aber wir begreifen, daß man uns zusammen nicht einlassen wird. Ich zeige im Fenster das Portemonnaie, das ich mir wünsche, goldene Ornamente auf rotem Saffianleder, ja, auch er findet es schön. Ich weise ihm mein altes vor, damit er mir recht gibt: Eine Schande, wie abgeledert es ist. Befriedigt stecke ich es wieder ein. Für Schmuck interessierst du dich nicht? frage ich streng. Er interessiert sich nicht. Also können wir über die Straße zu den Büchern gehen.

Die Straße hat sich schon wieder belebt, so schnell gewöhnen sich die Leute an einen Fisch. Eine alberne Schönheit in kanariengelbem Umhang will ihn mir abspenstig machen, weil seine Farbe angeblich zu ihrem Umhang paßt. Er würdigt sie keines Blickes. Er kommt mir vor wie ein abgeklärter älterer Herr. Vor den Büchern bedauert er wohl, nicht russisch zu können. Ich übersetze ihm ein paar Titel, und er hört höflich zu. Wenn dir langweilig ist, Fisch, sagte ich, geh weiter. Geh ruhig weiter, laß dich durch mich bloß nicht aufhalten.

Fische müssen alles wörtlich nehmen. Er deutet eine korrekte Verbeugung an und geht. Dabei war doch noch lange nicht alles gesagt.

Der Ungenannte – vielleicht sitzt er noch immer donnerstags um vierzehn Uhr im Espresso, aber ich darf ihm um nichts in der Welt über den Weg laufen – er würde nie Kenntnis bekommen von dieser provisorisch »Fisch« genannten Erscheinung. Warum nicht? Weil ich es nicht ertragen könnte, meinen Goldfisch mit zwei, drei säuberlichen Schnitten tranchiert zu sehen (er ist ja Arzt, mein Unbekannter, Chirurg). Weil ich nicht zusehen will, wie geschickt er die Mittelgräte freilegt, sie hochhält, um sie zu mustern und sie dann einfach über die Schulter wirft: Mumpitz.

Solche Wörter gebraucht er.

Komm zurück, Fisch, schöner Fisch, komm. Er kommt nicht,

er kommt nie auf Ruf. Er ist mit dem kanariengelben Umhang auf der Friedrichstraße in Richtung Oranienburger Tor unterwegs und nimmt die Huldigungen der Jugend entgegen, die die Läden stürmt, um Tücher in seiner Farbe zu kaufen: gold. Ach Fisch, mit der Kanariengelben wirst du zugrunde gehen. Zu welchem Grund? Eben das hätten wir gemeinsam herausfinden sollen, aber du zogst es vor, mich allein zu lassen.

Allein mit dem Spiegelbild des Lindenhotels in der Schaufensterscheibe der Buchhandlung und der Stimme hinter mir, die englisch sächselte und einer anderen original englischen Stimme bekanntgab, daß unser neues Lindenhotel in kurzer Zeit das amerikanische Hilton in der Anzahl der Dienstleistungen ein- und überholen werde. Mit dem Fisch zusammen hätte ich mir jetzt alle dreißig möglichen und unmöglichen Dienstleistungen, vom Schuheputzen bis zum Regenschirmverleih, Stück für Stück ausdenken können, und dann dazu die Gäste, die sie tagtäglich in Anspruch nehmen müssen.

Da ist in einem unbewachten Moment in der blitzenden Scheibe anstelle des Lindenhotels eine Trümmerlandschaft aufgetaucht, winddurchpfiffen, unkrautbewachsen, von einem Trampelpfad überquert, auf dem drei Figuren gehen, die mir bekannt vorkommen. Ich fahre herum: Nicht schnell genug. Meine Landschaft ist weg. Wir drei, die wir mit unseren altmodischen schäbigen Klamotten nicht unter das gut gekleidete Publikum passen, winden uns zwischen den Parklücken vor dem Lindenhotel durch. In den Taschen unserer Windjakken verstauen wir die weißen Zettelchen, auf denen »Wahlhelferausweis« steht, und wollen uns ausschütten über das anrüchige Wort »legal«, das man uns soeben im Gewerkschaftshaus eingehämmert hat. Legal wie noch nie, sagt unser Freund Peter, hakt Marianne unter und rennt in einem Zug die S-Bahn-Treppe Bahnhof Friedrichstraße hoch, und eine Viertelstunde später mit einem Ruck in Bellevue wieder runter. Das muß ihnen nichts ausmachen, Mädchen, Sie waren gerade acht Jahre alt und sollten erst elf Jahre später auf ihn treffen. Es ist auch bloß, damit Sie wissen, mit wem Sie es dann zu tun kriegten.

Das Weiße im Auge des Gegners. Der Stupo wie angewurzelt

im Hausflur, wir langsam die Treppe runter auf ihn zu, mein Freund Peter aber lässig ganz nahe an ihn heran: Na Meister? Der wollte unsere Wahlhelferausweise nicht mal sehen, er hatte eine der Broschüren in der Hand, die wir soeben durch die Briefkastenschlitze in diesem piekfeinen Beamtenhaus geworfen hatten, er tippte bloß mit seinem dicken Finger auf eine leere Stelle, die nach seiner Meinung einen Genehmigungsvermerk hätte tragen sollen. Er sagte: Illegal. Mitkommen.

In solchen Fällen zeigt man keine Wirkung, Mädchen. Man zerreißt weisungsgemäß den Wahlhelferausweis, ohne sich zu fragen, warum. Man folgt dem Polizisten unter Protest, bleibt aber, wenn man mein Freund Peter ist, nochmal vor dem Knirps stehen, der barfuß im Rinnstein hockt und schreit: Kommunistenschweine, alle aufhängen. Alle? fragt Peter leichthin und hebt das Kinn des Knirpses an, dem sich vor Schreck die Augen weiten. Du, überleg dir das. Gibt ne Menge Arbeit.

Seit wann geht man in Mitteleuropa bei Rot über die Straße, meine Dame? Die Dame bin ich, und ein Verkehrspolizist erteilt mir nun eine Sonderbelehrung, die in der Feststellung gipfelt, daß es keine Rolle spielt, ob die Kreuzung frei ist oder nicht. Rot ist Rot, und das ist eine prinzipielle Frage. Inzwischen ist wieder Rot.

Peter jedenfalls – Ihnen ist es doch nicht peinlich, Mädchen, wenn ich auf ihn zurückkomme? – verbot uns strikt, als wir sieben Tage später entlassen vor den Toren der Haftanstalt Moabit standen, den Westberliner Schiebern und Spekulanten auch nur eine Mark unseres ehrlichen Geldes zum Schwindelkurs in den Rachen zu schmeißen (es ging ja um S-Bahn-Rückfahrkarten). Lieber schmuggelte er uns mit seinem verfallenen Studentenfahrtausweis durch die Sperre, wobei wir gezwungen waren, unseren Staat, dem ja die Einnahmen der S-Bahn zufließen, um sechzig Pfennig Fahrgeld zu betrügen. Peter dachte dialektisch und wendete für diesen Sonderfall die Theorie des kleineren Übels an, und dann ging er der Besatzung des Wahlbüros – hier nebenan im FDGB-Haus, Mädchen – die Meinung geigen: Hatte man uns nicht sagen können, daß wir illegales Material mit uns führten? Nun, sagten die, da seien wir ja wieder, freigekämpft unter ihrer Führung, hätten durch Eingesperrtwerden unseren Auftrag übererfüllt und sollten die Auswahl des Agitationsmaterials getrost den Genossen überlassen, die den größeren Überblick hätten.

Taktik, sagte Peter draußen zu uns. Da sieht man nicht so durch.

Bloß damit Sie Bescheid wissen, Mädchen. Damit Sie einen nicht für verrückt halten, wenn einem plötzlich die Wände des neuen Großblockbauhotels ins Wanken kommen, durchsichtig werden, als gäbe es sie nicht. Als Sie hier an dieser Kreuzung auftauchten, Fräulein, neunzehnjährig, unschuldig und nichts weiter, da war die Straße gerade aufgerissen, von tiefen Baugruben gefurcht, von schweren Rammen erschüttert, ich weiß. Monatelang, wenn Sie zur Uni gingen, balancierten Sie hier über Bohlenstege.

Auch an jenem Morgen vor der neuen Vorlesung bei dem neuen Dozenten, von der Sie sich, wie Sie wahrheitsgemäß beteuern, nichts Böses gedacht haben. Doch Hand aufs Herz und nicht gelogen: Stimmt das denn? Trifft uns je ein Blitz aus heiterem Himmel? Steht man denn wirklich ganz unbefangen in der Tür des Hörsaals (dies nur als mögliches Beispiel), verspätet, und schleicht sich auf Zehenspitzen zu dem Eckplatz, den die Freundin freigehalten hat? Ist es denn Zufall, daß man den gleichgültigen Blick des jungen Dozenten, der soeben seine erste Vorlesung für die unteren Semester begonnen hat, nicht auf der Stelle wieder vergißt?

Wie Schuppen fällt es mir von den Augen: Hat sie nicht Geschichte studiert? Kann – oder muß! – mein alter Freund Peter nicht ihr Dozent gewesen sein? Er also!

Übrigens: Warum nicht er?

Über die Gewalt von Blicken brauchen Sie mir nichts zu erzählen. Daß sie, wie die heimtückischen unter den Giften, erst später zu wirken beginnen, lange nach der Vorlesung zum Beispiel, man sitzt im Seminar und liest etwas über die Mächtekonstellation, die zum Ersten Weltkrieg führte, da trifft es einen, und man kann seine Bücher zuklappen und nach Hause gehen. Obwohl Sie diesen Blick schon kannten, als Sie in Ihrer Mädchenkammer das Kleid für den Abiturball anprobierten. Haben Sie nicht seinetwegen nach dem Ball den Freund verabschiedet, der bis heute nicht aufgehört hat, sich Hoffnungen zu machen? Allerdings begannen Sie, weil Sie so unmäßig lange auf diesen Blick warten mußten, mit nackten Füßen auf dem durchgewetzten Läufer im Untermieterzimmer der Briefträgerin Kosinke, Oranienburger Tor, hin- und herzulaufen, immer hin und her, woran sich selbst der fünfzehnjährige Sohn der Briefträgerin, Otto, der für vieles in der Welt Verständnis hat, nur schwer gewöhnen konnte.

Die Fliegen fallen von den Wänden, Otto, siehst du das? – Aber gewiß doch, Frollein, es wird klamm, wo solln sie denn sonst runterfalln? – Deine Schwester Uschi, Otto, die da an der Wand hängt – die ist wohl mächtig zufrieden, was? – Die? Direkt glückselig ist die Ihnen wenn die bloß ihr Stewardessen-Käppi aufsetzen kann! – Wir mußten mal einen Aufsatz schreiben, Otto, der hieß: Was ist Menschenglück. – Sowas kommt heute weniger vor, Frollein, man ist nicht mehr so für das Abstrakte. Was haben Sie denn geschrieben? – Weiß ich nicht mehr, Otto. Total vergessen.

Nach der dritten oder vierten Vorlesung bei meinem Freund Peter, nachdem das Mädchen gründlich und mißtrauisch, wie die heutige Jugend nun mal ist, immer wieder, wo sie ging und stand, überprüft hatte, ob sich die Wirkung gewisser Blicke auf sie nicht doch abnutzen würde (sie tat es nicht, sie nutzte sich nicht ab) – an jenem Tag also, als der teure neue Delikateßladen hier unter den Arkaden Ecke Friedrichstraße zum erstenmal Prager Würstchen verkaufte und den Andrang kaum bewältigen konnte, stand das Mädchen, wo ich jetzt stehe, unter den Arkaden; war den rücksichtslos andrängenden Kunden ein Hindernis und faßte ohne Zeugen einen bindenden Entschluß: von dieser Sekunde an zu vergessen, was zu fühlen man sich erlauben darf; was man tut und was nicht; was man sich durchgehn läßt und was mit einem durchgeht.

Dies ist eine Tatsachenschilderung, Mädchen, wir beide wissen es, aber man wird sie uns nicht abnehmen. Herr Ungenannt, der von Ihrer Geschichte alle Indizien in der Hand hatte und sie mir einzeln vorwies, hat mich nach meinen Gegenbelegen gefragt. Sonst tappt man doch völlig im Dunkeln, hat er gesagt, und ich erschrak, wie blind er schon war. An dem Tag, auf den ich hoffe, weil dann niemand mehr zwischen mir und denen stehen wird, die mir glauben wollen, nicht einmal ich selbst – an diesem fernen Tag wird man mir die verrücktesten Erfindungen als blanke Wahrheit aus den Händen reißen und mich dadurch zwingen, immer die Wahrheit zu sagen, nichts als die blanke, verrückte Wahrheit. Heute aber taste ich noch nach dem rauhen Steinpfeiler, an den ich mich gelehnt habe, als tauge er zum Beweis dessen, daß auch Sie, Mädchen, einst hier gestanden haben . . . Soweit kann es mit einem kommen. Aber wem sage ich das?

Leute gingen vorbei, ich kannte keinen. Einer grüßte mich. Auch ihn brauchte ich nicht zu kennen, mein Traumzensor, weniger streng als du, ließ es durchgehen. Da fiel mir ein: Das war mein Kollege gewesen, ein Jahr lang hatten unsere Schreibtische Flanke an Flanke im gleichen Büroraum gestanden. Nun wird auch er mich für hochmütig halten. Die Klage wurde als Ausflucht zurückgewiesen. Ich hätte gefälligst nüchtern zu bleiben. Traumnüchtern. Und mich zu erinnern. Zu erinnern – woran?

Höhnisch: Ob ich da wirklich Nachhilfe brauche?

Du wirst es kaum glauben: eine Art Vernehmung. Was hatten die denn davon, wenn ich mich an Einzelheiten erinnerte? Da ich doch zugegeben hatte, daß ich den Entschluß des Mädchens schon einmal verteidigen mußte? Die Fragerei ging weiter: Wann? Wo? Ich wurde ungeduldig. Damals im Dezember, ich sagte es schon, am Treppengeländer der Staatsbibliothek, als man mir . . . Wer: man? Nun, jener Namenlose, Ungenannte eben, den anzugeben ich vor jeder Instanz verweigern würde.

So? Wir werden sehen. Was sagte er übrigens?

Was sie so sagen. Wenn ich recht hätte mit meiner Annahme (es war ja mehr als Annahme: es war Gewißheit), das Mädchen sei nicht blind in sein Unglück geschlittert (ich hatte behauptet: Was es tat, habe es tun müssen) – nun, so sei es eben sehenden Auges hineingerannt, und was das bessern solle, könne er nicht begreifen. Sich selbst vernichten wollen, aus reinem Übermut, oder unter einer Lawine begraben werden: Das Ergebnis sei in beiden Fällen das gleiche.

O, wenn Sie doch wüßten, wie sehr Sie unrecht haben!

Dieses Lächeln wieder, dieses Brauenhochziehn.

Als ob du sie kennen würdest!

Und wenn?

Da habe ich seine Augenlider flattern sehen und endlich jenen Ton in seiner Stimme hören können, auf den es mir ankam: Ich weiß, worauf du hinauswillst.

Das Wort Leidenschaft. Vorher hatte ich es noch nie in einem gewöhnlichen Gespräch gehört, einem Gespräch, wie man es in einer Foyerhalle führen kann, lässig an das Treppengeländer gelehnt. Leidenschaft als ungebändigter Triebüberschuß. Dieses Mädchen mit seiner unsinnigen Leidenschaft. Als könne man sich nicht satthören an diesem Wort, wo es nun einmal die Barrieren durchbrochen hat. Leidenschaft und alle die entwürdigenden Abwege, die immer, besonders aber heutzutage, unausweichlich an sie gekettet sind ...

Ach bitte, sagte ich leise – aber erfunden haben Sie das Mädchen doch nicht?

Da habe ich ihn verlegen gesehen. Ideen hast du! sagte er. Erfunden! Warum sollte ich!

Nun, das war nur zu klar: aus Gründen der Abschreckung.

Da hat er, ertappt, für diesmal das Gespräch abgebrochen.

Nun laufen Sie schon wieder über diesen Läufer hin und her, Frollein. Und im Fernsehn ist Fußball. – Lauf ich denn, Otto? Aber das ist doch jetzt ganz was anderes ...

Man hat mir geraten, zur Tagesordnung überzugehen – mir, die ich früher weit geringeren Wundern nachgelaufen bin. Eine Fähigkeit, die ich verloren glaubte und gerade zu vermissen begann – das Zeichen, daß sie wieder benötigt wurde. Von Hirngespinsten, sagte er noch, kann doch kein Mensch leben. So hat er mit mir gesprochen. Nun habt ihr es gehört und könnt euch zufrieden geben.

Er witzelte sogar, machte sich lustig über eine, die auszog, das Fürchten zu lernen.

Na und? habe ich gesagt. Hat sie's gelernt?

Gründlich! hat er versichert. Daß du da überhaupt fragen kannst.

Na also, hab ich zum Schluß gesagt und doch das letzte Wort behalten: Dann hat sie bekommen, was sie wollte.

Dazu hat er ein hilfloses Gesicht gemacht, und das war alles. Belanglos, wie ich es vorhergesagt habe. Man kann Ruhe geben. Das Mädchen wird von Otto eingeladen, bei Kosinkes Kartoffelpuffer zu essen. Ich werde mir das Kleiderangebot in der »Sibylle« ansehen.

Mein Traumzensor gibt sich als Weltmann, er stellt die Ampeln auf Grün, er hält mir die Türen auf, läßt mich passieren wie eine Königin, dreht mit ironischem Schwung vor mir den Kleiderständer, erhebt mich zur einzigen Kundin, hat den Verkäuferinnen untersagt, auch nur mit den Mundwinkeln zu zucken, was sie sonst ja ungeniert tun. Ich durchschaue das alles, aber ich bin kein Spielverderber. Ich lasse mir das Maisgelbe zuspielen und nicke blasiert. Wenn die darauf bestehen, nehme ich es gnädig; dabei hab ich sie überlistet: Es steht mir ja, es gefällt mir ja wirklich, ich will es ja unbedingt. Herablassend gestatte ich, daß man für mich zahlt. Das wird sich so gehören, und von selbst versteht sich, daß mir keine Verpflichtungen daraus erwachsen. Erhobenen Kopfes finde ich mich, neu gekleidet, wieder auf der Straße und kann mir sagen, daß ich diesmal alles richtig gemacht habe: Das Gute genommen und unbestechlich geblieben. Dies wäre die Art, wie man auch sonst vorzugehen hätte, teile ich meinem Zensor mit. Dies wäre die Art, sich Hochgefühle zu verschaffen; ganz egal, wer sich da in irgendeine Ecke hockt und ironisch grinst.

Aber er grinse ja nicht, sondern billige – bescheiden macht er mich darauf aufmerksam. Mehr als das: Der Vorschlag stamme von ihm, wenn ich gerecht sein wolle. Aber gerecht wollte ich nicht sein. Niemand, sagte ich ihm, könne einem Menschen auf die Dauer zumuten, an solchen Spaßverderber gekettet zu sein. Das gibt er übereifrig zu, ohne weiteres, sagt er mehrmals, ohne weiteres, und beschwört mich, ihn als nicht vorhanden zu betrachten, wie weggeblasen, und ich sollte mich von dieser Sekunde an endgültig und vollständig frei fühlen. Da werde ich sehr zornig und nenne ihn unverschämt. Nicht er hat mir die Freiheit zu geben. Ich bin es, die sie sich nimmt.

Gewiß, sagt er demütig.

Ich bin zu stolz, mich mit ihm um das letzte Wort zu streiten.

Die schöne Freiheit, nicht wissen zu müssen, was ich weiß – ich habe sie mir seit langem genommen. Schon damals, als Max anfing, mir Informationen zuzuspielen. Er, der in Ehren grau geworden war, begann auf seine alten Tage, sich in weltliche Angelegenheiten zu mischen, seine Mittel waren plump, doch rührten sie mich, und ich konnte ihm nicht auf den Kopf zusagen, daß er mich belog, wenn er anzudeuten versuchte, er handle »im Auftrag«. Ich nahm mir die Freiheit, ihm zeitweise zu glauben, damit ich eine gar zu ungeschickt eingefädelte Verabredung einhalten konnte, ohne mir etwas zu vergeben. Ich fühl mich nicht so recht, du, kannst du nicht heute gegen fünf mal vorbeikommen? Denselben Text dann an eine andere Telefonnummer gerichtet. Ein Arzt wird dem leicht erkrankten Freund einen Besuch nicht verweigern. So daß zufällig zwei bekannte Gesichter zu gleicher Zeit bei ihm auftauchen und genau jenen Grad von Überraschung heucheln, den Max von uns erwarten konnte. Vorausgesetzt, daß er, der leider nach mir eintraf (wer zuerst da ist, gerät zu leicht in die Rolle des Wartenden), genauso gut geheuchelt hat wie ich und nicht etwa wirklich überrascht war.

Ein Vorgang, den wir ein gutes Dutzend Mal hätten wiederholen können, wenn es verlangt wurde. Verlangt wurde es ja, das könnte ich bezeugen. Aber gewährt wurde es nicht. Noch am Abend des gleichen Tages beschloß ich: Max hat Regie geführt, und zwar meinetwegen. Nur meinetwegen (du weißt, manchmal ziehe ich den unerträglichen Gedanken anderen vor). Daher wird es keine Wiederholung geben, und der Zufall allein muß ab heute regieren.

Der reine, ungeschminkte Zufall. Das leuchtet den vom Schicksal Begünstigten ein, es ist aber böser Hochmut und kommt vor dem Fall. Der Kopf produziert nun pausenlos Gelegenheiten, kühne Kombinationen, die kein seriöser Zufall sich entgehen lassen dürfte. An jeder Straßenkreuzung zum

Beispiel kann ein bestimmter blauer Wartburg zufällig einen kleinen Unfall haben, zufällig steht man in der Nähe, kommt als Zeuge für die Unschuld des Fahrers in Betracht . . . In dieser Art.

Aber die Zufälle sind heute auch nicht mehr, was sie mal waren, wenn man den älteren Literaturen glauben darf. Und der Hochmut vergeht einem restlos, spätestens am Abend des fünften Tages. Dann schleppt man sich noch drei, vier Tage durch, die man nicht nochmal erleben möchte. Am Abend des neunten klingelt man gegen fünf an einer Wohnungstür. So kommst du doch? sagt Max, der magerer geworden ist und sich nicht täuschen läßt. Unser gemeinsamer Freund ist auf einer Studienreise im Ausland.

Dies hat kein Zufall wissen können, und es erleichtert mich sehr. Wie lange er wegbleiben will – drei Wochen, vier – ist schon gleichgültig, da die Zeit sich neuerdings nach Sekunden mißt. Die Pause, fand ich, war mir zu gönnen.

Das Mädchen indessen, dem weder Pausen noch Tröstungen gewährt sind, muß tätig werden. Denn die Schraube wird angezogen, und sei es nur um eine Windung täglich; das macht von gestern auf heute den Unterschied zwischen noch auszuhalten und ganz und gar unerträglich aus. Die ahnungslose Fakultätssekretärin will nicht die Verbündete machen, will keine Adresse herausgeben, denn eine Seminararbeit gibt man dem Dozenten nach der Vorlesung, also entweder gestern oder übermorgen.

Nein. Heute.

Sie weiß ja nicht, über was für Informationen sie achtlos verfügt. Wie, auch die Telefonnummer noch? Na meinetwegen, es ist vielleicht wirklich besser, Sie melden sich erst mal an.

Das nun wieder nicht. Sondern das Mädchen geht zum Postamt am Bahnhof Friedrichstraße und tritt in die Telefonzelle rechts hinter der Glastür. Aus dem Kopf wählt sie die Nummer. Eine Frauenstimme meldet sich (ich kenne sie ja, das Mädchen aber nicht: Marianne). Dreimal fragt sie: Hallo, ist da jemand? Ja wer ist denn da! So melden Sie sich doch! Dann wird aufgelegt. Sicher falsch verbunden, sagt Marianne zu meinem Freund Peter, der neben ihr am Schreibtisch sitzt und sie die Gespräche annehmen läßt, weil er sich häufig verleugnen lassen muß.

Es passiert nichts, und es wird nie was passieren. Dies zu Otto Kosinke gesagt, der sich skeptisch gibt und einwendet, daß nirgends in der Natur Stillstand herrscht. Dies sei ein Gesetz, übertragbar auf die menschliche Gesellschaft, wie sein Geschichtslehrer ihm heute bewiesen hat. Da behält das Mädchen seine Zweifel für sich, die nicht das große Ganze betreffen, wohl aber das einzelne Kleine. Mit mir passiert nichts, Otto, und das ist das größte Unglück. Du wirst schon sehn.

Am besten, dann läßt man alles stehn und liegen und geht spazieren, so wie ich heute, obwohl ich ja andere Gründe habe, denn ich bin bestellt. Höchste Zeit, daran zu erinnern. Der Wäsche-Exquisit-Laden kommt vorbei, die Faustbälle und Campingmöbel im Schaufenster des Sportgeschäfts, die neuesten Selbstverpflichtungen im Schaukasten des Zentralrats der FDJ. Fast lasse ich mich täuschen, glaube auf wirklichen Pflastersteinen, unter wirklichen Linden zu gehen. Bis sich ein Finger, hart wie ein Pistolenlauf, in jene Stelle meines Rückens bohrt, die man aus Kriminalfilmen kennt. Folgen Sie mir unauffällig, sagt Max, in einem Tonfall, daß ich nicht erschrecken soll. Er weiß aber, daß ich trotzdem erschrocken bin, weil er ja tot ist. Ein Traum, in dem solches vorkommt, droht ins Zügellose abzugleiten, das wirst du zugeben. Ihn, Max, lasse ich nichts merken. Hallo Max, sagte ich unbefangen. – Man weiß ja, wie diese Art Unbefangenheit auf die von ihr Betroffenen wirkt.

Hallo, sagt er. Na, immer noch dasselbe?

Nein, sage ich entschieden. Nein Max, durchaus nicht. Heute bin ich nämlich bestellt.

Darüber ist er natürlich unterrichtet. Er könnte seine ewige Besserwisserei ablegen, aber das tut er nicht. Wir setzen uns auf zwei freie Stühle auf der Mittelpromenade. Du läßt dich gehen, sagt er. Ein bißchen lange schon. Findest du nicht?

Ich schweige verstockt, da lenkt er ein. Er, dem nichts gleichgültiger sein kann als Frauenkleider – er lobt mein neues Kleid. Das hätte er nicht tun sollen. Wütend beschimpfe ich ihn. Wegen seiner unerschöpflichen Einsicht und seines naiven Fortschrittglaubens. Das haben wir dir alles nachgetragen, sage ich ihm. Und weißt du wann? An deinem Beerdigungstag.

Direkt vom Dorotheenstädtischen Friedhof, von allen staatlichen Ehren weg sind wir in die Gockelbar gegangen und haben üble Nachrede betrieben, er, den du »unseren gemeinsamen Freund« nennst, und ich. Nachrede über Max, den wir in unseren gemeinsamen Gesprächen schon lange »den Alten« nannten. Der Alte, der es fertiggebracht hat, rechtzeitig zu gehen, ehe er dahin gekommen wäre, alles Bestehende gutzuheißen, bloß weil es besteht.

Wir tranken Wermut, und dann sowjetischen Cognac. Es war das einzigemal, daß wir miteinander tranken. Dabei stellte sich heraus, wir hatten Talent dazu. Wir hoben unsere Gläser und tranken auf den Alten, immer wieder auf ihn. Wir sprachen über nichts als über ihn, den Alten, diesen gerissenen Hund. So nannte ihn »unser gemeinsamer Freund« nach dem dritten Cognac. Dieser gerissene Hund, nun betrauert ihn alle Welt, und wie! Fünf Jahre später wär er schon bei Lebzeiten vergessen gewesen. Auch von Ihnen? fragte ich. – Selbstverständlich, sagte er. Wofür hältst du mich denn? Auch ich spare mir am liebsten die Trauer, wie jedermann.

O gewiß, sagte ich. Herr Jedermann gibt sein Geld aus, damit die Volkswirtschaft floriert, aber er spart sich seine Gefühle. Kollege Jedermann wird konkurrenzfähig. Genosse Jedermann hat Erfolg.

Weißt du, was er da gesagt hat, Max? Er sagte: Schmähe mir den Alten nicht.

Laß, sagt Max. Überschätz diese Regungen nicht. Das schlechte Gewissen der Lebenden. Normal. Als bekämen die Toten allein dadurch recht, daß sie sterben. Aus Erfahrung sage ich dir: Der Tod beweist nichts. – War übrigens anständig von euch, daß ihr mir nicht noch nachträglich durch Lobhudelei mein Leben verdorben habt.

Da frage ich ihn, wie es anfängt. Eine gewisse Unruhe zuerst? Schlaflosigkeit? Dann das Ziehen in der linken Brustseite? Der Druck? Der Schmerz bis in den Arm? Das ärztliche Achselzucken: Die Instrumente verzeichnen nichts? Nur daß es häufiger wiederkommt, und nicht nur bei Gelegenheiten, sondern schon beim Gedanken an Gelegenheiten. Kurzatmigkeit stellt sich ein? Sei mal ehrlich, Max, du brauchst mich nicht zu schonen: So fängt es doch an, ja?

Max hatte sich schon davongemacht. Da ging ich auch. Blieb auf dem Mittelstreifen und schlenderte langsam zum Brandenburger Tor, unter Touristen, die das gleiche Ziel, aber nicht soviel Zeit hatten wie ich. Ein Reiseleiter verteilte Bonbons und kleine rote Äpfel an seine Gruppe. Ich merkte, daß mir der Gaumen trocken war, und wünschte mir eine Erfrischung. Da hatte auch ich ein rotes Äpfelchen in der Hand. Aber ich gehöre nicht dazu, sagte ich, doch er schnitt jeden Protest mit einer großzügigen Geste ab. Ich biß sofort in den Apfel und fand ihn über alle Maßen erquickend. Das sagte ich einem jungen Burschen, der neben mir ging und, da auch er seinen Apfel aß, zur Gruppe meines Reiseleiters gehören mußte.

Er teilte meine Begeisterung über den Apfel nicht und zeigte sich überhaupt wortkarg. Er reizte mich. Sie kommen mir bekannt vor, sagte ich. Sie mir auch, erwiderte er ungerührt. Ich weiß nicht, was mich hinderte, ihn als den unverschämten Burschen zu behandeln, der er gewiß war. Ich weiß nicht, was mich stachelte, mich mit ihm einzulassen, obwohl abzusehen war, daß nichts als Ärger dabei herausspringen würde.

Schon ärgerte ich mich über mein schlechtes Gedächtnis für Gesichter. Schon entschuldigte ich mich dafür bei dem Burschen, den ich dadurch nicht gnädiger stimmte. Es sei ihm vollständig egal, ob er wiedererkannt werde oder nicht. Manche Leute legten Wert darauf, bekannt zu sein wie ein bunter Hund – er nicht. Nun begann ich zu fürchten, ihm durch meine Zudringlichkeit lästig zu werden, sah aber, wie das im Traum häufig vorkommt, keine Möglichkeit, mich von ihm loszumachen.

Da wurde ich abgelenkt durch eine Frau, die, Apfel essend natürlich, vor mir herging. Es war eine dralle, fröhliche Person in einem prall sitzenden hellblauen Kleid. Ich kannte, Gott weiß woher, die Vorderansicht dieses Kleides: Es war mit einer Doppelreihe weißer Knöpfe besetzt und hatte auf der linken Brusttasche einen gestickten Hahn. Ich vergaß meinen frechen Burschen, überholte die Frau und überzeugte mich von der Richtigkeit meiner Voraussagen. Auch das Grübchen in der linken Wange erkannte ich wieder. Die Frau nickte mir zu wie einer alten Bekannten, ich faßte mir ein Herz und fragte, ob wir uns schon begegnet seien. Sie lächelte gutmütig und zeigte auf den gestickten Gockel an ihrer Brust. Gockel-Bar, sagte sie.

Ich erschrak mehr, als ich sagen kann. Ich weiß nun, wie ein Missetäter erschrickt, der seine Untat tief im Verborgenen zu halten suchte und sich plötzlich von Zeugen umringt sieht. Ich begriff jetzt, mit wem ich es hier zu tun hatte, und erkannte sie alle, einen nach dem anderen. Bei der Kellnerin aus der Gockel-Bar hatte sich die kleine, schwarzlockige, quickleben-dige Verkäuferin von PGH Herrenmode eingehakt. Sie hatte ich damals mit meinem Wunsch nach einem Double zu jener durch Wermuttropfen verdorbenen Trauerkrawatte – schwarz mit silbergrauen Streifen – fast zur Verzweiflung gebracht. Nun mußte ich damit rechnen, daß sie hier vor allen Leuten mit mokantem Lächeln das kleine Seidenpapierpäckchen aus meiner Handtasche fischen würde, um die durch weißen Wermut befleckte Krawatte vorzuweisen. Und daß so ein Nichts in jeder Verhandlung plötzlich zum letzten, wichtig-sten Beweisstück werden kann – wer wäre heute noch so naiv, das nicht zu wissen?

Auch das Telefonfräulein vom Postamt Alexanderplatz schien mit der Herrenmoden-Verkäuferin befreundet zu sein. Alle steckten sie unter einer Decke. Sie selbst, mit der Fähigkeit bedacht, ihre eigenen Vergehen sofort zu vergessen, haben das beste Gewissen von der Welt. Ihr Gesicht möchte ich sehen, wenn ich ihr vorhielte, daß sie mich an jenem Herbstnachmit-tag eine geschlagene Stunde auf ein dringendes Gespräch nach Jena hatte warten lassen, während sie selbst fünfmal ihren Freund angerufen und für jede Minute des vergangenen Abends von ihm Rechenschaft gefordert hatte. Natürlich hat sie mein Gespräch dann belauscht, um darüber zu gegebener Zeit ihre Aussage machen zu können.

Zuerst meldete sich eine weibliche Bürostimme, der ich den

Namen des Herrn Ungenannt preisgeben mußte. Es war dies das einzige Mal, daß ich ihn, zusammen mit dem meinen, vollständig aussprach. Angeblich mußte man ihn rufen. In dieser pharmazeutischen Forschungsstelle schien kein Mensch eine Ahnung von der Kostbarkeit einer Minute zu haben. Immerhin atmete er hastig, als er sich endlich meldete. Er hatte es erwartet, daß Max sterben würde. Ja, er käme zur Beerdigung. Woher ich denn seine Telefonnummer hatte. Aus Ihrem letzten Brief, konnte ich ihm antworten, den Max mir übergeben hat, für den Fall, daß Benachrichtigungen nötig werden. – Das sieht dem Alten ähnlich, sagte er. Ja, ich richte es ein. Ich komme.

Das Telefonfräulein, so schlau es sein mag hinter seiner Trägheit, wird nichts darüber aussagen können, wie ich die Wartestunde auf der Bank vor ihrem Schalterfenster in Wirklichkeit verbracht habe: Dreißig Worte zu einem Text formierend, der nichts verraten und alles enthalten sollte, was zu sagen war. Nur daß ich ihn, als ich seine Stimme hörte, vollständig vergaß.

Hinter den anderen, als gehöre er nicht dazu, humpelte der grauhaarige Eisenbahner vom Fahrkartenschalter am S-Bahnhof Zentralviehhof. Sein Mißvergnügen war unpersönlicher Natur, ich bezog es nicht auf mich, schon damals nicht. Er nahm keine Notiz von mir, aber natürlich war auch er mit diesem unentrinnbaren Gedächtnis versehen, natürlich war auch er als Zeuge geladen, um zu gegebener Zeit auszusagen, wann und auf welche Weise ich ihn in seinem Knipserhäuschen nach einer ganz bestimmten Straße gefragt hatte. Die Straße wird dann also öffentlich genannt werden, und der Fahrkartenkontrolleur wird sich erinnern, daß ich dringlich auf der Auskunft bestand, die er mir, aus Mitleid oder Griesgrämigkeit, am liebsten verweigert hätte. Denn wozu sollte es gut sein, daß ich in diese Straße pilgerte? – Er wird vermahnt werden, mein Eisenbahner: Die Fragen stellt hier das Gericht. Wie ich denn auf ihn gewirkt habe? Nervös? Gefaßt? Mein Fahrkartenknipser ist an solche Worte nicht gewöhnt. Er zögert. Man hilft ihm ein: Ungeduldig? Etwa gar – besessen? Er wird zu jedem dieser Worte nicken und man wird zufrieden mit ihm sein. Solche Worte liebt man dort, wo es zur Verhandlung kommen wird.

Man fragt ihn dann nur noch, wann ich seinen Schalter passiert habe. Darauf kann er glatt und schnell Auskunft geben: Um siebzehn Uhr zwölf. Danke, er kann gehen. Jetzt ist der unverschämte junge Bursche an der Reihe, jetzt erkenne ich ihn auch: Mein Taxifahrer, der mich an dem zur Debatte stehenden Tag (es ist der siebte Februar dieses Jahres) von der Ecke jener nun mehrmals genannten Straße spätabends – spätabends, Hohes Gericht? – nach Hause fuhr. Das bestätigt er, auch jetzt ohne Eifer: das kränkt mich am meisten. Wann genau er mich an jener Ecke aufgelesen habe? – Einspruch, Euer Ehren, sage ich als mein eigener Verteidiger. Ihre Wortwahl suggeriert Verwahrlosung, Kriminalität. – Dem Einspruch wird stattgegeben, das Wort anders gewählt: Wann ich ihn herangewinkt hätte. – Gegen zweiundzwanzig Uhr, sein Dienst hatte gerade begonnen. Übrigens hätte ich den ganzen langen Weg quer durch Berlin (der Fahrpreis von neunzehn Mark dreißig sei von mir auf zwanzig Mark aufgerundet worden) kein einziges Wort mit ihm gesprochen. Als wenn mir jedes Wort zuviel gewesen wäre.

In dem Schweigen, das dieser belanglosen Aussage folgt, ist jeder mit Rechnen beschäftigt. Vier Stunden und achtundvierzig Minuten mitteleuropäischer Zeit habe ich am siebten Februar in jener Straße vertan, aber niemand wird ein Sterbenswort darüber verlieren. Es geht ihnen nicht darum, mich zu beschämen, ihr Auftrag ist nur, mich zu überführen. Unparteiisch und zu meinem Besten erledigen sie ihn.

Jener Mann da zum Beispiel, der fröhliche Reiseleiter, der uns bis an das Mäuerchen kurz vorm Brandenburger Tor geführt hat; er, der mir wirklich nichts vorzuwerfen hat als die Tatsache, daß ich eines schönen Tages in sein Reisebüro gekommen bin, ein paar Prospekte eingesteckt und die Werbeplakate an den Wänden gemustert habe (denn grußlos bin ich schnell wieder gegangen, ohne mich durch eine Frage nach Wochenendreisen für zwei Personen endgültig entlarvt zu haben) – dieser nichtsahnende Mann soll also das Urteil sprechen. Was wird er sagen? Ich weiß es ja. Im Zuge humanen Strafvollzugs wurde es mir vor längerer Zeit mitgeteilt: Furchtbar bedroht ist die Liebe, nicht nur durch den Nebenbuhler, auch durch den Liebenden selbst.

Stumm, denn das Wort ist mir längst entzogen, werde ich mich zum Gehen wenden. Wenn es dort Türen gibt, wird der kleine freundliche Liftboy aus dem Lindenhotel mir freundlich und diskret alle Türen aufhalten. Seine Aussage (die einzige, die mir wirklich hätte schaden können) wird nicht mehr benötigt. Das Maß ist voll. Draußen aber wartet mein unverfrorener Taxifahrer und bietet mir, damit er seinen Plan erfüllen kann, gleichmütig seine Dienste an.

Berufung kann nicht eingelegt werden. Ich weiß. Ich habe es immer gewußt. Einmal würde ich mich auf nichts mehr berufen können. Ich war in die Falle gegangen.

Panik erfaßt mich. Mit letzter Kraft stoße ich mich von dem Mäuerchen ab und fliehe schrittweis, rückwärts gehend. Schon hoffe ich, entkommen zu sein, da winkt unser Reiseleiter mir herzlich zu: Gehen Sie nur, gehen Sie! Wir wollten ja nur einen Apfel mit Ihnen essen.

Ich stürze davon. Blindlings renne ich über die Kreuzung, setze mich der Gefahr aus, von einem der schnellen Autos erfaßt zu werden. Im Innern weiß ich aber: jetzt noch nicht. Im Laufschritt erreiche ich die sowjetische Botschaft. Ich keuche, ich bin außer mir. Es muß in dieser gottverdammten Straße doch eine Instanz geben, bei der man sich beschweren kann. Nein, sagt jemand neben mir. Damit rechnen Sie besser nicht.

Das Mädchen hatte ich ganz vergessen.

Aber das macht ja nichts, sagt es großmütig, und mir wird schmerzlich bewußt, daß ich jetzt auf seine Großmut angewiesen bin. Keine Rede von Überlegenheit. Was würden die mir noch antun, bloß um mich klein zu kriegen?

Am bittersten, sagt das Mädchen, ist der Verzicht auf das, was uns sowieso unerreichbar ist. Schweigen Sie! sage ich heftig. Was wißt denn ihr davon. Was wissen denn Sie von freiwilligem Verzicht – Sie, die Sie sich alles erzwungen haben?

Meinen Sie? fragt das Mädchen sanft. Meinen Sie, man könnte sich irgendwas erzwingen? Meinen Sie, eine von uns könnte freiwillig verzichten?

Das wollen Sie denen ins Gesicht gesagt haben? frage ich atemlos.

Gewiß, sagt das Mädchen. Was sonst?

Ich muß ihr glauben. Sie hat die Angst hinter sich gehabt, als die Konfliktkommission sie befragte, und die Konflikte auch. Peter, mein alter Freund Peter, dessen Name niemals aktenkundig wurde, der also nur freiwillig und ungebeten an ihrer Seite hätte erscheinen können – er schützte eine Dienstreise vor. Er rechnete sich aus, daß sein Auftritt niemandem genutzt, ihm aber sehr geschadet hätte. Das Mädchen gab ihm recht, und die Kommission entschied, daß man einen Unbekannten nicht vorladen könne. Schließlich habe ja auch nicht er die Universitätsbehörden zu täuschen gesucht. Sondern sie. Feststellung einer Tatsache, der nicht widersprochen wurde.

Ich hoffe, Sie nehmen Vernunft an.

Vernunft? fragte verwundert das Mädchen. Was meinen Sie? Ja wenn Sie das nicht wissen . . .

Nimm doch Vernunft an, ich bitte dich, mag mein Freund Peter ihr beim Abschied gesagt haben. Auf ehrlichem Abschied hatte er bestanden, war nicht heimlich davongeschlichen, wie er es auch hätte tun können, mit dem Köfferchen, das er vier Wochen vorher in die neue Apartment-Wohnung seines abwesenden Freundes gebracht hatte, um eine ungestörte und glückliche Zeit mit diesem reizvollen, blutjungen und spaßig beharrlichen Mädchen zu verleben, während seine Frau Marianne sich einer Kneippkur unterzog. Mit dem Mädchen, das sich bewußt war, ihn verführt zu haben, und das nichts von ihm verlangte als das eine: Er sollte es sie vergessen machen. Aber das konnte er nicht, weil ihm nichts daran lag. Wenn sie nachts aufstand von dem breiten Bett hinter dem zurückgezogenen Vorhang, wenn sie zur Küchennische ging und hastig Wasser trank, an die offene Balkontür trat, das Rauschen der Stadt hörte, über die niedrigen Dächer des Ladentrakts in die Friedrichstraße Einblick hatte, die Scheinwerfer näherkommen und verlöschen sah und ihre Augen dann aufhob zu der zackigen Stadtsilhouette vor dem rötlichen Horizont; wenn mein Freund Peter, hilflos wie nie in seinem Leben, sich hinter ihr aufrichtete und sie fragte, ob er etwas für sie tun könne, wenn sie zu begreifen begann, daß sie ohne eines Menschen Schuld in Stich gelassen war; daß für die unersetzlichen Verluste niemand haftbar zu machen ist – dann sagte sie, solange sie noch redete: Die Liebe, wenn sie sich selbst ernst nimmt, ist verloren.

Mein Freund Peter verträgt keine Gewissensbisse.

Der Vorsitzende räuspert sich. Sie nennen jenen Herrn nicht, ich hoffe nur, es ist kein Angehöriger unseres Lehrkörpers. Es ist auffällig, daß dies uns jetzt öfter passiert. Früher verweigerte ein ritterlicher Mann den Namen seiner Dame – im Zeitalter der Gleichberechtigung scheint sich die entgegengesetzte Sitte einzubürgern. Wie viele Kinder ohne den Namen des Vaters! – Nun, das ist ihre Sache. Unsere ist es zu klären, warum Sie drei Monate lang unentschuldigt den Lehrveranstaltungen ferngeblieben sind.

Das Mädchen hat dazu nichts zu sagen. Zu Otto Kosinke, der anfing, sich Sorgen zu machen, und im Auftrag seiner Mutter nachfragen kam, ob sie vielleicht krank sei – zu ihm redete sie. *Sieh mal, Otto, es widersteht mir sehr. – Aber was denn, Frollein? Was soll Ihnen denn so widerstehen? – Daß sie sich aus sich selbst nichts machen, verstehst du, Otto, was ich meine? – Genau genommen nicht, Frollein, sagte Otto Kosinke. – Daß ihnen an ihrem eigenen Glück nichts liegt. – Aber das kann ich doch nicht glauben, Frollein. – Nicht? Ja wo hast du denn deine Augen? Siehst du nicht, wie sie davonjagen, immer weiter von sich weg? Und fragst dich nie, wohin alles das gerät, was wir niemals tun können? Das ungelebte Leben?*

Ein erfahrener Mensch sah auf Anhieb, daß dieses Kind sich überschätzt hatte. Wir wollen Ihnen helfen, sagte der Vorsitzende der Kommission und das wollte er wirklich. Wer von uns wäre vermessen genug, den ersten Stein zu werfen? Die Vertreterin des Jugendverbandes, ein frisches, sympathisches Mädchen, schien Lust zu haben, den ersten Stein wenigstens anzufassen, wenigstens zu spüren, wie er in der Hand liegt; was für Augen der andere kriegt, wenn er den Wurf erwartet. Aber der Vorsitzende hielt sie mit einem Blick zurück. Sie haben Kummer – welcher Art, lassen wir dahingestellt. Geraten in Konflikte. Bitte sehr. Ein, zwei Wochen kann das einen jungen Menschen durcheinanderbringen, so daß er seine Pflichten vernachlässigt. Aber Monate? Und dann nicht geradestehen für das, was man sich eingebrockt hat? Dann Flucht? Betrugsmanöver sogar?

Jetzt erhebt das Mädchen an meiner Seite Einspruch. Wir sind in Höhe des Antiquariats, in dessen Fenster alte Stiche und frühe Ausgaben des »Werther« liegen. Ich weiß, sage ich, entschuldigen Sie. Ich rede falsches Zeugnis gegen Ihren Vorsitzenden, einen anständigen Mann. Nicht er hat von Flucht und von Betrugsmanövern gesprochen. Ein anderer war es. Jedes Wort ein Messer – nicht auf Sie gerichtet, denn auch er hat Sie nicht gekannt, sondern auf mich.

Wohin kämen wir denn, sag doch selbst – so sprach er mit mir – wollten wir unseren Anwandlungen nachgeben? – Wir gingen über den Marx-Engels-Platz, der leer ist zwischen den Demonstrationen, es war ein Frühlingstag im April, ich hatte ihn vor seiner Klinik erwartet, ohne diesen unerhörten Schritt zu begründen. Er hat keine Miene verzogen, hat aber wieder anfangen müssen, von Ihnen zu reden, Mädchen, und als es zu regnen begann, lehnte er es nicht ab, mit unter meinen Schirm zu kommen. Er beschwor mich, Mädchen, ihm um Gotteswillen zu erklären, worauf Sie es abgesehen hatten: Auf Heirat? Auf ein Kind? Auf eine Nebenfamilie, wie sie jetzt modern werden?

Da ich ihn keiner Antwort würdigte, hat er mir hier Unter den Linden Ihre ganze Geschichte bis zu ihrem Ende erzählen müssen. Diese Studentin versäumt – aus welchen Gründen auch immer – drei Monate lang die Vorlesungen, unentschuldigt. Jeder Arzt hätte sie krank geschrieben. Aber nein, dazu ist sie sich zu gut. Natürlich muß man den gesellschaftlichen Organisationen vorwerfen, daß sie erst nach so langer Zeit reagieren, erst so spät von ihr Rechenschaft fordern über den Verbleib der ihnen geschuldeten Zeit (auch wenn sie ihr Stipendium nicht mehr abgeholt hat). Da gerät sie in Panik – warum erst jetzt, frage ich dich? – fährt Knall und Fall nach Hause, bedrängt die gutmütige, wenig erfahrene Mutter ihrer Freundin, die in einer Poliklinik Sprechstundenhilfe ist, so lange, bis diese Frau ihr das Attest verschafft. Eine glatte Fälschung, die von den Universitätsbehörden bemerkt wird. Der Betrug fliegt auf. Von der Kommission war schon die Rede. Was konnte sie tun, als das Mädchen zu exmatrikulieren? Auf ein Jahr begrenzt, großzügiger hätten sie nicht sein können. Sie steht im Glühlampenwerk am Band.

Da habe ich mich bedankt. Danke, hab ich gesagt, für diese schöne finstere Geschichte.

Wir gingen dann schweigend bis zum Roten Rathaus. Sie brauchen nicht so zu gucken, sagte ich da, mein Gesicht ist vom Regen naß.

Unter dem Schirm? hat er gefragt. Er hat es bezweifelt. Damals stand diese Kaufhalle am Alex noch, wir mußten uns im Eingang unterstellen, es goß wie aus Kannen. Er fuhr fort, mich anzusehen. Ich wollte endlich ohne Umschweife sprechen, locker, wie man zu reden hat, doch mit verhaltenem Ton. Mein lieber Freund, sagte ich, und das war ein schöner Anfang. Wissen Sie, was Sie da pausenlos betreiben? Beihilfe.

Zum Mord? fragte er spöttisch.

Zu Zuständen, die zum Tode führen.

Da sah ich, daß ihm der Gedanke nicht neu war.

So verurteilen Sie mich, sagte er.

Ich sagte: Du mußt nicht denken, daß du mich wehrlos machst, weil du dich stellst – eine Stunde zu spät übrigens. Du bist nie aufs Seil gegangen?

Welches Seil?

Das Seil über dem Abgrund. Du hast immer auf die Brücke gewartet.

Ich habe immer versucht, die Brücke mit zu bauen.

Das weiß ich. Und hast keine Minute deiner kostbaren Zeit darauf verschwendet, auf die Stimme zu lauschen? Auf die dünne, begeisterte oder warnende Stimme dessen, der schon drüben war – gegen deinen Rat aufs Seil gegangen?

Doch, sagte der, der ungenannt bleiben will. Ich hab hingehört. Manchmal klingt sie schön, Ihre Stimme. Verführerisch. Ergreifend. Manchmal, das bestreit ich nicht, ist es mir lieb, daß einer von uns schon drüben ist und uns Mut macht. Manchmal bin ich wütend, daß er sich unnötig der Gefahr aussetzt. Denn, vergiß das nicht: Ein Seil bleibt ein Seil, und der Abgrund der Abgrund.

Der Absturz aber, erwiderte ich ihm, geschieht, wie du ganz gut weißt, fast immer durch den Verlust der Sympathie. Was an der Geschichte des Mädchens nachzuweisen war. Die Betäubung malte ich ihm aus, in der mein Freund Peter sie zurückließ, als er sich mit seinem Vier-Wochen-Köfferchen verzogen hatte. Dem Reißen des Seils folgt ein langer Fall, noch nicht schmerzhaft, nur daß man mit sich zieht, was einem später Halt geben müßte: die Gewißheit vor allem, daß man nicht anders handeln konnte. Entsetzen folgt, Scham, endlich auch, was man am wenigsten erwartet hätte: Angst. Die Zuckungen, die man ihr heute vorwirft – Flucht, Betrug – wollen wir doch nicht Taten nennen. Weißt du denn nicht, fragte ich ihn, wie einem alles umgestülpt sein kann? Gesichter in Fratzen? Liebe in Verrat? Gewöhnliche Erkundigung in unerträgliche Schnüffelei? Und wenn ich es wüßte? sagte er da. Es aber nicht ändern könnte? Rätst du mir, sinnlose Qual aufeinanderzuhäufen?

Wir standen unter dem Dach der Kaufhalle, und mein Gesicht war vom Regen naß. Jemand muß mir die Nässe weggewischt haben, doch sie erneuerte sich schnell.

Das Urteil! verlangte der Ungenannte. Sie wollten mich verurteilen.

Freispruch, sagte ich. Du bist frei gesprochen.

Da schien er genauso erschrocken wie ich.

Das Mädchen hatte mich auch verlassen. Ich nahm meinen Weg wieder auf. Fremd, fremd waren mir die Pelze, an denen ich vorbeikam, das Meißener Porzellan, die kunstgewerblichen Gegenstände. In den Spirituosenladen trat ich plötzlich ein und drängte mich zwischen die Käufermasse. Auch ich wollte nicht Geld noch Mühe scheuen, um mir mein Tröpfchen Fröhlichkeit zu holen. Wenn man einen Gast bewirten will, soll man vor Ausgaben nicht zurückschrecken. Als ich an der Reihe war, verlangte ich eine teure Marke, so, als nenne ich sie jeden Tag, zahlte den Preis und griff nach meiner schön in Seidenpapier gehüllten Flasche. Da stieß mich jemand leicht gegen den Arm, der Flaschenhals rutschte aus dem Papier, die

Flasche entglitt meiner Hand und zersplitterte auf dem Boden. Sofort stieg der aromatische Duft guten Alkohols auf. Die Gesichter, die sich auf der Schwelle dieses Ladens alle wie unter einer starken Strahlung verändern – Gier, Rücksichtslosigkeit kommt in ihnen auf – wendeten sich empört mir zu. Es entrüstete sie nicht meine Ungeschicklichkeit, sondern die Vergeudung teurer Getränke. Ich genoß ihre Mißbilligung. Ich genoß es, ihnen frech ins Gesicht zu blicken, bis sie die Augen senkten. Nein, ich wollte keine neue Flasche. Laut sagte ich mit fröhlicher Stimme, soviel Geld hätte ich nicht. Die Verkäuferin kam unwillig mit Eimer und Lappen.

Erleichtert verließ ich den Laden, überquerte noch einmal die Friedrichstraße und suchte mir einen Fensterplatz im Lindencorso. Ich ließ mir Mocca und Obsttorte bringen. Ich war sehr müde und begann mich zu fragen, ob ich denn wirklich bestellt war. Der fürchterliche Gedanke an ein Versehen, an einen platten, einfachen Irrtum kam in mir auf. Sollte ich gewisse Aufforderungen mißdeutet haben? »Der Tag ist gekommen« – wofür denn? Und für wen?

Jetzt wünschte ich heftig, aufzuwachen, das aber lag nicht in meiner Macht. Quälend langatmig zog sich der Dialog zweier Frauen an meinem Tisch hin, von denen die eine wirrhaarig, entsetzlich unruhig und übermäßig dürr war und sich in lauten Verwünschungen gegen ihren ehemaligen Chef erging, der sie – mich dummes Schaf, sagte sie immer wieder – in diesen Zustand gebracht hatte, während die andere, jung und gesund und schlau und unbekümmert, nur mit kurzen Ausrufen und Beschwichtigungen antwortete, mit ihren flinken Blicken aber ganz woanders war. Mir war es wie ihr zuwider, dieses Ungeheuer von einem Chef ausführlich beschrieben zu kriegen, der zweieinhalb Jahre lang der Dürren das Blut aus dem Leib gesaugt haben sollte, ja: ausgesaugt!, ein anderes Wort fand sie dafür nicht. Die Junge legte begütigend und zerstreut ihre Hand auf den Arm der Dürren: Nana, machen Sie man halblang!

Da lamentierte die Dürre, kein Mensch könne sich vorstellen, was das bedeutet: Intershop engros. Diese ganze Devisenwirtschaft, Einkauf und Weiterverkauf. Und dann die Reklama-

tionen! Der hat mir doch jede Laufmasche in einem Damen-
strumpf über den Schreibtisch gejagt. Einen Kopf hätte man
haben müssen wie 'ne Eckkneipe. – Das hab ich dem gleich
abgeschminkt, sagte die Junge. Der hat mir schön eine Sachbe-
arbeiterin ranschaffen müssen! – Der Dürren verschlug es die
Sprache. Dann sagte sie erschöpft: Ja, am Anfang ist alles in
Butter. Da vergafft sich sogar manche in den. Schöner Mann,
immer dunkle Brille, immer Perle im Schlips, und höflich, nur
einmal . . . Aber der Pferdefuß kommt nach. Na, ich hab sie
gewarnt. Nach einem halben Jahr will jede da weg. Jede!
Ich nicht, sagte die Junge leichthin und winkte der Kellnerin,
um zu zahlen.
Wenn diese ganze Gesellschaft, die mich hierherbestellt, mich
den ganzen Nachmittag die Straße auf- und abgejagt und dann
sitzen gelassen hatte – wenn sie sich in letzter Sekunde doch
noch entschließen würde, ihn herbeizuzitieren, und käme er
von hinten, durch die Terrassentür – ich würde es spüren.
Meine Rückenmuskeln würden sich zusammenziehn. Der
höfliche junge Mann mir gegenüber, der großen Mengen
Buttercremetorte ißt, wobei er sich dauernd für den Platz
entschuldigt, den er in Anspruch nimmt – der würde sofort
begreifen und sich beeilen zu zahlen. Klar kullert ihm im
Übereifer eine Mark auf den Fußboden, auch ich bücke mich
danach, der Unglücksrabe beteuert unter dem Tisch: Danke,
es geht schon.
Als ich wieder auftauche, sind alle anderen wie weggewischt,
und er sitzt mir gegenüber. Durch einen von diesen Zauber-
tricks hat er auch seinen Mocca double schon vor sich stehn.
Töricht sage ich: Da sind Sie ja. Er aber rührt in seiner Tasse
und fragt streng: Was willst du noch? – Die alten Verhältnisse.
Wenn Sie auch heute nicht gekommen wären! sagte ich.
Wirklich: Länger hätte ich nicht mitgemacht.
Diese Drohung schreckte niemanden als mich selbst.
Du gehst zu weit, sagte er. Wie immer gehst du zu weit. Als
wäre etwas gewesen. Nichts ist gewesen. Nichts. Nimm's
nicht so tragisch.
Ach Gott, sagte ich in dem unechten Tonfall, der dir mit
Recht an mir so verhaßt ist, was heißt hier tragisch. Noch

wehren wir uns vielleicht ein bißchen gegen die bindende Verabredung, das Ausbleiben der Liebe sei nicht tragisch zu nehmen. Ein Mann wie Sie hat das hinter sich. Er erklärt sich alles und lehnt es ab zu leiden. Wir, bedauerlicherweise, können uns nur durch Liebe mit der Welt verbinden. Vorläufig. Ein kleines Weilchen werden wir noch zu leiden haben. Doch sind wir bereit zu lernen. Keine Bange – auch unser Kummer verkümmert. Ein bißchen bleicher macht uns wohl der Widerspruch, in dem wir uns verfangen haben. Doch zeigen wir Einsicht. Beginnen schon, uns freiwillig von uns zurückzuziehn. Seien Sie unbesorgt: Bald klagt Ihnen niemand mehr sein Leid. Bald verbindet uns nichts als unsere Seelenblindheit. Als diese Straße da, auf der man sich nur noch zufällig trifft, nachmittags nach dem Sündenfall. Da wir alle die Sünde der Lieblosigkeit kennen, wird niemand sich mehr ihrer erinnern. Das werden wir Glück nennen.

Ach, mein Lieber, sagte ich. Ich kann die Liebe nicht vertagen. Nicht auf ein neues Jahrhundert. Nicht auf das nächste Jahr. Um keinen einzigen Tag.

Dies wenigstens im Traum gesagt zu haben, tat mir wohl. Auf Antwort hatte ich nicht zu rechnen. Ich gab mir Weisung, gruß- und abschiedslos auf- und davonzugehen. Durch Erfahrung weiß ich: Der, den ich zu treffen wünsche, wird niemals da sitzen, wo ich hinsehe, doch noch einmal schlug eine irrsinnige Hoffnung in mir hoch. In der Tür wendete ich mich um, was aus guten Gründen von altersher verboten ist. Sein Platz war leer. Unsere Zeit war abgelaufen.

In meiner bitteren Schande trat ich auf die Straße. Ich spottete ihrer: Schnurgerade Straße, höhnte ich. Straße ans Herz der Dinge ... Zufallsstraße, beschimpfte ich sie. Zeitungsstraße. Sauber und ordentlich lag sie mir zu Füßen. Ein Stein neben dem anderen, gute Arbeit. Was hatte ich mir von ihr versprochen? Eine Ablenkung zwischen zwei Arbeiten. Ein neues Kleid. Einen nebensächlichen Dialog in einem Café. Das alles hatte sie mir korrekt gegeben.

Anders als vorher bediene ich mich jetzt der nützlichen Erfindung des Spazierengehens.

Die volle Stunde spült die Welle der Büroarbeiter aus den

Verwaltungshäusern. Wohin fürchten sie nur, zu spät zu kommen? Welcher Zug wird ihnen abfahren, welcher Happen für immer weggeschnappt werden? Oder haben auch sie, die ihr Leben zu Millionen unter Wert verkaufen, die geheime Sehnsucht nach dem wirklichen Fleisch bewahrt, nach dem saftigen, roten Fleisch?

Ich gehe, und mein schönes Leben rollt sich hinter mir ab wie ein helles Band. Der, den ich niemals mehr nennen werde, hat recht behalten: Alles ist schon erlebt, vielleicht sogar, vor Zeiten, von mir selbst. Was zu empfinden war, ist empfunden, was zu machen war, ist gemacht. Ich lasse mich treiben.

Da kam mir ein einzelner Mensch entgegen, eine junge Frau. Nie hat der Anblick eines fremden Menschen mir einen solchen Stich versetzt. Sie trug ein Kostüm, aus dem Stoff, den ich lange schon suchte, und einen leuchtenden Pullover, dessen Farbe als Widerschein auf ihrem Gesicht lag. Sie ging schnell und locker, wie ich immer gehen wollte, und sah uns alle aufmerksam, doch vorurteilsfrei an. Ihr halblanges dunkles Haar wehte der Wind zurück, und sie lachte, wie ich von ganzen Herzen zu lachen wünschte. Sofort, als sie an mir vorbei war, verlor sie sich in der Menge.

Ehe ich sie sah, kann ich nicht gewußt haben, was Neid ist. Nie vorher hatte eine Begegnung mich so getroffen. Diese Frau würde niemals vom Glück verlassen sein. Alles, was anderen mißlang, würde ihr glücken. Nie, nie konnte sie Gefahr laufen, sich zu verfehlen. Kein Zeichen an ihrer Stirn deutete auf unlösbare Verstrickungen hin. Ihr war es gegeben, unter den Verheißungen und Verlockungen des Lebens frei zu wählen, was ihr zukam.

Vor Neid und Kummer begann ich unter all den Leuten heftig zu weinen. Davon erwachte ich. Mein Gesicht war naß. Ich konnte mir nicht erklären, warum ich so heiter war. Mit wahrer Gier rief ich mir wieder und wieder jene Frau vor Augen, ihr Gesicht, ihren Gang, ihre Gestalt. Auf einmal sah ich: Das war ja ich. Ich war es gewesen, niemand anders, als ich selbst, der ich begegnet war.

Nun klärte sich mit einem Schlage alles auf. Ich sollte mich wiederfinden – das war der Sinn der Bestellung. Zelle für Zelle füllte sich mein Körper mit der neuen Freude. Eine Menge von Gefangenschaften fiel für immer von mir ab. Kein Unglück hatte ein für allemal sein Siegel auf meine Stirn gedrückt. Wie hatte ich so verblendet sein können, mich einem falschen Spruch zu unterwerfen?

Viel später erst, heute, kam mir der Gedanke, in gewohnter Weise über mein Erlebnis Rechenschaft zu geben, denn höher als alles schätzen wir die Lust, gekannt zu sein. Ich Glückliche wußte gleich, wem ich es erzählen könnte, kam zu dir, sah, daß du hören wolltest, und begann: Unter den Linden bin ich immer gerne gegangen. Am liebsten, du weißt es, allein.

Neue Lebensansichten eines Katers

> Je mehr Kultur, desto weniger Frei-
> heit, das ist ein wahres Wort.
> E. T. A. Hoffmann »Lebensansichten
> des Katers Murr«

»Die Kater sahen nach Morgen aus!« Diesen Romansatz lesen, ihn fühlen und wissen, daß ich ein Dichter bin: Im rechten Augenblick gibt mir der lange verstorbene, übrigens aus dem Russischen übersetzte Autor den gegen Ende meiner Jüng-lingszeit jäh geschwundenen Mut zur literarischen Produktion zurück. Selten hat mich so wie in diesem Augenblick der Schmerz gepackt über das Unvermögen meines Herrn, des Professors der Angewandten Psychologie Rudolf Walter Bar-zel (45), die Sprache der Tiere, insbesondere die der Kater, zu verstehen. Wüßte er, daß ich fähig bin, drei komplizierte geistig-seelische Prozesse auf einmal zu empfinden! Ahnte er die Bestimmung jenes angenehm quadratischen, in grobes Leinen gebundenen Büchleins, das Isa (16), die Tochter des Hauses, fast bis zur Hälfte mit ihren überaus kindischen Ergießungen bekritzelt hat, und das ich an mich zu bringen wußte, um seinen weißen Blättern einige Resultate der fieber-haften Tätigkeit meines ergreifend entwicklungsfähigen Ka-terhirns anzuvertrauen!
Froh erschrocken über die Höhe, auf die sich die Katzenheit in mir, ihrem derzeit würdigsten Vertreter, geschwungen hat, verließ ich das Buch und des Professors Schreibtisch, auf dem ich gelegen, nahm meinen gewohnten Weg durch das Fenster und streunte in der milden Herbstsonne, auf der Suche nach einer Seele, die mein außerordentliches Wesen zu würdigen wüßte, bis an die äußersten Grenzen meines Reviers in den Gärten herum. »Seele« sage ich, obwohl ich weiß – nicht zuletzt durch das sorgfältige Studium der Werke meines gro-ßen Vorfahren, des Katers Murr –, daß dieser hypothetische Gegenstand, wissenschaftlich niemals verifiziert, dem frühen neunzehnten Jahrhundert unentbehrlich, von neueren Auto-

ren durch Tricks wie »Mutmaßungen«, »Nachdenken« und die Äußerung von »Ansichten« in die Enge getrieben wird – Tricks, die, wenn vielleicht nicht zu größerer Klarheit des Stils, so doch gewiß zu einem tiefsinnigeren Gesichtsausdruck dieser Autoren geführt haben müssen; ein Ausdruck übrigens, den auch ich beherrsche, der, wie jedes Benehmen, das man lange genug übt, zu meiner zweiten Natur geworden ist und die schönsten Wirkungen auf mein Inneres nicht verfehlt. Diese Beobachtung, wiewohl sie von mir sein könnte, findet sich neben anderen treffenden Bemerkungen im Frühwerk Professor Barzels: »Verhaltensübungen und ihre Auswirkung auf die Charakterstruktur«. Sie beweist mir, daß auch das originellste Talent heutzutage, da alle großen Entdeckungen gemacht sind, zwischen steiler Abseitigkeit und plattem Epigonentum sich aufreiben müßte, hielte es sich nicht an die Lebensregel alles nach Sittlichkeit Strebenden: Halte die Mitte! Dies sei der erste Satz in meinem »Leitfaden für den Umgang heranwachsender Kater mit dem Menschen.«

So in meine Gedanken vertieft, stieß ich an der Grenze zwischen meinem Revier und dem Beckelmannschen Nachbargrundstück auf jene schwarze grünäugige Katze (2½), die, äußerlich zierlich und anmutig und auf unverkennbar orientalische Weise verführerisch, in ihrem Innern leider frech und anmaßend und gierig ist, kurzum: ein Weib, das sich ja prinzipiell, wie mein Professor eines Tages gesprächsweise zugab, den fortschrittlichen Testmethoden seiner Wissenschaft viel hartnäckiger entzieht als der Mann; allerdings halten wir diese Tatsache geheim, um nicht in den Verdacht versteckter Gegnerschaft zur Frauenemanzipation zu kommen, und um den Frauen, die ja samt und sonders unter ihrem Defekt leiden, keine Männer zu sein, ihre mißliche Lage nicht noch zu erschweren. Diese Rücksicht habe ich auch jener Schwarzen gegenüber sorgfältig geübt, so daß ich wirklich nicht weiß, was sie so aufgebracht haben kann an dem schlichten Satz, den ich, gerade als wir uns begegneten, gedankenverloren ausstieß: Der Kater ist geheimnisvoll.

Dabei ist diese Behauptung so ungemein wahr! Die gebildete

Welt weiß es aus der älteren und neueren Literatur, und sie wird, wie ich zuversichtlich hoffe, weitere Beweise durch meine bescheidenen, aber gediegenen Beiträge zur Erhellung des zeitgenössischen Katerwesens erhalten.

Dagegen der Mensch! Wie durchsichtig ist er mir und sich selbst! Ein Hirnrindenwesen wie wir alle von den Vögeln an aufwärts, dem rücksichtslosen Walten biologischer Zufälle unterworfen wie jedes Tier, hat er in einem erleuchteten Augenblick für sich die Vernunft erfunden. Nun kann er sich alle Verzichte, die er seiner höheren Bestimmung wegen leisten muß, vollkommen plausibel machen und auf jede Situation zweckmäßig reagieren. So jedenfalls versucht Professor R. W. Barzel es seiner blonden Frau Anita (39) zu erklären, abends, wenn sie im Bett liegt, Kriminalromane liest und Likörpralinen ißt. Zwar habe ich nie bemerkt, daß sie Gewinn aus diesen Vorträgen zieht, denn ihr Gesicht ist gleichmütig, wenn nicht sogar höhnisch. Ich aber, scheinbar schlafend auf dem weichen Bettvorleger meines Professors, in Wirklichkeit dankbar und aufnahmebereit für jedes seiner Worte, ich kann sagen: Nichts Menschliches ist mir fremd.

Daher würde ich, wäre ich als schreibgewandter Mensch und nicht als talentvoller Kater auf die Welt gekommen, mein Leben gewiß nicht einer derart überflüssigen Literaturgattung wie der Belletristik weihen, die ja ihre Existenz immer mit den noch unerforschten Tiefen der menschlichen Seele begründet. Hat sich was mit Tiefen! sagt mein Professor zu einem Mitarbeiter seiner Gruppe, Dr. Lutz Fettback (43), Ernährungswissenschaftler und Physiotherapeut. Dr. Fettback hat ein Lippenbärtchen, das hüpft, wenn er lacht, und er lacht, wenn er sagt: Das sehe sogar ein einfacher Praktiker wie er, der meinem Professor nicht das theoretische Wasser reichen könne, daß die Seele eine reaktionäre Einbildung sei, die viel unnützes Leid über die Menschheit gebracht und, unter anderem, solchen unproduktiven Wirtschaftszweigen wie der Belletristik ein lukratives Dasein ermöglicht habe. Ja, sagt Dr. Guido Hinz (35), kybernetischer Soziologe, ein tüchtiger, aber undurchschaubarer Mensch; Anstatt jene Verschwendung ideeller und materieller Produktivkräfte zu dulden, die

aus diesem unkontrollierten Seelenunwesen natürlich entsprungen sei, hätte man frühzeitig ein möglichst lückenloses
Nachschlagewerk für optimale Varianten aller Situationen des
menschlichen Lebens anlegen und auf dem Verwaltungswege
jedem Haushalt zustellen sollen. Dies ist eine bemerkenswerte
Idee. Wie viele Kräfte, in nutzlose Tragödien verwickelt,
wären für die Produktion materieller Güter frei geworden,
worin die Menschheit bekanntlich ihren eigentlichen Daseins-
zweck sieht (eine Tatsache übrigens, die ich der regelmäßigen
Lektüre dreier Tageszeitungen entnehme). Bei der leichten
Schematisierbarkeit menschlicher Probleme hätten fast alle
leistungshemmenden Faktoren in diesem Nachschlagewerk
erfaßt und einer positiven Lösung zugeführt werden können; der technisch-wissenschaftliche Fortschritt wäre um
Jahrzehnte früher ausgelöst worden und die Menschheit
könnte schon in der Zukunft leben. Die wohlige Zufriedenheit, nach der es jedes Geschöpf verlangt, hätte sich längst
ausgebreitet, und auch ein Haustier – das füge ich aus eigenen
freien Stücken hinzu – könnte das selbstverständlich nur
begrüßen. Denn auf wessen Rücken schlagen sich letzten
Endes Kummer und Mangel ihrer Herren nieder, wenn nicht
auf dem der Hunde, Katzen und Pferde?
(Dabei fällt mir ein, daß ich noch mein Scherflein beisteuern
muß zur Verbreitung der neuen, vom gemischten Haustier-
ausschuß kürzlich für die veraltete Bezeichnung »Herren«
eingeführten Vokabel: »Wirte« wollen wir mit Fug und Recht
unsere Herren nun nennen, und ich stehe nicht an, als zweite
Regel in meinen Leitfaden einen Satz aufzunehmen, der dem
Verschleiß durch die Zeit widerstehen wird: »Zufriedene
Menschen – zufriedene Haustiere!«)
An dieser Stelle der Diskussion erhebt Dr. habil. Guido Hinz
seinen rechten Zeigefinger, der mir durchaus zuwider ist, weil
er sich roh in meine weichen Flanken zu bohren pflegt
– erhebt diesen Finger und sagt: Vergessen Sie mir die Kybernetik nicht, werter Herr Kollege! – Wenn ich von der menschlichen Rangordnung irgend etwas verstehe, ist ja mein Professor keineswegs der »Kollege« eines Doktors. Vor allem aber
vergißt er die Kybernetik – deren Grundbegriffe natürlich

auch mir geläufig sind – in keiner Minute seines Lebens, dafür kann ich mich verbürgen. Wie oft habe ich ihn sagen hören, nur die Kybernetik sei imstande, ihm jenes absolut vollständige Verzeichnis sämtlicher menschlicher Unglücksfälle in sämtlichen denkbaren Kombinationen zu liefern, das er doch, sagt er, so dringend braucht, um auch nur einen Schritt weiter zu kommen. Und wer wüßte, sagt er, besser als er, daß TOMEGL eine Utopie bliebe – jawohl, wiederholt er, eine utopische Phantasterei! – ohne dieses herrliche Instrument der Computer! Ja: Ich, wenn ich ein Mensch wäre, ich widmete mich wie mein Professor der totalen Ausbreitung der alles erkennenden, alles erklärenden, alles regelnden Ratio! (Niemand wird mir den Wechsel ins Lateinische verübeln; denn es gibt Wörter, für die ich in meinem geliebten Deutsch die Entsprechung nicht finde.)

TOMEGL ist streng geheim. Mein Professor senkt die Stimme, lange ehe er sich dieses Wort entschlüpfen läßt, Dr. Fettback senkt sein Bärtchen, und Dr. habil. Hinz senkt aus mir unbekannten Gründen die Mundwinkel. Ich aber, still und aufmerksam zwischen den Papieren auf dem Schreibtisch, ich weiß, wovon die Rede ist: TOMEGL heißt nichts anderes als TOTALES MENSCHENGLÜCK.

Die Abschaffung der Tragödie: Das ist es, woran hier gearbeitet wird. Da ich es nicht lassen konnte, das geheimste aller menschlichen Geheimnisse zu Papier zu bringen – fahr hin, eiteltörichte Hoffnung, dieses mein bestes Werk je gedruckt zu sehen! Was nur drängt den wahren Autor, von den allergefährlichsten Dingen zu sprechen und immer wieder zu sprechen? Bejahen doch sein Kopf, sein Verstand, sein staatsbürgerliches Pflichtgefühl die strenge Vorschrift absoluter Diskretion: Man denke sich TOMEGL in der Hand des Gegners! Irgendwelche Organe aber, welche der physiologischen Forschung bisher nicht aufgefallen zu sein scheinen, zwingen auf noch ungeklärte Weise – ich vermute durch heimtückische Absonderung einer Art von Wahrheitshormon – den unglücklichen Schreiber immer wieder zu verhängnisvollen Bekenntnissen. Wie auch mein großer Vorfahr, der Kater Murr, dem ich äußerlich wie ein Zwilling gleiche und von dem ich mich in direkter Linie ableite, in seiner liebenswerten, wenn auch wissenschaftlich nicht stichhaltigen Manier sich ausgedrückt hat: »Zuweilen fährt mir ein eignes Gefühl, beinahe möcht ich's geistiges Leibkneifen nennen, bis in die Pfoten, die alles hinschreiben müssen, was ich denke.«

Niemand, der weiß, daß mein Professor mit dem totalen Menschenglück befaßt ist, kann sich über seine oft so gequälte Miene wundern oder über die bedauerliche Tatsache, daß neuere klinische Untersuchungen ein Geschwür an seinem Magenausgang auf die Röntgenplatte bannten, die mein Professor nicht ganz ohne Stolz, indem er sie gegen das grüne Licht seiner Arbeitslampe hielt, seinem Freund Dr. Fettback vorführte. Wir hatten die Freude, Herrn Dr. Fettback dieses Geschwür »klassisch« nennen zu hören und aus berufenem Mund den gesundheitsschädigenden Charakter unserer Arbeit bestätigt zu bekommen. Natürlich schlafe er auch schlecht, mein Professor? – Fast gar nicht, erwiderte der bescheiden. – Aha, sagte Fettback, und sein Bärtchen hüpfte. Autogenes Training.

Ich habe, in des Professors Arbeitssessel geschmiegt, an den Übungen teilgenommen, die Dr. Fettback aus alter Freundschaft mit meinem Professor veranstaltete. Gewiß, sein Merkwürdiges hat es ja, diesen Mann, ein fraglos seinen Mitarbeitern überlegener Kopf, auf das Ledersofa hingestreckt und den Kommandos des kleinen Fettback gehorsam zu sehen, der sich denn auch jede Mühe gibt, allen geistigen Ausdruck aus den Zügen seines Patienten zu vertreiben. Na also, sagte Dr. Hinz, der zufällig einmal hereinplatzte, als mein Professor und Fettback, beide mit dem gleichen leeren Gesichtsausdruck, in gedämpftem Chor vor sich hin murmelten: Ich bin wunderbar entspannt. Ich werde ruhig schlafen. Es geht mir gut.

Da haben Sie ihn ja endlich geschnappt, sagte Dr. Hinz. Was das bedeuten soll, verstehe, wer will. Soviel steht fest: Mein Professor begegnet den abendlichen Monologen seiner Frau Anita, der leider hin und wieder ihre Kriminalromane ausgehen, jetzt gelassener als früher. Die Loyalität meinen Wirten gegenüber veranlaßt mich, diese weitläufigen und nicht selten schrillen Monologe in einen abgeklärten Satz zusammenzufassen: Die Enttäuschungen des Lebens, besonders aber die des Frauenlebens, und besonders die Enttäuschungen, die die allernächsten Personen, zum Beispiel der eigene Ehemann, einem zufügen, können auch an den stärksten Charakteren auf die Dauer nicht spurlos vorübergehen. Zu solchen Reden, in die sie in einem mir nicht ganz durchsichtigen Zusammenhang Wörter wie »unversiegbare Manneskraft« oder »ewige Liebesbeglückung« mit einem unverkennbar höhnischen Unterton einfließen läßt, trinkt sie große Mengen Apricot Brandy, ihren Lieblingslikör, und verlangt schließlich von meinem Professor, der seit vier Wochen abends in jenem interessanten Werk über Sublimierungsvorschläge im Sexualbereich liest, er solle das Vieh hinausbringen. Damit meint sie mich.

Überflüssig zu sagen, daß ich mich tief schlafend stelle und mein Professor ihr mit sanfter Stimme vorhält: Aber warum denn, liebe Anita, laß doch das Tier, es stört uns ja nicht. – Es ist schon vorgekommen, daß sie da in ein unpassendes Gelächter ausbricht und mit einem Weinkrampf endet. Mein Professor aber löscht in solchen Fällen das Licht, schließt die Augen, und nach einer Weile höre ich ihn flüstern: Mein rechter Arm ist schwer und warm. Ich bin ganz ruhig. Mir geht es von Tag zu Tag besser . . .

Geschlafen hat er trotzdem wenig. Oft sehe ich ihn mit offenen Augen daliegen, wenn ich im Morgengrauen, frisch und ausgeruht, aus dem Schlafzimmerfenster auf die kleine Birke springe, an der ich mich hinunterlasse, um mich zu meinesgleichen zu begeben.

Über Geschmack ist mit Menschen nicht zu streiten (auch dieser Satz gehört in meinen Leitfaden für den heranwachsenden Kater). Immerhin: Frau Anita ist sehr, sehr blond. Diese Feststellung kann und darf natürlich keine Kritik sein. Sie überragt meinen Professor um Haupteslänge – ein Umstand, den ich vollständig vergesse, wenn ich sie abends so friedlich nebeneinander im Bett liegen sehe. Durchaus sei es denkbar, sagt Dr. Lutz Fettback gelegentlich, daß ein eher asketisch eingestellter Mann sich einer Frau von üppigen Formen zuneige; doch zwinge ihn sein Berufsethos, die Eßgewohnheiten von Frau Anita zu mißbilligen.

Ich weiß, was er meint, da ich seine Schrift »Auch Essen ist Charaktersache« kürzlich gelesen habe. Sie gipfelt in dem Satze: Sage mir, was du ißt, und ich sage dir, wer du bist! (Woraufhin ich meinem »Leitfaden« eine weitere wichtige Regel hinzufüge: Eines schickt sich nicht für alle!) So entblödet Dr. Fettback sich neuerdings nicht, genau zu den Mahlzeiten zu erscheinen, um unter Reden, die nur ihm und niemandem sonst humorig vorkommen, die Anwesenheit irgendwelcher unglaublich widerlichen Rohkostsalate und die Abwesenheit von Fleisch auf der Barzelschen Tafel zu kontrollieren. So erhielt ich reichlich Gelegenheit, meinem Professor aus mißlichen Lagen zu retten, indem ich die Fleischstücke, die er mir unter den Tisch warf, blitzschnell verzehrte – gleichgültig, ob ich gebratenes Fleisch sonst bevorzuge oder nicht. Doch wie jede Handlung wider die Natur hatte auch diese ihren Preis: Plötzlich begann mein Professor sich für meine Reaktionszeiten zu interessieren, und mein Leben, nun an die Stoppuhr gefesselt wie schon lange das seine, wurde anstrengend genug.

Hätte ich nur geahnt, daß die Messungen, die er an mir vornahm, den Grundstock für seine später so bedeutsam werdenden Reflexstudien bilden sollten – um wie vieles schneller hätte ich ihm zu unserer beider Vorteil dasjenige Verhalten vorgeführt, das er von einer begabten Versuchsperson erwarten konnte: daß sie es nämlich fertigbrachte, auf genau die gleichen Reize immer auf genau die gleiche Weise zu reagieren. Dies ist das mindeste, sagt mein Professor, was dieses Wunderwerk von einem Computer von seinem Partner verlangen kann.

Kurz: Nachdem das Prinzip mir klar geworden, ging unsere Testreihe schnell und reibungslos vonstatten. Warum sollte ich meinem Professor nicht den kleinen Gefallen tun, nach einer reichlichen Lebermahlzeit zum Beispiel, nach der man natürlich am liebsten der Ruhe pflegt, meinen Verdauungssprung auf die junge Fichte vor dem Haus drei- anstatt zweimal zu wiederholen! Einen Hungertest, der sein Widerwärtiges hat, selbst wenn er dem Fortschritt der Wissenschaften dient, überstand ich mit Isas Hilfe ohne gesundheitliche

Schäden: Heimlich fütterte sie mich mit Schabefleisch und Kaffeesahne, und ich fraß, was sie mir anbot, obwohl ich in meiner wissenschaftlichen Ojektivität ihren Zorn auf die Experimente ihres Vaters natürlich nicht teilen konnte. Der Aufgabe, fortschreitenden Kräfteschwund zu simulieren, entledigte ich mich glänzend, bis hin zu einem täuschend echten Zusammenbruch am siebenten Tag. (Erwähnenswert scheint mir die Erfahrung, daß man jede Spur von Erinnerung an eine eben genossene Mahlzeit nicht nur aus seinem Kopf, sondern auch aus seinem Magen- und Darmtrakt vertreiben muß, wenn man glaubwürdig vor Hunger zusammenbrechen will.) Isa mißt mich seitdem mit eigenartigen Blicken, das ist wahr. Beiläufig bemerkt, hatte ich in jener Hungerwoche mehr als ein Pfund zugenommen (ich wiege mich regelmäßig auf Frau Anitas Schlafzimmerwaage, wenn ich auch nicht so albern bin, mir eine Gewichtstabelle an die Wand zu nageln). Der Frühling, der gerade ausgebrochen war, half mir, meine schöne schlanke Gestalt binnen kurzem wiederzugewinnen, und ich lebe nun wieder, wie es meinem Bildungsstand entspricht.
Bewußten Widerstand setzte ich allerdings dem Versuch des Dr. Fettback entgegen, bei Gelegenheit des geschilderten Experiments auch meinen Defäkationstrieb zu reglementieren. Mich entleeren zu können, wann immer ich das Bedürfnis verspüre – das halte ich doch für eine der Grundlagen der Katerfreiheit; mein Professor scheint, was die Grundlagen der Menschenfreiheit betrifft, anderer Ansicht zu sein; jedenfalls sieht er unglücklich genug aus, wenn er morgens um sieben – das ist die Zeit, die Dr. Fettback ihm zugewiesen hat – unverrichteter Dinge von der Toilette kommt. In letzter Zeit allerdings hat er sich, der Arme, immer fröhlich und erlöst gestellt und geht lieber später am Tag einmal heimlich oder, wie ich zu vermuten Anlaß habe, oft genug gar nicht, seit Frau Anita eines Morgens zu ihm gesagt hat: Nicht einmal das kannst du, wenn du willst! Erwähnte ich schon, daß Frau Anita mich »Kater« nennt? Es ist ja nichts Falsches an dieser Anrede. Doch welcher Mensch ließe sich gerne mit »Mensch« anreden? Wenn man nun einmal einen eigenen Namen hat, in meinem Falle also »Max«, so irritiert es einen, wenn einem

diese allerpersönlichste, das Individuum erst von der Gattung unterscheidende Benennung vorenthalten wird. Da lasse ich mir eher noch jene gewiß nicht korrekte, aber wohlmeinende Anrede gefallen, für die Isa sich entschieden hat. »Maximilian« ruft sie mich, das sei ein Kaiser gewesen, ich fand ihn im Lexikon und war es schließlich zufrieden: Gewiß, ritterlich ist mein Wesen von den beiden Spitzen meines schönen Bartes bis zur letzten meiner scharfen Krallen, und so soll es bleiben, auch wenn jene schon erwähnte schwarze Katze von der Idee behext ist, daß meine Großmut Schwäche sei. Oh, wenn ich wollte, wie ich könnte! »Mein kleiner Tiger« nennt Frau Anita mich manchmal, was ich so ungern nicht höre, und die Musterung meines Gesichts, beige-schwarz von Nase und Maul strahlenförmig sich ausbreitend, beweist die Raubtierherkunft meines Geschlechts. Grau dagegen, wie die Menschen behaupten – grau bin ich nicht; ihre stumpfen Sinne können der feinen, abwechslungsreichen Zeichnung meines Fells nicht gerecht werden; schwarze Längsstreifen auf dem Rücken, die an den Flanken in grauschwarz-bräunliche Ornamente übergehen, eine aparte Ringelung auf der Brust und die Dunkel-Hell-Schattierung der Beine, die sich am Schwanz wiederholt: Genauso hat mein verehrter Ahnherr, der Kater Murr, sich der Umwelt präsentiert, und meine innerste Überzeugung ist es, daß man so und nicht anders aussehen muß, wenn man zu Bedeutung kommen will.

Mein Leser, mein unbekannter Freund aus dem nächsten Jahrhundert, hat längst bemerkt, daß ich mich frei in Raum und Zeit bewege. Die Chronologie stört. So folge er mir denn zurück zu jenem Stückchen Zaun zwischen Gesträuch von Symphoricarpus albus, im Volksmund Schneebeere genannt, wo an besagtem Nachmittag jene schwarze Katze mir den wahren Ausspruch: Der Kater ist geheimnisvoll! so sehr verübelt hat. Binnen unglaublich kurzer Zeit zischte sie nämlich und fauchte eine gerüttelte Menge von Beleidigungen gegen mich, die ich alle zu überhören hatte. Längst habe ich es aufgegeben, jener verführerischen, aber in sexueller und anderer Hinsicht hemmungslosen Katze klarzumachen, daß ihre Aggressivität die schwach entwickelte Sublimierung ihrer

Triebe verrät und daß ihre Herrschaftsgelüste höchstwahrscheinlich von jener fatalen Namensgebung herrühren, welche ihre Kindheit überschattete und die Komplexe ins Kraut schießen ließ, die sie nun an mir abzureagieren sucht.

Dies ist der Augenblick, es auszusprechen: Jene Katze heißt Napoleon. Man weiß, daß die mangelhaften physiologischen Kenntnisse der Menschen mit ihrem Wunsch zusammenhängen, hilfreich und gut zu sein und ihre Herkunft aus dem Tierreich zu vergessen. Erwägt man außerdem ihre verständliche Bevorzugung des männlichen Geschlechts, so glaubt man die Gründe für die Fehldiagnose zu kennen, die jener verhängnisvollen Namensgebung vorausgegangen sein muß. Immerhin: Wieso gerade Napoleon? Ein Hang zum Masochismus? Der kaum verdrängte Wunsch, in der Namensgebung eigene imperatorische Neigungen an dem unschuldigen Tier abzureagieren?

Doch steht zu bezweifeln, daß die Familie Beckelmann, unsere Nachbarn, die Motive für ihr Tun und Lassen aus psychologischer Literatur zieht wie unsereins. Man kann sich des Eindrucks nicht erwehren, daß diese Leute schnurstracks ihren Gefühlen folgen (dies vermutet auch Frau Anita), Kinder in die Welt setzen (die Jungen Joachim und Bernhard und das Mädchen, das merkwürdigerweise von allen Kindern in der Umgebung »Malzkacke« genannt wird, obwohl es sich doch nun dem siebzehnten Lebensjahre nähert und nicht weiß, wie kurz es die Röcke noch tragen soll, darin hat Frau Anita recht) und, wenn es ihnen nicht mehr paßt, einfach wieder auseinanderlaufen. Wer kann das schon! sagt Frau Anita; und dann noch weiter in einer Wohnung zusammen wohnen, nach der Scheidung, wie Frau und Herr Beckelmann es seit nunmehr drei Monaten tun. Das könnt ich nicht, sagt Frau Anita, nie und nimmer, und ich füge hinzu: Auch ich könnte es nicht. Denn der kaffeebraune Trabant des neuen Verehrers der Frau Beckelmann hält nun zu jeder Tages- und Nachtzeit vor der gemeinsamen Türe des ehemaligen Ehepaars, und jene obszöne Hupe ertönt, die Frau Anita haßt wie nichts sonst auf der Welt. Mit eigenen Augen habe ich schon Herrn Beckelmann das Fenster öffnen sehen, habe ihn – in freundschaftlichstem Tone! – seinem Nachfolger Bescheid geben hören, seine Frau sei nicht zu Hause, worauf dieser dankend an seine Ledermütze tippte, eine in Seidenpapier gewickelte Flasche aus dem Wagen holte und dem Bauarbeiter Beckelmann vorschlug, gemeinsam ein Glas zur Brust zu nehmen. Dies heißt denn wohl doch, die Laxheit in moralischen Fragen zu übertreiben.

Napoleon, um darauf zurückzukommen, interessiert sich leider nicht für eine tiefenpsychologische Erörterung der Ursachen jener Namensgebung. Ihr sei es ganz egal, wie sie heiße, behauptet sie. Nicht egal dagegen sei ihr mein Hang, mich unter dem Vorwand wissenschaftlicher Aufgaben den elementarsten Vaterpflichten zu entziehen. Dies ist eine überaus gereinigte und abgekürzte Wiedergabe ihrer langen Rede, in deren Verlauf ich zu dem bewährten Mittel griff, mich niederzulegen, jedes meiner Glieder zu entspannen und mir jene süßen Befehle zu geben, die, gut in die Reflexbahnen eingeschliffen, ihre Wirkungen nie verfehlen: Ich bin ganz ruhig, sagte ich mir. Meine Glieder sind schwer und warm (in der Tat: das waren sie!). Mein Puls schlägt ruhig. Die Stirn ist angenehm kühl. Solarplexus strömend warm. Ich bin glücklich. Das Leben ist schön.

Im April dieses Jahres noch hatte die Katze Napoleon die Macht, mich leiden zu lassen. Inzwischen habe ich gelernt, daß Leiden und Ängste immer aus Lüsten entspringen und daß der sicherste Weg, jene loszuwerden, die Befreiung von diesen ist. Voilà. Es ist erreicht. Zu spät, könnte man einwenden, denn mein ungezügelter Trieb hatte schon Folgen gezeitigt. Ich schäme mich nicht, hier vor aller Nachwelt zu bekennen, daß mein naives Vaterherz höher schlug, als eines Morgens die Katze Napoleon mit vier Jungen in die Barzelsche Küche einzog, possierliche Geschöpfe, von denen zwei mein genaues Ebenbild waren. Insgeheim stolz auf diesen schönen Beweis der Mendelschen Erbgesetze, fand ich doch keine Zeit zu genetischen Meditationen oder zum wirklichen Erfassen der Napoleonischen Taktik, mit unschuldigster Miene unter der Tarnung der Mutterschaft unangefochten das innerste Innere meines eigenen Bezirks zu betreten: So sehr konzentrierte ich mich darauf, den Schock zu mildern, den die Barzelsche Familie durch den Umstand erlitt, daß ein für männlich gehaltenes Tier Junge gebar. Mein Professor, der um einige bezeichnende Sekunden später als Frau Anita die Lage erfaßte, blickte mir ohne Vorwurf, aber fragend in die Augen. Ich, ausgerüstet mit dem Wissen des aufschlußreichen Buches »Liebe ohne Schleier«, das unter Isas Kopfkissen liegt, blickte mannhaft zurück. Mein Professor verzieh mir.

Die Tochter Isa, das muß ich sagen, schlug ein unpassendes Gelächter an. Man verwies es ihr. Frau Anita aber trieb ihren Irrationalismus so weit, der Katze Napoleon – die sie albernerweise mit gespitzten Lippen meine Frau nannte! – den Rest der Nierchen in meinem Napf anzubieten: Stillende Mütter hätten immer Hunger.

Doch genug der Plauderei aus der Intimsphäre.

Ich gehe wohl nicht fehl in der Annahme, daß die Buchstabenverbindung SYMAGE auch dem letzten Zeitgenossen bekannt sein dürfte, so daß ich sie eigentlich nur für die Bewohner eines anderen Sterns übersetzen muß, denen in ferner oder naher Zukunft meine Arbeiten immerhin in die Hände fallen könnten: SYSTEM DER MAXIMALEN KÖRPERLICHEN UND SEELISCHEN GESUNDHEIT. Man versteht, daß es sich um eine Unterabteilung von TOMEGL handelt, und ich hatte das namenlose Glück, im Haushalt desjenigen Mannes gebildet zu werden, der SYMAGE erfunden hat und heute noch leitet. Bei meinem Erscheinen im Barzelschen Hause war die Arbeit daran im vollen Gange. Alle Faktoren, die zur körperlich-seelischen Gesundheit nötig oder derselben abträglich sind, waren in einer gewaltigen Kartei zusammengetragen, die, imponierend genug, als ein Block von sechsunddreißig weißen Kästen eine ganze Wand im Arbeitszimmer des Professors einnimmt und zur Nacht durch Eisenstangen blockiert und obendrein versiegelt wird. Die drei Wissenschaftler, in deren Gegenwart ich nicht nur lesen und schreiben lernte, sondern auch meine mathematischen, logischen und sozio-psychologischen Spezialstudien begann, arbeiteten angespannt daran, die Fülle der einzelnen Informationen zu einem in sich geschlossenen System – SY-

MAGE eben – zu vereinigen. Bald schon sah ich mich in der Lage, ihnen dabei nützlich zu sein, ohne allerdings je meinen eisernen Grundsatz zu durchbrechen, der da lautet: Verbirg deine segensreiche Tätigkeit vor jedermann. Mein Arbeitsfeld wurde die Kartei, in deren einzelnen Kästen wie Soldaten in Reih und Glied die weißen, rosa und gelben Karten schlummern, bis sie herausgezogen und aufgerufen werden, unter der Führung der Schlagwörter, die an der Stirnseite ihrer Kästen stehen, für SYMAGE in den Kampf zu ziehen. Der Schlagwörter sind viele: Lebensgenüsse etwa oder Zivilisationsgefahren oder Sexualität, Familie, Freizeit, Ernährung, Hygiene – kurz: Das Studium dieser Karten allein lehrt ein außermenschliches Wesen alles über das Leben der menschlichen Rasse. Eines Tages nun wurde ich bei diesen Studien von meinem Professor überrascht, und da ich weiß, daß auch er an dem menschlichen Vorurteil von der Bildungsunfähigkeit der Tiere hängt, steckte ich die Karte, die ich gerade in den Pfoten hielt, blitzschnell in den nächsten besten offenen Kasten und stellte mich schlafend. So geriet denn die »Anpassungsfähigkeit«, die ich dem Kasten »Soziale Normen« entnommen hatte, unter die »Lebensgenüsse«, und mein Professor, der diesen Einfall natürlich sich selbst zuschrieb, nannte ihn genial und machte ihn zu einem Stützpfeiler von SYMAGE. Durch diesen Erfolg ermutigt, begann ich eine systematische Tätigkeit zur Herbeiführung schöpferischer Zufälle, so daß ich mich heute ohne falsche Scham einen der Gründer von SYMAGE nennen kann.

Worum geht es uns denn? Um nichts Geringeres als die erschöpfende Programmierung derjenigen Zeitfolge, welche die Menschen mit dem antiquierten Wort LEBEN belegt haben. Es ist unglaublich, aber wahr – dies sage ich für meine späteren Leser aus anderen Galaxien –, daß sich unter der Menschheit bis in unser Jahrhundert hinein ein lässiges, ja mystisches Verhältnis zu dieser Zeitspanne halten konnte; die Folge davon waren Unordnung, Zeitverschwendung, unökonomischer Kräfteverschleiß. So half SYMAGE einem dringenden Bedürfnis ab, indem es ein logisches unausweichliches, einzig richtiges System der rationellen Lebensführung unter

Anwendung der modernsten Rechentechnik erarbeitete. Es ist kein Wunder, daß meines Professors Gesicht bei dem Wort Computer von innen her zu leuchten beginnt – ein ergreifender Anblick, der allerdings den Dr. Hinz, dessen Fachgebiet doch die Kybernetik ist, zu seinem mokanten Lächeln veranlaßt und zu der Bemerkung, man solle der Rechenautomatik nicht auf ähnlich verzückte Weise gegenüberstehen wie die ersten Christen ihrer Heilslehre. Mein Professor, ein beherrschter Mensch, hat schließlich den um zehn Jahre Jüngeren daran erinnern müssen, daß er, Hinz, kürzlich auf einer großen Konferenz sich ganz und gar in seinem, Barzelschen, Sinne geäußert, also von den unbegrenzten Möglichkeiten des Einsatzes von Rechenautomaten bei der Simulierung gesellschaftlicher und nervaler Prozesse gesprochen habe. Da vertiefte sich das Hinzsche Grinsen noch, und er verstieg sich zu der Behauptung, auch die Päpste hätten ja jahrhundertelang wie Sachwalter Christi gesprochen, ohne selbst Christen zu sein: Macht über Gläubige übe auf die Dauer nur der Ungläubige aus, weil er allein seinen Kopf zum Denken frei habe und seine Hände zum Handeln.

Mein Professor, den rein ethische Beweggründe leiten, konnte und wollte diesen unpassenden Vergleich natürlich nicht auf sich beruhen lassen. Ich freute mich schon darauf, wie er diesen Nihilisten – denn was ist ein Mensch, der an nichts glaubt? – brillant widerlegen würde, da griff der Hinz zu einem unfairen Mittel, indem er verschlagen fragte, ob nicht auch er, Professor R. W. Barzel, mit ihm der Meinung sei, daß die Menschheit zu ihrem Glück gezwungen werden müsse?

Dies ist, muß man wissen, die letzte Erkenntnis, die eine freiwillige Erprobung von SYMAGE in mehreren Landkreisen dem Schöpferkollektiv vermittelt hat: Nur eine kleine Gruppe von Versuchspersonen, die hospitalisiert und streng überwacht wurden, konnte man veranlassen, die Grundsätze von SYMAGE über drei Monate schlecht und recht zu befolgen. Alle anderen, die übrigens die absolute Vernünftigkeit des Systems nicht bestritten, eilten gleichwohl von einer Übertretung der wohltätigen Vorschriften zur nächsten, und es soll Personen gegeben haben, die, vorher an solides, gesundes Leben gewöhnt, unter dem Druck der Gebote und Verbote von SYMAGE einem ausschweifenden Lebenswandel in die Arme taumelten. So daß die Frage des Dr. Hinz den wundesten Punkt unseres Systems berührte und mein Professor, dessen schönste Eigenschaft der Mut zur Wahrheit ist, nur mit einem wenn auch leisen, so doch deutlichen Ja darauf antworten konnte, in die Stille seines Arbeitszimmers hinein.

Da begriff ich: Diese unerschrockenen Männer, welche die Menschheit vom Zwang zur Tragödie befreien wollen, müssen sich selbst in tragische Verstrickungen begeben. Der entscheidende Schritt ins TOMEGL kann bei der gegenwärtigen Unreife großer Teile der Menschheit nicht anders geschehen denn durch Zwang. Die aber den Zwang ausüben müssen, sind harmlose Menschen wie diese drei, die, anstatt immer nur den anderen voranzuschreiten, doch auch lieber ein wenig länger schlafen, ihr Gesicht tagsüber hin und wieder in die Sonne halten und abends nach einer anregenden Fernsehsendung ihrer Frau beiwohnen möchten. Ich hatte Märtyrer vor mir! Diese Erkenntnis machte mich ungeheuer müde, so daß ich meinen Kopf auf die Pfoten legte und mich einer süßen Traurigkeit hingab, die regelmäßig zu der angenehm ziehenden Frage führt, wohin eigentlich unser armes Sonnensystem im unendlichen Weltall unterwegs ist, und dann in einen erquickenden Schlaf mit kosmischen Träumen übergeht. (Eine Beobachtung übrigens, die mir Dr. Fettbacks Behauptung, Träume jeglichen Inhalts erklärten sich aus Störungen der Darmperistaltik, nicht vollkommen schlüssig erscheinen läßt.) Ich schlief also und versäumte es zu beobachten, was die drei aus meiner Eingebung machten, die Karte »Elternliebe« in den Kasten »Zivilisationsgefahren« einzuordnen. Sie machen immer etwas daraus, denn die Kartei ist durch eine autorisierte Kommission von TOMEGL bereits überprüft und abgenommen, so daß sie um keinen Preis mehr verändert werden darf, am wenigsten eigenmächtig.

Nun habe auch ich meinen Wissenschaftlerstolz. Als ich meinen Professor einmal beim Mogeln ertappte – verstohlen hatte er die Karte »erworbene eheliche Impotenz«, die ich unter »Genußmittel« gesteckt hatte, nach einigem Kopfschüt-

teln wieder in den Kasten »Sexualstörungen« zurückbefördert –, mußte ich natürlich auf meinem Einfall bestehen.
Mein Professor, als er die Karte ein zweites Mal am falschen
Ort entdeckte, hätte sich am liebsten bekreuzigt; warum
er aber erbleichte wie ein ertappter Sünder, das weiß ich
nicht.

Bekanntlich bauen manche Theoretiker ihre ganze – um es
gleich zu sagen: dürftige! – Lehre von den Kriterien zur
Unterscheidung von Mensch und Tier auf der Behauptung
auf, Tiere könnten weder lächeln noch weinen. Dies stimmt
zwar, soweit ich sehen kann. Jedoch: Lächelt und weint denn
der Mensch? In der meiner Beobachtung zugänglichen Population habe ich nichts dergleichen gefunden – jedenfalls nicht
in der von jenen Forschern beschriebenen Weise.

Lachen – ja. Neulich zum Beispiel, im Arbeitszimmer meines
Professors: Dr. Hinz hatte in der Sonntagsbeilage der Zeitungen einen neuen Artikel seiner Serie: »Deine Gesundheit
– Dein Gewinn« veröffentlicht. Er schrieb von der gesellschaftlichen Bedeutung des Angelns, und ich habe mit Unglauben und Bewunderung gelesen, daß den menschlichen
Angler nicht nur der schnöde Gedanke an den Fisch als
leckere Mahlzeit beflügelt, sondern vor allem der Wunsch,
durch die Erholung beim Angeln eine Energiereserve zu speichern, die er am nächsten Tag an seinem Arbeitsplatz als
gesteigerte Produktivität wieder ausgeben will. Angeln Sie
denn? fragte mein Professor den Dr. Hinz, und als dieser
entrüstet verneinte, warf Dr. Fettback ein: Er ist ja auch nicht
produktiv! – Da wurde es einen Augenblick lang stille im
Raum, und dann setzte jenes erwähnte Lachen ein, wie es eben
zu einer schönen Gemeinschaft gehört.

Aber gelächelt – nein: gelächelt haben sie nicht.

Isa lächelt zuweilen, das ist wahr. Sie sitzt in einem Sessel, tut
gar nichts und lächelt ohne jeden Anlaß ein bißchen töricht
vor sich hin. Diese Beobachtung stützt meine These, daß
Lächeln und Weinen infantile Überbleibsel aus der Entwicklungsgeschichte der Menschheit sind und von voll gereiften
Exemplaren dieser Gattung etwa um das fünfundzwanzigste
Lebensjahr herum abgestoßen werden, wie die Eidechse sich

eines beschädigten Schwanzes entledigt. Diese Theorie erklärt hinreichend den unerschütterlichen Ernst der Tiere, deren Stammesgeschichte ja zweifellos unermeßlich viel länger ist als die des Menschen, so daß die Notwendigkeit, lästige Attribute loszuwerden, für sie schon viel früher bestanden haben muß. Kein Knochenabdruck wird uns mehr Auskunft geben, ob der Ichthyosaurier gelächelt hat und eben deshalb, als es uns ums Fort- und Höherkommen ging, unterlag. Aber eben darum geht es, denn ohne dieses hohe Ziel vor Augen würde auch mein armer Professor ganz gewiß lieber in aller Ruhe seine Rosen züchten. – So drückt er sich aus, rein methaphorisch, denn von Rosen versteht er nichts, und Frau Anita ist doch wieder auf Beckelmanns angewiesen, deren gemeinsame Rosen auch nach der Scheidung gedeihen, was Frau Anita und mir bei der Sensibilität dieser Blume ein Rätsel ist.

Frau Anita träumt neuerdings nachts von schwarzen Katern, was sicherlich nicht nur die Folge der Fettbackschen Rohkostsalate ist, sondern nichts anderes ausdrückt als ihren unbewußten Wunsch, ich möge aussehen wie Napoleon. Der Mensch kann zwar angeblich nichts für seine Träume, aber das kränkt mich doch. Mein Professor kommt jetzt immer sehr spät nach Hause, wenn überhaupt, und Frau Anita fragt ihn natürlich, was er Tag und Nacht treibe. Er stecke mitten in komplizierten Berechnungen, erwidert mein Professor, und er brauche seinen kleinen Computer im Institut, bei dem er denn auch hin und wieder übernachte. Na, viel Vergnügen, sagt Frau Anita böse, ohne zu bemerken, wie die neue Arbeitsphase an den Nerven ihres Mannes zerrt. Selbst ich, der sich glücklich schätzte, ihm bisher in wenn auch bescheidener Weise hilfreich zur Hand gehen zu können – jetzt muß auch ich ihn allein lassen, Auge in Auge mit seinem großen Projekt. Daß er sich überanstrengt, muß jeder sehen. Sein Garten, den er nicht aus Passion, aber aus Ordnungliebe sonst in musterhaftem Zustand gehalten, verwildert seit Wochen. Er selbst, konstitutionell zum asthenischen Typus zählend, magert nun vollends ab. An die Innenansicht seines Magens wage ich gar nicht zu denken.

Was er will, ist übermenschlich, und er weiß das.

SYMAGE, habe ich ihn sagen hören, wird vollkommen sein und absolut gelten, oder es wird nicht sein.

Dieser schlichte Satz ließ mich erschauern. Aber wie wahr ist er doch! Ein fehlerhaftes System wäre eine unsinnige Erfindung, denn Fehler kann man auch ohne System haben, soviel man will. Dies beweist leider der Verlauf der menschlichen Geschichte. Ein fehlerfreies System aber, wie SYMAGE es zweifellos ist, muß zugleich für jedermann verbindlich sein, denn wer könnte die hohen volkswirtschaftlichen Verluste, die durch Nichtanwendung des Systems entstünden, weiterhin verantworten? Wer den Zeitverlust bis zur vollständigen Einführung von TOMEGL vor der kommenden Generation verteidigen, die allerdings, wenn ich von Isa auf alle schließen darf, den Anstrengungen ihrer Väter nicht den rechten Dank weiß . . .

Wie soll man es sonst deuten, daß Isa, kaum hat ihr Vater angekündigt, er werde wieder bei seinem kleinen Computer schlafen, und kaum hat Frau Anita daraufhin das Haus mit einem Handköfferchen verlassen, um bei einer Freundin zu nächtigen – daß Isa also telefonisch sieben Typen männlichen und weiblichen Geschlechts zusammenruft, um eine jener »Party« genannten Zusammenkünfte abzuhalten, die immer sehr laut und sehr dunkel sind und vor denen ich mich in den Keller oder in den Garten zurückziehe? Fünf weiße Gestalten sah ich nach Mitternacht in das Schwimmbassin springen, und dies kann, so schwül diese Nacht gewesen sein mag, keine zivilisierte Art und Weise genannt werden, sich Abkühlung zu verschaffen. So jedenfalls hat Isas Vater, mein Professor R. W. Barzel, sein Befremden ausgedrückt, als er unvermutet doch noch zu Hause auftauchte, ein Bild männlicher Verzweiflung übrigens im trüben Schein der Gartenbeleuchtung, und ohne Schlips, was sonst seine Art nicht ist. Befriedigt sah ich die Schwimmbassinspringer, notdürftig bekleidet, einigermaßen beschämt davonschleichen. Isa aber zerschmetterte zuerst einige teure Rosenthaler Tassen vor der Haustür, schloß sich dann in ihr Zimmer ein und rief ihrem Vater, der an der Tür rüttelte, mit schriller Stimme zu: Fortschrittsspießer!

Ich traute meinen Ohren nicht. Dieses Mädchen hat mich gefüttert, als man mich mit wissenschaftlicher Akribie kurzhielt. Sie kennt als einzige jene Stelle unter meinem Kinn, an der gekrault zu werden mir den höchsten Genuß verschafft. Und doch gebe ich der Wahrheit die Ehre und sage: Ihr Verhalten ist unentschuldbar. Von jenem Abend, dessen bin ich sicher, datiert, vor allen geheimgehalten außer natürlich vor mir, meines Professors Beschäftigung mit seinem technischen Hobby, einem einfachen Regelsystem, das, von einem einzigen Zentrum aus gesteuert, mit einem Freiheitsspielraum von plus minus null in genau voraussagbarer Weise auf Reize antwortet: ein vollkommenes Reflexwesen. Der Vorteil eines solchen Modells für den Experimentator liegt auf der Hand. Sein Nachteil – mangelnde Anpassungsfähigkeit an wechselnde Umweltbedingungen – könnte durch eine absolut stabile Umwelt ausgeglichen werden. SYMAGE (das System der maximalen körperlichen und seelischen Gesundheit) – plötzlich ging mir ein Licht auf – wäre die ideale Umwelt für ein Reflexwesen. Warum aber trieb mein Professor diese Forschungen wie ein Dieb bei vorgezogenen Vorhängen im Schutze der Nacht? Warum verschloß er seine Unterlagen sorgfältig in einer eisernen Kassette? Warum scheute er sich, die Ergebnisse seinen Mitarbeitern vorzulegen, die inzwischen in mühevoller Kleinarbeit einen lückenlosen Katalog aller menschlichen Eigenschaften und Fähigkeiten zusammenstellten? Dr. Hinz, mag er sonst sein, wie er will, leistete in diesen rastlosen Wochen Außerordentliches. Ihm verdanken wir die Methode der Parallelschaltung der unverrückbaren Daten von SYMAGE mit den Daten des Katalogs aller menschlichen Eigenschaften. Beides, auf komplizierte Weise ineinandergerückt, gab man Heinrich ein, so heißt unser kleiner Computer. Was er geantwortet hat; Oft und oft habe ich den schicksalsschweren Papierstreifen auf meines Professors Schreibtisch gelesen:

AUFGABE FALSCH GESTELLT. EINANDER AUSSCHLIESSENDE REGELKREISE NICHT ZU EINEM FUNKTIONSFÄHIGEN SYSTEM ZU VEREINEN. HERZLICHEN GRUSS HEINRICH.

Heinrich sei ein hirnloses Wesen, sagte mein Professor in der ersten Rage. Er fuhr extra zu dem großen Rechner in die Hauptstadt, der viel zu seriös ist, um anders als GRA 7 zu heißen, und der seinen Kunden für eine Rechenminute tausend Mark abverlangt. Dr. Hinz allerdings, dessen Amt ja die Automatenspeisung ist, war schon nach einer halben Minute, etwas bleich, wieder draußen. Frau Anita fand, bleich müsse Dr. Hinz gut stehen, als mein Professor ihr abends alles erzählte. Auf dem Streifen, den Dr. Hinz in der Hand hielt, stand, hochnäsig wie diese arrivierten Computer sind, ein einziges Wort, einen halben Meter lang: NEIN NEIN NEIN NEIN NEIN . . .

GRA 7 ist also ein Pessimist. Uns allen wollte es nicht in den Kopf, daß seinen Konstrukteuren ein solcher Fehler unterlaufen konnte. Dr. Fettback schlug eine Beschwerde an das Zentrale Automatenkonstruktionsbüro vor, aber da man weiß, daß sie dort mit gewöhnlichen Sterblichen überhaupt nicht verkehren, riet mein Professor ab. Ich konnte es nicht ertragen, ihn so deprimiert zu sehen, und zögerte daher nicht, den dummen Papierstreifen während der unbeobachteten Mittagsstunde in das Beckelmannsche Grundstück zu tragen, wo er bezeichnenderweise keine Depression auslöste, sondern von dem kleinsten der Jungen als Krawatte um eine eben erblühte rosarote Rose gebunden wurde. Napoleon und Josephine (mein jüngstes Töchterchen: in allem das Ebenbild ihrer Mutter) machten mir schadenfroh davon Mitteilung.

Mein Professor aber begann zu meiner Bestürzung diesen unheilvollen Streifen wie einen Schatz zu suchen, auf Grund der krankhaften menschlichen Neigung, jedes Unglück in Akten zu verwandeln, gerade so, als höre es auf, Unglück zu sein. (Aus meinem »Leitfaden für den heranwachsenden Kater«: Berührung mit Akten ist gesundheitsschädlich!) Mein Professor also durchstreifte verzweifelt Haus und Garten, blickte auch über Beckelmanns Zaun und sah das Mädchen Malzkacke bei den Rosen. Ein banales Bild, ich schwöre es bei meinem guten Geschmack. Was meinem Professor plötzlich die Stimme so verändert hat, ist mir unbegreiflich. Oh, sagte er mit dieser veränderten Stimme, welch schöne Rosen. Dies mag ja wahr sein, ich mache mir nichts aus Blumen. Aber den weißen Papierstreifen an der größten Rose übersah er glatt. Ja, sagte Malzkacke, in der gleichmütigen Art, in der junge Mädchen heutzutage mit erwachsenen Männern reden. Schöne Rosen. Die schönste aber sagt NEIN NEIN NEIN. Und sie übergab dem Professor den Streifen, den er gar nicht ansah; er seufzte töricht und behauptete, er hoffe das strenge Urteil der schönsten aller Rosen zu erweichen. Und dann fragte er Malzkacke, ob sie immer noch Regine heiße, und da diese Frage natürlich bejaht wurde, wollte er wissen, ob auch sie ihre Rosen mit »Wachsfix« dünge. Regine (was für ein Name wieder!) verneinte. Sie dünge Rosen überhaupt nicht. Daraufhin tat mein Professor den rätselhaften Ausspruch: Glückliche Hände! und ging ins Haus, wo er den Computerstreifen einfach in den Papierkorb warf, so daß ich den ganzen Korb umwerfen mußte, um an den Streifen zu gelangen und ihn auf des Professors Schreibtisch zurückzulegen. Frau Anitas unangemessenen Zornesausbruch über das verstreute Papier ignorierte ich natürlich und gab mich ganz der Sorge um meinen gewiß erkrankten Professor hin – eine Sorge, die durch den Verlauf der Ereignisse nur allzu rasch bestätigt wurde.

Inzwischen fanden die drei Männer, die die ganze Last der Verantwortung für den unverzüglichen, volkswirtschaftlich effektiven Einsatz von SYMAGE trugen, in erregenden Sitzungen mit Hilfe von Heinrich heraus, daß die einzige Variable in ihrem Systemkomplex die Größe MENSCH war. Sie brauchten länger zu dieser Einsicht als ein Unvoreingenommener, ich zum Beispiel; ihr zähes Festhalten an Vorurteilen über unabdingbare Bestandteile des menschlichen Wesens – ein Mythos – war fast mitleiderregend, verzögerte aber die Nutzbarmachung von SYMAGE. Immerhin: Die Idee des Normalmenschen reifte heran. Es war ein großer Augenblick, als dieser Begriff zum ersten – und übrigens auch zum letzten Mal – in einer Mitternachtssitzung fiel. Und ich kann sagen, ich bin dabeigewesen.

In die beklommene Stille hinein sagte Dr. Hinz, als spräche er über Alltäglichstes: Nennen wir ihn doch NM. – Dr. Fettback, der mir ein wenig bedrückt vorkam, stimmte überstürzt zu: Dies erleichtere manches. In dieser Sekunde begriff ich, daß die Menschen ihre Sprache nicht nur dazu verwenden, sich einander verständlich zu machen, sondern auch dazu, schon Verstandenes wieder vor sich zu verbergen. Eine Erfindung, die ich nur bewundern kann.

Sie gingen also daran, den Katalog des Menschlichen von allem Überflüssigen zu säubern. Es ist kaum zu glauben, wie vieles sie auf einen Ritt über Bord werfen konnten. Hoffnungsfroh fütterten sie Heinrich mit den neuen Daten. Er soll sich große Mühe gegeben haben, weil die Aufgabe ihm Spaß zu machen schien. Doch am Ende erklärte er bedauernd: HEINRICH KANN NICHTS MACHEN. Dann entschlossen die drei sich zu einem Datenkatalog, den Dr. Fettback weinerlich als die unterste Grenze bezeichnete (bei dieser Gelegenheit stellte sich heraus, daß der Doktor zu Hause Bücher liest und sich Klassikerzitate zur Richtschnur für sein eigenes Leben nimmt). Heinrich aber sagte betrübt: WEG RICHTIG, ZIEL WEIT.

Da schlug Dr. Hinz vor, den Computer zu necken und den ganzen Komplex »schöpferisches Denken« versuchsweise zu amputieren. BRAVO, schrieb Heinrich, NICHT ZURÜCK-WEICHEN!

Ein Geniestreich, sagte mein Professor. Aber was machen wir jetzt? Vor allem, sagte Dr. Hinz, solle man sich nicht in den Gedanken an einen antagonistischen Widerspruch zwischen dem Verlust des schöpferischen Denkens und der Definiton Mensch verrennen. Da erklärte Dr. Fettback, höchstes Glück der Erdenkinder sei stets die Persönlichkeit, und zur Persönlichkeit gehöre schöpferisches Denken, das er, Fettback, bis zum letzten Blutstropfen verteidigen werde. – Und wenn eine wissenschaftliche Konferenz anders entscheide? fragte Dr. Hinz. – Ja – dann! sagte Fettback. Er sei doch kein eigensinniger Sonderling. Die Konferenz, die auf Betreiben Professor R. W. Barzels zusammentrat, entschied durch Mehrheitsbeschluß, daß schöpferisches Denken zum Menschenbild gehöre und in Literatur und Kunst zu propagieren sei: daß man aber zu wissenschaftlichen Versuchszwecken davon absehen könne.

Dies hörte ich meinen Professor am Abend Frau Anita berichten. Sie aber, die ihre Apricot-Brandy-Flasche jetzt in ihrem Nachtschrank aufbewahrt, folgte seinem Gedankenflug nicht und wollte nur wissen, ob Dr. Hinz wieder seine schöne rote Weste angehabt habe. Darauf hatte mein Professor natürlich nicht geachtet, und Frau Anita sagte träumerisch: Er hat so eine schöne weinrote Weste . . .

Nun fehlte nur noch der Einfall meines Professors, den Begriff »Persönlichkeitsformung« einzuführen, damit die Arbeit rasch in Fluß kam. (Überflüssig zu sagen, daß ich von Anfang an mein bescheidenes Scherflein beitrug. Die Karten, die ich entfernte, brachte ich in den Heizungskeller zum Altpapier, wo sie vor jeder Entdeckung sicher waren. Ich ging umsichtig zu Werke und nahm nur gelbe Karten, die ohnehin Nebeneigenschaften bezeichnen, von denen aber der Mensch, so überflüssig sie sind, sich nur schwer zu trennen scheint, wie »Wagemut«, »Selbstlosigkeit«, »Barmherzigkeit« und so weiter.) Man unterschied jetzt also zwischen »geformten« und »ungeformten« Persönlichkeiten. Die von den drei Wissenschaftlern geformten näherten sich langsam, aber sicher dem Idealbild Heinrichs. Die ungeformten, aus denen die Masse der Menschen heute leider noch besteht, konnten als anachronistisch unberücksichtigt bleiben.

So wurde ein Haufen unnützer Plunder dem Menschen, der geeignet war, der Wohltat von SYMAGE teilhaftig zu werden, allmählich weggeformt. Dr. Hinz bekannte, daß wir uns seinem Gefühl nach endlich einem Zustand von Wahrheit näherten, denn: Wahrhaftig sein heiße das Kriterium der Brauchbarkeit erfüllen. Heinrichs Auskünfte indessen, die eine Zeitlang ermutigend klangen, stagnierten an einem bestimmten Punkt. Wir kamen ihm entgegen. Wir entfernten Überzeugungstreue – welcher Art von Überzeugung soll ein Mensch in einem vollkommen eingerichteten System treu sein müssen? Wozu braucht er Phantasie? Schönheitsempfinden? Wir kamen in einen wahren Rausch, strichen und strichen und erwarteten mit zum Zerreißen gespannten Nerven Heinrichs Bescheid. Was aber sagte der? SO KOMMEN WIR NICHT WEITER. ICH BIN TRAURIG. EUER HEINRICH.

Selten hat uns etwas gerührt wie die Trauer dieser Maschine. Um ihn nur wieder froh zu machen, wollten wir gerne bis zum Äußersten gehen. Was aber war das Äußerste?

Vernunft? fragte Dr. Fettback zaghaft. – Kann lange weg, sagte Dr. Hinz, ist sowieso nur eine Hypothese und keine Eigenschaft. Aber das Lamento, wenn man es öffentlich zugibt! Dabei sah er mit seinem zähen Blick Frau Anita nach, die mit leeren Tassen aus dem Zimmer ging und sich eine merkwürdige Art, ihre Hüften zu schwenken, angewöhnt hat.

Sexus, schlug Dr. Fettback nun errötend vor, während er aus Versehen in ein Schinkenbrot biß. Er erntete Schweigen. Ratlos gingen wir auseinander. Wir saßen mitten in der Krise, da gab es keinen Zweifel. Abends, kurz vor der Dunkelheit, die angeblich alle Katzen grau macht (was nicht stimmt), stöberte ich meinen Professor im Gesträuch zwischen dem Barzelschen und dem Beckelmannschen Garten auf. Er richtete das Wort an mich. Max, sagte er zu mir. Max – sei froh, daß du kein Mensch bist! Dieser Aufforderung hätte es wahrlich nicht bedurft. Was aber wollte er denn sein? Ein Kater etwa? Diese Vorstellung verletzte mein Gefühl für Schicklichkeit.

Mein Professor hat wahren Heldenmut bewiesen. Er hat, ich weiß es, »Vernunft« und »Sexus« aus der geformten Persönlichkeit entfernt und sie dann erneut durch den Computer gejagt. Als geschlagener Mann ist er nach Hause gekommen. Heinrich hat den zornigen Satz ausgestoßen: VERSCHONT MICH MIT HALBHEITEN! In dieser Nacht, endlich, holte mein Professor das Reflexwesen aus der Kassette, um seine Daten mit denen der geformten Persönlichkeit zu vergleichen. In diesen Minuten *muß* er begriffen haben, was ich lange wußte: Der Normalmensch war identisch mit seinem Reflexwesen. Was daran zum Kopfschütteln ist, kann ich nicht einsehen. Warum er nicht sofort gegangen ist und dieses Wesen mit Heinrich bekannt gemacht hat, weiß ich nicht. Ich verstehe den Menschen nicht mehr.

Das Haus verläßt mein Professor wie gewöhnlich, aber nach Stunden sehe ich ihn im Wäldchen herumstrolchen. Ich schlage mich in die Büsche, ohne ihn zu begrüßen, denn ich lege Wert auf Diskretion in meiner Intimsphäre. (Diesmal ist

es, am Rande bemerkt, die schwarzweiße Laura von Klemp-
nermeister Wille, ein sanftes, anschmiegsames Geschöpf ohne
Herrschsucht.) Dr. Hinz besucht uns, obwohl seit Tagen nicht
gearbeitet wird. Er kommt abends, wenn mein Professor
immer noch nicht zu Hause ist. Er trägt seine weinrote Weste
und küßt Frau Anita die Hand, dann gehen sie ins Wohnzimmer, wohin ich ihnen nicht folge, weil unwissenschaftliche
Gespräche mich über alle Maßen langweilen. Isa dreht in
ihrem Zimmer das Radio auf eine Lautstärke, daß ich mich
unter die Pelzfutter im Garderobenschrank verkrieche. Dann
höre ich, wie sich in der Diele Dr. Hinz und mein Professor
höflich begrüßen. Der eine geht, der andere kommt.
Mitternacht.
Was ist dir, Rudolf, höre ich Frau Anita fragen. Mein Professor geht stumm und mit merkwürdig schweren Schritten an
ihr vorbei und schließt sich in seinem Arbeitszimmer ein,
knapp daß ich noch mit durch die Tür witschen kann. Aus
seiner Aktentasche zieht er keine neuen Botschaften Heinrichs, sondern zwei Kognakflaschen hervor, deren eine halb
leer ist. Sofort setzt er sie an die Lippen und nimmt einen
tiefen Zug. Dann hebt er zu sprechen an.
Ich, kein Hasenfuß von Natur, ich fürchte mich.
Regine, sagt der Professor der angewandten Psychologie
R. W. Barzel, Fräulein Regine Malzkacke. Du willst mich
nicht und bist also stolz. Nun gut. Ausgezeichnet sogar. (So
sagt mein Professor und trinkt aus der Flasche.) Eines Tages
nämlich werden Sie mich mögen *müssen*, mein Fräulein. Bloß
dann werden Sie nicht mehr Malzkacke, sondern ein Reflexwesen sein wie jedermann, und den Stolz werde ich dir als
nebensächlich weggeformt haben, und anstatt mit deinem
faden blonden Motorradjüngling werde ich dich mit SYMA-
GE verheiraten. Trauzeuge wird Heinrich sein, und auch
diesen arroganten Lümmel werde ich kleingekriegt haben.
Positiv wird er sein, der Lump, erbarmungslos positiv, und
was ich ihm auch zu fressen gebe, nichts wird er ausspucken
als JAJA JAJAJA ...
Man pocht. Ich höre Dr. Fettbacks Stimme und ziehe es
vor ...

Anmerkung des Herausgebers:

Das Manuskript bricht ab. Unser Kater Max, falls er wirklich sein Urheber sein sollte, was schier unglaublich scheint, hat es nicht vollenden können. An der heimtückischen Katzenseuche ist er in der letzten Woche gestorben. Unsere Trauer um ihn, der außerordentlich war an Schönheit und Charakter, wird durch diesen Fund in seinem Nachlaß vertieft. Wie fast immer, wenn man einen Autor persönlich gekannt hat, befremdet einen die eigenartige, man könnte sagen, verzerrte Weltsicht in seinen Schriften. Auch unser Max hat sich die Freiheit genommen zu erfinden. Sogar ihn selbst glauben wir anders und besser zu kennen als den Ich-Erzähler dieser Zeilen.

Wer aber wollte aus kleinlichen Bedenken oder verletzter Eitelkeit dieses Denkmal, das ein begabtes Wesen sich selbst gesetzt hat, einer breiteren Öffentlichkeit vorenthalten?

Kleiner Ausflug nach H.

Ein Freund von der Art, wie sie sich auch in der fremdesten
Fremde schnell findet, lud mich, kurz ehe ich sein Land
wieder verlassen mußte, zu einem kleinen Ausflug ein. Durchaus wollte er mir aber das Ziel nicht verraten, nicht einmal die
Himmelsrichtung, in die man uns fahren würde. Ich möge es
ihm nicht krummnehmen: Einstein selber mit seinem Raum-
Zeit-Kontinuum würde vor der Gegend kapitulieren, in die
wir uns aufmachen wollten.

Mein Freund war ein Großmaul. Wir fuhren eindeutig nach
Osten, der Weg war die mir zum Überdruß bekannte schadhafte Landstraße zwischen den zwei Reihen windgedrückter
Pflaumenbäume, und ich war verstimmt. Mein Freund, dem
sonst so viel daran lag, jedermann zufriedenzustellen, nahm
keine Notiz davon. Laut und weitschweifig lobte er den
Fahrer, einen unscheinbaren, feingliedrigen Mann mit dunkel-
blauer Kapitänsmütze und hellblauen Augen, auf deren offenen, arglosen Blick ich manchmal im Rückspiegel traf. Dieses
Mannes intensive Bemühungen, sagte mein Freund – er legte
sogar seinen Arm um des Fahrers Schultern und die Lehne
seines Sitzes –, hätten erst den Widerstand der GESELL-
SCHAFT FÜR GRENZÜBERSCHREITENDEN REISE-
VERKEHR, die mich bis jetzt korrekt betreut hatte, gegen
unsere kleine Unternehmung überwunden. Kein Wunder,
sagte der Fahrer leichthin, den Leuten fehlt Großzügigkeit im
Denken. – Kommt alles noch! versicherte eilfertig mein
Freund. Der Fahrer gab ihm einen belustigten Seitenblick. Er
schien übrigens einer der ganz wenigen Experten zu sein, die
den Weg zu unserem Ziel kannten, dessen ich müde war, ehe
wir es überhaupt erreicht hatten.

Ich bin von Natur aus aufmerksam und daran gewöhnt, auf
Kleinigkeiten zu achten; daher begreife ich bis heute nicht,
wie ich den Moment verpassen konnte, als wir die Pflaumen-
baumstraße verließen. Was ich bemerkte, ist das folgende: Wir
rasselten über eine Bodenwelle, der Fahrer sagte vergnügt:

Hoppla!, und in der gleichen Sekunde waren wir in einer völlig anderen Gegend. Eben noch flachwellige Kartoffeläkker, Kühle und ein dunstiger Horizont – jetzt öde, gottverlassene Heide, blendend blauer Himmel und eine tadellose, schnurgerade Betonrollbahn. Ein Ausruf blieb mir im Halse stecken, als ich im Rückspiegel dem harmlosen Blick unseres Fahrers begegnete. Heiß, sagte ich. Finden Sie es nicht auf einmal abscheulich heiß?

Schon möglich, erwiderten meine beiden Begleiter unerschütterlich freundlich.

Der Fahrer nahm seine Kapitänsmütze ab und reichte sie meinem Freund, der sie beflissen auf seinem Schoß behielt. Nun sah ich den grauen, geschorenen Hinterkopf des Fahrers und den Haarwirbel auf seinem höchsten Punkt. Gewöhnlicher konnte ein Hinterkopf nicht sein. In diesem Land, sagte ich mir, war es doch keine Seltenheit, mitten in der Landschaft auf Betonstraßen zu stoßen, die im Krieg zu versteckten Militärobjekten gezogen worden waren. Diese hier war funkelnagelneu. Der Mensch unterdrückt den Gedanken an Unerklärliches.

Ein mächtiges rotes Transparent, als eine Art Triumphbogen über die Straße gespannt, zeugte endlich von der Nähe menschlicher Siedlungen. Ich las: WILLKOMMEN IN HELDENSTADT! Darüber haben sie sich natürlich auch gestritten, sagte der Fahrer mit einem Anflug von Verachtung zu meinem Freund, der schüttelte den Kopf und machte: tz, tz, tz!

Gleich darauf hielten wir bei einem Menschengrüppchen, das uns am Straßenrand erwartete. Angekommen, sagte mein Freund. Wir stiegen aus. Ein Mann löste sich aus der Gruppe und kam auf uns zu. Er war sehr groß und dürr, hatte blondes welliges Haar und einen starken Adamsapfel, der beim Sprechen heftig hüpfte. Wie alle Männer der Empfangsgruppe trug er einen schlottrigen, abgewetzten schwarzen Anzug, aber er als einziger hatte an seinem Revers eine runde Plakette mit einem großen schwarzen M auf orangefarbenem Grund. Errötend fragte er uns, ob wir es erlauben würden, daß der derzeitige Vorsitzende der Kulturkommission des Rates der

Stadt Heldenstadt uns begrüße. Wir erlaubten es. Der derzeitige Vorsitzende wurde herbeigewinkt, ein unauffälliger Mann in mittleren Jahren. Von einer DIN-A 4-Seite las er uns seine Freude und Genugtuung über unseren Besuch vor. Seine Hände waren so weiß wie das Blatt Papier, das sie hielten, und zitterten, als er sagte, unser Aufenthalt falle in eine komplizierte, aber vom Durchbruch des Neuen gekennzeichnete Etappe seiner Stadt. Gegen das Zittern schien er nichts machen zu können, obwohl er es zweifellos versuchte; ich meinerseits konnte meinen Blick nicht von seinen Händen losreißen. So überhörte ich den größten Teil seiner Rede. Die Hand, die ich am Ende drücken mußte, war genauso feucht, wie ich es befürchtet hatte.

Allerdings stieg dann nicht er, der zitternde derzeitige Vorsitzende der Kulturkommission, sondern der Dürre mit dem M am Revers in unseren Wagen; er wurde mit »Kollege Bien« angeredet und machte aus irgendeinem Grund ein undurchdringlich trotziges Gesicht. Der Rest der Begrüßungsdelegation folgte uns in einem grüngelben Kleinomnibus modernen Typs.

Mein Freund hielt das steife Schweigen nicht lange aus; munter fragte er den Bien, der neben mir im Rücksitz saß: Na? Kein Katzenjammer? Kollege Bien wollte nicht wissen, wovon die Rede war, da sagte der Fahrer in seiner frischen, eigentlich sympathischen Art: Bien hat wieder mal Rückgrat bewiesen. – Nach diesem mir natürlich unverständlichen Dialog verfielen sie alle drei in Schweigen und überließen mich dem Gefühl, überflüssig zu sein, das ich in diesem Land so gründlich kennengelernt hatte.

Endlich kam die Stadt in Sicht, und sie tat mir sofort leid. Grau, weiß, türmelos, nackt – ohne Gärten, Laubenkolonien, Baracken, Stadtrandsiedlungen – erhob sie sich mitten aus der flachen Heide. Sie sei in Altersringen angelegt, erklärte mir Kollege Bien, seinen Trotz bezwingend. Aber was heiße schon Alter. Kein Haus älter als zwanzig Jahre!

Ob dies eine Losung sei, erkundigte ich mich vorsichtig. Die drei lachten herzlich. Nein, die Stadt sei erst vor dreiundzwanzig Jahren gegründet worden. Wir fuhren durch einen der ältesten Bezirke, was die primitive Bauweise der Häuser, der schmutziggraue, abblätternde Putz, die vergleichsweise schlechte Straße beweise. – Und die frischen Ruinen? fragte ich. War hier denn kürzlich eine Feuersbrunst?

Wieder dieses herzliche, überlegene Lachen, das mir das Blut in den Kopf trieb; wieder diese Geheimnistuerei. Bien wollte ja wohl zu einem klärenden Wort ansetzen, aber der Fahrer legte schelmisch den Finger auf den Mund. Ach so, sagte Bien. Na, Sie müssen's ja wissen.

Und ich, im blauäugigen Blick unseres Fahrers, zwang mich zu meiner Überraschung zu einem Lächeln. Inzwischen fuhren wir durch ein neueres Viertel: abbröckelnde Kachelfassaden, phantasievolle, wenn auch zumeist schadhafte Leuchtreklamen über den Geschäften: FEINE DESSOUS, ALLES FÜR DAS KIND, DIE SÜSSE ECKE. Jaja, sagte mein Freund träumerisch. Die fünfziger Jahre ...

Dann kamen die im Viereck aufgestellten Fertigteilhäuser mit den bonbonfarbenen Balkons und den ersten Selbstbedienungskaufhallen; die gleichen dürftigen Grasplätze mit Trokkenpfählen für die Wäsche wie überall, die gleichen Reihen häßlicher Wellasbestgaragen im Hintergrund. Das hört sich jetzt aber auf, sagte Kollege Bien. Auch bei uns. – Wird Zeit, bemerkte der Fahrer. – Ihr in Sektor W. seid natürlich immer voraus, erwiderte Bien.

In heller Verzweiflung brachte ich die Rede auf die Nachfolgeeinrichtungen, ein bewährtes Thema. Wie erwartet löste es einen längeren Problemvortrag des Kollegen Bien aus, der von den Vorträgen, die ich schon in zehn anderen Städten hatte anhören müssen, nur in einem Punkt abwich: Der Anteil der nichtberufstätigen Bevölkerung sei in Heldenstadt extrem niedrig. Ich wollte wissen, wieso. Das hänge, sagte Bien zögernd, mit der Fortschrittlichkeit unserer Schriftsteller zusammen. – He, Bien! rief der Fahrer warnend. – Ist schon gut, sagte Bien. Jedenfalls gebe es Probleme bei der Unterbringung der Kinder berufstätiger Mütter.

Ich wollte jetzt lieber aus dem Fenster sehn. Die Menschen auf der Straße schienen streng nach der Mode der Zeit gekleidet, in der ihre Häuser gebaut waren. Vereinzelt aber liefen junge

Damen und Herren zwischen ihnen herum, die durch pastellfarbene Silastikpullover und Nylonkutten aus dem grauen Einerlei herausstachen. Eben diese Bürger beiderlei Geschlechts trugen auch die orangefarbene Plakette mit dem schwarzen M. Was das zu bedeuten hätte, wollte ich nun aber doch wissen. Aber M heißt doch MENSCH! rief Kollege Bien erschrocken aus, und der Fahrer und mein Freund kicherten.

Ein Spielverderber bin ich nicht, und ich vertrage einen Spaß, sogar, wenn er auf meine Kosten geht. Aber das hier wäre einem jeden über die Hutschnur gegangen. Von jetzt an wollte ich kein Sterbenswörtchen mehr mit diesen Leuten reden und um keinen Preis der Welt noch irgendeine Frage stellen.

Wir hielten dann auch bald auf dem hellen, heißen Marktplatz, in dessen Mitte ein Springbrunnen plätscherte, von Rabatten mit Stiefmütterchen und Tränenden Herzen eingefaßt. Im Stadthaus gab es den mir schon bekannten kleinen Empfangsraum, wo hinter einem langen blanken Tisch ein Angestellter ohne besondere Kennzeichen auf uns wartete, um uns – meinem Freund und mir – je eine runde Plakette auszuhändigen: schwarzes M auf weißem Grund, deren Empfang wir quittieren und die wir uns dann sofort an die Brust heften mußten: sicherheitshalber.

Es erschien eine Kollegin unbestimmbaren Alters mit einem maliziösen Lächeln, das, wie ich später merkte, nicht uns, sondern dem Zustand der Welt im allgemeinen galt, und kündigte mir eine nochmalige Begrüßung an. Wenn es mir recht sei, solle ich mich eine Treppe hinauf in das Repräsentationszimmer des derzeitigen Ersten Vorsitzenden des Rates der Stadt begeben. Es war mir überhaupt nicht recht, aber wem hätte ich das erzählen sollen? Ich ging also, begriff aber nicht, warum unser lieber Kollege Bien, von der Nasenspitze zu den Ohren hin allmählich erbleichend, am Fuße der Treppe zurückblieb; warum diese zwei feuerroten Flecken auf seinen Wangen brannten und warum sein Adamsapfel so erbärmlich zuckte und kollerte. So, ein Bild des Jammers, doch tapfer mit der rechten Hand winkend, ist Bien in meiner Erinnerung geblieben, denn ich habe ihn nicht wiedergesehen.

Auf meinen ausgedehnten Reisen hatte ich schon oft Gelegenheit zu der Beobachtung, daß dem Fremden, selbst bei angespannter Aufmerksamkeit, der Schlüssel für die feineren Regungen der jeweiligen Landesbewohner fehlt. Ich ahnte, daß Biens Entsetzen und der kaum gezügelte Triumph in den Augen des maliziösen Fräulein Büschel irgendwie zusammenhingen; und mein Freund, der entschlossen schien, auch in der Hölle nicht von meiner Seite zu weichen, brachte es zuwege, gleichzeitig dieses Fräulein Büschel auf schamlose Weise zu hofieren und mir fast unhörbar aus seinem linken Mundwinkel zuzuzischen: Fraktionskämpfe! Womit er meine Ratlosigkeit noch steigerte.

Dann stand ich vor dem derzeitigen Ersten Vorsitzenden. Er war stämmig, leutselig, selbstbewußt und in ein mildes Grau gekleidet. Er irritierte mich, weil ich glaubte, ihn kennen zu sollen; heute weiß ich, daß ich es mit einem Durchschnittsexemplar der Gattung ERSTER VORSITZENDER zu tun hatte; ungeniert trug er den Stolz auf seine tadellosen Manieren zur Schau. Die Hände, in denen er das Blatt mit der für mich bestimmten Rede hielt, hatten sein Lebtag noch nicht gezittert. Aber dieselbe Rede war es doch, die ich am Stadtrand aus dem Mund des zittrigen Stellvertreters schon einmal gehört hatte. Verdattert blickte ich zu meinem Freunde hin; der interessierte sich für nichts als ein monumentales Deckengemälde. Ich gebe es zu, daß ich mir sehr allein vorkam.

Einen kleinen Zwischenfall am Rande (richtiger: im Hintergrund) würde ich nicht erwähnen, hätte er nicht Folgen gezeitigt. Unser Fahrer nämlich schleppte ohne Rücksicht auf den feierlichen Akt ein schweres Paket herein und knallte es in eine Ecke. Dieses Paket nötigte einigen Teilnehmern der Veranstaltung mehr Anteilnahme ab als die Rede des Vorsitzenden. Sie – alles M-Leute übrigens und allen voran das flattrige Fräulein Büschel – manövrierten sich in jene Ecke, rissen das Paket auf, aus dem sie bedruckte Blätter zutage förderten, und begannen – was doch nun gewiß ungehörig war – gierig in diesem Material zu lesen. Mein Freund setzte seinen linken Mundwinkel in Aktion: Kommuniqués! ließ er mich wissen. Sein Gesicht blieb unbewegt.

Mir war es gleichgültig, was die da lasen. Ich wollte endlich auf meine Kosten kommen. Das sagte ich denn auch unverblümt dem kleinen drahtigen Herrn, der den derzeitigen Ersten Vorsitzenden und sein Gefolge mit einer einzigen Handbewegung aus dem Saal scheuchte. Ober-M-Mann! raunte mein Freund mir zu. Er trug ein Doppel-M auf der orangefarbenen Plakette am Rockaufschlag, hieß Krause und war mit einem leuchtenden Gesichtsausdruck versehen. Nach wenigen Sätzen begriff ich, daß man sich bei ihm über nichts beschweren konnte; er vermittelte mir – wodurch, das weiß ich nicht – den unumstößlichen Eindruck, daß ihm genau dasselbe in der Seele zuwider war, was auch mich störte, und daß er Jahre seines Lebens dafür geben würde, mich restlos zufriedenzustellen: Im Rahmen des Möglichen, fügte er mit gewinnendem Lächeln hinzu. Er beschwor mich, ihn, ehe er sich dringender Aufgaben halber leider zurückziehn müsse, alles zu fragen, was ich auf dem Herzen hatte.

Ich gab mir einen Ruck. Offenheit gegen Offenheit! sagte ich und kopierte sein Lächeln, ohne es zu wollen. Was bedeutet es, daß manche Bewohner dieser Stadt jene orangefarbenen Abzeichen tragen, andere hingegen nicht? – Mir wurde die Genugtuung zuteil, Ober-M-Mann Krause aus der Fassung gebracht zu haben. Ja – habe mir denn niemand mitgeteilt, daß die M-Leute MENSCHEN seien? – Doch, doch, sagte ich. Aber was sind die andern?

Krause sah zuerst mich, dann meinen Freund lange an, der durch sein wandlungsfähiges Gesicht zu verstehen gab, daß er eigentlich nicht anwesend sei; dann holte er Luft und sagte schlicht: Die andern sind HELDEN. Lieber Freund, Sie befinden sich in Heldenstadt.

Nun war es an mir, Herrn Krause eine Freude zu machen. Er weidete sich an meinem Gesicht, das ich nach mehrwöchigem Aufenthalt in diesem Land leider nicht im entferntesten so gut in der Gewalt habe wie die Einwohner. Es kam dahin, daß Herr Krause Tränen lachte, während er sich selbst auf die Schenkel und meinem Freund auf die Schulter schlug: Alter Schäker! Er kann es nicht lassen; hat er doch wieder einen aufs Glatteis geführt! Endlich faßte er sich, winkte einen jungen Mann herbei, der in Wartestellung abseits gestanden hatte, und ernannte ihn zu meinem Betreuer. Zum Abschied blickte er mir tief in die Augen und erkundigte sich ungläubig, ob ich mir wirklich noch niemals Gedanken gemacht hätte über den irdischen Aufenthalt der Helden unserer Literatur. Noch einmal ließ er sein Gesicht aufleuchten. Er wünsche mir Erfolg bei der Besichtigung der Errungenschaften von Heldenstadt. Damit strebte er eilig zur Tür, wo Fräulein Büschel, Papiere aus unseres Fahrers Paket in der Hand, ungeduldig auf ihn wartete. Sie sei seine Geliebte zischelte mein Freund. Ich wünschte ihn dahin, wo der Pfeffer wächst, aber darüber konnte er nur lächeln.

Überflüssig zu sagen, daß mein Betreuer, der sein dichtes brandrotes Haar bis auf die Kopfhaut abrasiert hatte und sicher allerhand für ein wirksames Mittel gegen Sommersprossen gegeben hätte, ein M-Mann war, denn nur M-Leute dürfen in Heldenstadt Besucher führen. Er hieß Milbe – nennen Sie mich Rüdiger, forderte er mich errötend auf –, studierte Germanistik im dritten Studienjahr und leistete in Heldenstadt sein Praktikum ab: Diese Station hier sei eine besonders begehrte Bewährungsprobe für Literaturwissenschaftler. Wegen ihrer Lebensnähe.

Herr Milbe, den ich alsbald tatsächlich Rüdiger nannte, brauchte für die Erläuterungen seine Zeit. Er stotterte.

Unser Fahrer erwartete uns. Herablassend billigte er Rüdiger Milbes zaghaften Vorschlag, mit der üblichen Runde zu beginnen, um mir einen Überblick zu geben. Also zu den Helden der ersten Stunde! hieß es, und mein Freund verkündete aufgeräumt: Dolle Typen!

Wir kamen nun in eine Gegend, die ich Gästen nicht zeigen würde, gäbe es sie in meiner Stadt. Dieser Komplex sei auch erst seit kurzem für den Fremdenverkehr freigegeben, versicherte Herr Milbe. Was die Verantwortung der Betreuer natürlich beträchtlich erhöhe.

Ich habe in meinem Leben genug Trümmerfelder und elende, in Lumpen gekleidete Menschen gesehen; die hier hätten ihre zerstörten Viertel, dachte ich, wenn sie sie schon nicht wiederaufbauen wollten, in Gottes Namen weiterhin für Touristen sperren können. Dann fiel mir ein, wo ich war, und ich geriet

in Verwirrung. Kann man für Bücherhelden Mitleid empfinden? Oder welche Art von Gefühlen wendet man ihnen zu?
Ob es nicht befremdlich sei, fragte ich Milbe, sich als Mensch
so unter Helden-Schatten oder Schattenhelden zu bewegen,
doch Rüdiger verstand den Sinn meiner Frage gar nicht. Man
gewöhne sich eigentlich an alles.

In einem fast völlig zerstörten Dorf hielten wir an. Die Straße
war von Granateinschlägen aufgerissen und von Flüchtlings-
trecks verstopft. Meinem Freund schien dieses Arrangement
sehr zu gefallen: Rudis Glanznummer! sagte er hoffnungsvoll.
Ein ausgemergelter Mann – oder sollte ich sagen: Held? – trat
aus einer angekohlten Kate, die als Bürgermeisteramt gekenn-
zeichnet war. Mit gewaltiger, wenn auch heiserer Stimme
brachte er seine weniger verhungerten, doch abweisenden
Dorfgenossen dazu, die obdachlosen Flüchtlinge aufzunehn-
men. Die Szene war in der Tat schön komponiert und ent-
behrte nicht der heroischen, auch nicht der komischen Ele-
mente, nur wurde ich das Gefühl nicht los, ich sähe sie nicht
zum ersten Mal. Die erschöpfte Flüchtlingsfrau mit den vier
Kindern, die keiner haben wollte, würde an Bürgermeister
Rudi hängenbleiben, wußte ich. Und so geschah es. Ich weiß,
wie es weitergeht, sagte ich, und erzählte meinem Freund und
Rüdiger Milbe die ganze verwickelte Geschichte zwischen
Rudi und der Flüchtlingsfrau. Die beiden grinsten nur über
meine Sehergabe. Vielleicht hätte ich »Samen ins Land« von
Heinz Schnabel gelesen? Na, sehn Sie, sagte Milbe. Die Episo-
de, die wir gesehen haben, ist das vierte Kapitel aus dem
Roman.

Er winkte Rudi heran, und ich sah mit eigenen Augen, daß es
tatsächlich ein Wesen gab, das durch ein Lob aus Rüdigers
stotterndem Munde geschmeichelt war. Rudi, du steigerst
dich, sagte Rüdiger Milbe. ›Ihr Hurensöhne‹ hast du noch nie
gesagt. – Rudi senkte die Lider; es habe aber im Manuskript
gestanden, Seite siebenundachtzig. Allerdings habe der Verlag
es nicht durchgehn lassen, er vertrat damals die Theorie, daß
Helden der ersten Stunde keine obszönen Ausdrücke ge-
brauchten. Aber jetzt, sagte Rudi, wo alles schon so lange her
und überhaupt viel lockerer ist . . .

Prachtkerl, sagte Milbe, nachdem der Fahrer herzlich gelacht hatte. Ob er, Milbe, noch etwas für ihn tun könne. Bloß mit der Straße solle er ihm nicht wieder kommen – das bitte nicht! – Aber doch! schrie Rudi, der liebenswerte Dickschädel; grade mit der Straße komme er ihm. Seit drei Wochen liege sein neuer Vorschlag beim derzeitigen Rat der Stadt, Abteilung Verkehrsplanung. Müßten die nicht Eingaben aus der Bevölkerung innerhalb von vierzehn Tagen beantworten? – Das Gesetz über diesen Punkt sei lange nach Rudis Zeit verabschiedet worden! hielt Milbe dem Widerspenstigen vor, aber der drohte, er werde binnen drei Tagen mit ein paar handfesten Kerlen vors Rathaus ziehn.

Kapitel neun, Absatz drei, rief mein Freund. Er darf.

Sechsundvierzig durfte er! schrie Milbe stotternd. Heute wäre eine solche Zusammenrottung Aufruhr gegen die Staatsgewalt!

Darauf könne er leider keine Rücksicht nehmen, erklärte Rudi kühl. Er gehe sogar weiter. Unterderhand habe er Kontakt aufgenommen mit der Baubrigade vom Dritten Bezirk, aus dem Film »Wir sind die ersten«. Die bauten da ohne Sinn und Verstand eine schöne Straße mitten ins Gelände, bloß weil's im Buche stehe. Diesen Trupp werde er verpflichten, und er werde ihn, allen Sesselfurzern und Schwarzschlachteverboten zum Trotz, aus eigenen Beständen verpflegen.

Da geriet Milbe außer sich. Ob er denn nicht wisse, daß nach letzten Beschlüssen Film- und Bücherhelden überhaupt nicht miteinander kontaktieren dürften – aus Sicherheitsgründen; ausgenommen von diesem Verbot seien nur die Helden aus verfilmten Büchern: Denen könne man nicht gut eine Begegnung mit ihrem anderen Selbst vorenthalten. Ein ziemlich trübes Kapitel, wie er ihm versichern könne.

Er wisse das alles, sagte Rudi gönnerhaft. Aber er sei nun mal so angelegt, daß er sich um unsinnige Beschlüsse einen feuchten Kehricht kümmere. Herr Schnabel werde sich doch was dabei gedacht haben, lesen Sie's mal nach, Seite hundertvierzehn Absatz zwei. Was steht da wörtlich: Rudi Siebenzahl – als wie meine Wenigkeit – war nicht der Mann, vor verstaubten Papieren auf dem Bauch zu kriechen.

Da änderte Rüdiger Milbe sein Verhalten. Nun gut, sagte er plötzlich, fließend und mit entschlossener Stimme. Tu, was du nicht lassen kannst. Aber für die Folgen gib dann nicht mir die Schuld.

Rudi schien kleinlaut, als wir uns verabschiedeten.

Gut gegeben, sagte unser Fahrer, als wir wieder im Auto saßen. Milbe war stolz. Jede Leitungstätigkeit beruhe auf der genauen Analyse der Verhältnisse und auf psychologischem Fingerspitzengefühl, erläuterte er mir. Dem Rudi sei es nicht unbekannt, daß die Dorfbürgermeister unter den Helden der ersten Stunde überrepräsentiert seien; diesen Fakt setze man gelegentlich als mildes Druckmittel ein. Die Bücher jener Zeit wimmeln, sagte Rüdiger, von Typen, die kein Mensch auseinanderhalten kann; einen andern Rudi Siebenzahl aus der Reserve herauszufischen: ein Kinderspiel; außer dem Namen wäre nichts zu verändern. Und der jetzige, von dem sowieso niemand wisse, ob er der echte noch sei, verschwände in der Versenkung.

Und wenn ihr diese Leute aus ihrem Elend befreitet? fragte ich. Alles versucht! Rüdiger winkte ab. Denken Sie, die wollen anders leben? Die könnten brav und ruhig und langweilig in einem Häuserblock mit Zentralheizung und warmem Wasser und einem Treppenreinigungsplan auf jeder Etage wohnen? Das Recht aufgeben, zu randalieren – dafür? Das Recht, wegen ihrer schweren Lebensbedingungen öffentlich und in unpassender Form alle Leitungen zu kritisieren? Nein. So unentwickelt wie ihr Sein ist auch ihr Bewußtsein, und das ist gesetzmäßig, eine Kollegin von mir hat es gerade in ihrer Diplomarbeit bewiesen. Sie sind unbequem, unsere Helden der ersten Stunde, aber wir müssen mit ihnen fertig werden. Fragt sich nur, bemerkte unser Fahrer beiläufig, ob ihnen *alles* erlaubt sein soll. Öffentlich aus unveröffentlichten Manuskripten zitieren ... Schönchen, das fängt mit harmlosen Kraftausdrücken an. Aber: Wo endet es? Milbe bedankte sich überstürzt für den Hinweis und machte sich eine Notiz.

Als nächstes wollten wir uns, ohne uns sklavisch an die Chronologie zu halten, die Abteilung NEUER MENSCH vornehmen. Unter einem mit grünen Papiergirlanden umwundenen Triumphbogen fuhren wir in einen Stadtteil ein, dessen Häuser dicht bei dicht mit roten Transparenten und Fahnen geschmückt waren. Nein, ein hoher Feiertag stünde nicht bevor, auch hätten die Bewohner politischen Elementarunterricht nicht etwa besonders nötig: Hier wohnen ja alles NEUE MENSCHEN.

Auf diese Gattung war ich neugierig. Aber die Menschen auf den Straßen sahen aus wie alle, nur daß auffällig viele M-Leute unterwegs waren. Rüdiger Milbe erklärte auch das: Hier hole man sich als junger Praktikant die Maßstäbe. An diesen Helden ausgebildet, sei man gegen Aufweichungstendenzen gefeit. Mehr wollte er nicht sagen.

Dann trafen wir auf den GROSSEN MANN.

Ich meine jene übergroße Steinfigur, die auf einem ockerfarbenen Sockel auf dem Großer-Mann-Platz im Neuen-Menschen-Viertel von Heldenstadt steht und just, als wir vorbeifuhren, das Ziel einer Demonstration war. Meine Mitfahrer konnten nicht verhindern, daß ich über die Lautsprecher ein paar Fetzen der Rede aufschnappte, die da zu Füßen des GROSSEN MANNES gehalten wurde. Was ich hörte, erstaunte mich. Ja, sagte Milbe gereizt, weil Sie immer vergessen, wo Sie sind! Helden kann man eben nicht wie normalen Menschen ihr Idol einfach aus der Brust reißen. Sie sind unwandelbar treu, verstehn Sie? Zyniker sagen: endgültig programmiert. Ich halte dagegen: Sollen wir, die wir die Befriedigung der Bedürfnisse aller anstreben, die Bedürfnisse gerade dieser verdienten Bürger ignorieren?

Mir fiel das Wort nicht ein, das anderswo auf Rüdiger Milbes Rechtfertigungskunst gepaßt hätte. Am GROSSEN MANN erhob sich ein dünner, überzeugter Gesang, den der Wind schnell zerstreute. Mir war ungemütlich. Ich verlangte nach einem kräftigen Schluck. Nach langem Suchen fanden wir in den schnurgeraden, sauberen, übersichtlichen Straßen endlich eine alkoholfreie Nichtrauchergaststätte. Auch ein Milchmixgetränk sei am Vormittag nicht zu verachten, beteuerte Rüdiger. Wir traten ein.

Von einem der Tische wurden wir mit einem munteren ELEF! begrüßt, und Rüdiger und der Fahrer grüßten mit dem gleichen Code-Wort zurück. Mein Freund setzte wieder seinen linken Mundwinkel in Betrieb, um mir zuzuflüstern, LF bedeute: Lebensfreude. Aber der sympathische blonde Mann, der uns begrüßt hatte und bei dem noch ein schiefnasiger mißgelaunter Junge am Tisch saß, fing sofort an, die »Aktion Lebensfreude«, mit deren Durchführung er beauftragt war, des langen und breiten zu erörtern. Er nämlich, Kollege Ziebelkorn, stammte aus einer künstlerischen Zeitungsreportage, war als einer der ersten Soziologen nach Heldenstadt gekommen und gehörte, wie alle Zeitungshelden, automatisch zur Kategorie NEUER MENSCH. Die Aktion Lebensfreude aber, die vom Neuen-Menschen-Viertel aus die ganze Stadt ergreifen sollte, begann ihm jetzt schon über den Kopf zu wachsen. Zwei Meinungsforscher, die mit den Vertretern anderer gefährlicher Wissenschaften im Zentrum für Geheimwissenschaften zusammengefaßt waren, hatten gerade den wissenschaftlich fundierten Beweis erbracht, daß sich der neue Gruß LEBENSFREUDE! oder dessen fortschrittlichere Abkürzung LF! außerhalb des Neuen-Menschen-Viertels nur zögernd durchsetzte. Um nicht zu sagen: gar nicht. Zwar war gerade eine Kommission eingesetzt, um die Fehlerquellen in der Befragungsmethode der Meinungsforscher zu untersuchen, die, zugegeben, aus einem Roman stammten, dessen zweite Auflage nicht erscheinen konnte. *Durfte*, verbesserte der schiefnasige Junge am Tisch, und alle starrten wir ihn einige Sekunden lang sprachlos an. Aber, setzte Ziebelkorn dann seine Rede fort, für ihn sei es klar wie Kloßbrühe: Der Rat der Stadt verlange Rentabilität am falschen Platz und zwinge ihn, Ziebelkorn, noch dazu, das Wenige zweckentfremdet einzusetzen.

Dafür interessierte sich nun ausgerechnet unser Fahrer. Details verlangte er von Ziebelkorn. Das Detail, sagte der, sitze leibhaftig unter uns: Edgar, jener schiefnasige Junge, der mufflig an seinem Strohhalm sog. Seit wann denn der im Neuen-Menschen-Viertel wohne! Nicht doch. Natürlich sei Edgar kein NEUER MENSCH. Aber man wisse ja, wie unausgewogen die Bevölkerungsstruktur im Neuen-Menschen-Viertel sei; die M-Leute hätten sich ja außerstande gezeigt, bei den Literaten die wünschenswerte Einsicht in die soziologischen Belange von Heldenstadt zu erwecken. Das Ende vom Lied: Für bestimmte Dienstleistungen im Neuen-Menschen-Viertel müsse man sich Helden aus anderen Stadtteilen ausborgen; Friseure zum Beispiel, Verkäuferinnen, Handwerker, Taxifahrer, und, Gott sei's geklagt, sogar Gewerkschaftsfunktionäre. Ein besonders dunkler Punkt, der sogar DRAUSSEN in der Presse kritisiert worden sei. Wie auch immer: Dieser Edgar hier sei nun mal mit dem Ehrgeiz versehen, Kunstmaler zu werden. Es gebe ja diese Unbelehrbaren, die trotz der großartigen Perspektiven von Wissenschaft und Technik darauf bestünden, irgend etwas selber mit der Hand zu malen. Und solange dagegen keine direkten Beschlüsse gefaßt seien, dürfe ja wohl ein unbescholtener Bürger auch noch mit so einem in Kontakt treten, nicht wahr? Reg dich ab, sagte der Fahrer.

Na ja. Jedenfalls habe er, Ziebelkorn, diesen herumlungernden Jungen aufgestöbert, damit er ihm bei der Popularisierung der »Aktion Lebensfreude« an die Hand gehe: Plakate, Transparente, Handzettel, Einwickelpapier – alles im Pop-Stil. Na, man wisse ja. Lief auch alles ganz gut an. Bis Edgar diesem Komitee in die Hände fiel.

Welchem Komitee?

Dem Komitee zur Vorbereitung des Todestages des GROSSEN MANNES. Edgar habe für die alle Ohren und Bärte malen müssen.

Welche Ohren? Welche Bärte?

Ohren und Bärte des GROSSEN MANNES. Die entwickeln sich auch weiter: Serienfertigung der Plakate.

Wieviel? fragte der Fahrer den Edgar.

Stücker vier Dutzend, maulte der. Sieben Mark dreiundachtzig pro Stück. Ist mir zugesagt.

Und ich soll das aus meinem Fonds nehmen! entrüstete sich Ziebelkorn.

Materieller Anreiz muß sein, sagte der Fahrer.

Wem sagst du das! rief Ziebelkorn. Die vom GROSSEN MANN verlangen natürlich alles umsonst: Bewußtseinsfrage. Sie kennen es nicht anders.

Da mußten alle, außer Edgar und mir, mächtig lachen. Ach ja, sagte mein Freund und rührte wehmütig in seiner Milch. Das warn noch Zeiten . . .

Ehe wir uns von Ziebelkorn und Edgar trennten, gab Rüdiger Milbe bekannt, DRAUSSEN seien Werke im Entstehen, in denen es NEUE MENSCHEN verschiedenster Kategorien in Hülle und Fülle geben werde. Sogar ein protestantischer Geistlicher sei darunter. Ziebelkorn schien froh darüber zu sein.

Als wir wieder im Auto saßen, warf ich die Frage auf, ob es eigentlich günstig sei, die NEUEN MENSCHEN derart zu konzentrieren. Anstatt sie, als Sauerteig auf sämtliche Stadtbezirke verteilt . . .

Dieser Versuch war gescheitert: Die NEUEN MENSCHEN waren zu anfällig gegen negative Umwelteinflüsse.

Wie das?

Nicht wenige der heute Lebenden hätten einen großen Teil ihres bewußten Lebens in der alten Zeit fristen müssen, erfuhr ich. Da nun bei Anbruch der Neuen Zeit der Bedarf an NEUEN MENSCHEN gleich sehr groß gewesen sei, hätten die Autoren in verständlichem Eifer, keine Minute mit rückwärtsgewandten Auseinandersetzungen zu verlieren, eine gewisse Anzahl neuer Menschen ohne Vergangenheit geschaffen, also auch ohne Erinnerungsvermögen. Die seien, so gut sie damals gemeint waren, heute nur noch begrenzt einsatzfähig. So könne man das doch sagen?

Ja, sagte der Fahrer knapp. So ungefähr.

Die Pause nach diesem Satz wurde mir lang.

Plötzlich rief Milbe: Halten Sie mal!, und tatsächlich, der Fahrer hielt. Auf dem Bürgersteig lief ein schmächtiger, leicht verwahrloster Held in aufgeregtem Streit mit einer M-Frau. Als der Held Rüdiger erkannte, leuchtete sein Gesicht auf; soeben habe die Kommission seinen Antrag auf Aufnahme in die Kategorie NEUER MENSCH abgelehnt, sagte er aufgeregt. Warum? fragte Rüdiger Milbe betroffen die M-Frau, die nach meiner Meinung in jeder Hinsicht ein Fräulein war, aber in Heldenstadt ist die reaktionäre Anrede »Fräulein« abgeschafft. Warum? fragte die M-Frau schnippisch zurück. Weil

die Kommission objektiv urteile und nicht berücksichtigen
könne, daß einem Antragsteller trügerische Hoffnungen gemacht worden seien.

Ich fragte mich ernstlich, womit unser Rüdiger sich einen
derartigen Ton zugezogen haben könnte; er stotterte auch
sogleich viel heftiger, als er anfing, eine Tabelle zu verteidigen, die er aus seiner Brusttasche zog; in mühevoller
Kleinarbeit hatte er alle Merkmale des positiven Helden zusammengetragen und versuchte die M-Frau davon zu überzeugen, daß der schmächtige Held eben diese Merkmale alle
erfülle. Die blonde, überschlanke M-Frau war da anderer
Meinung, aber vor allem: Wo stehe geschrieben, daß POSI-
TIVER HELD und NEUER MENSCH ein und dasselbe
seien?

Es gibt Fragen, die heben einen Menschen aus dem Sattel.

Triumphierend zog die M-Frau ab, und der abgelehnte neue
Mensch trottete traurig hinter ihr her. Wirklich vernichtet
aber war Rüdiger. Seine Examensarbeit stand und fiel mit der
Anerkennung seiner Tabelle, für die nun wieder der Schmächtige ein Kronzeuge war oder jedenfalls sein sollte; übrigens
war er im Zivilleben ein rentabel arbeitender Kaufstellenleiter
aus einer humoristischen Erzählung.

Der Fahrer entschuldigte sich für eine halbe Stunde, und kaum
war er um die Ecke gebogen, rannte Rüdiger los, sich selbst
mit der Kommission für die Anerkennung NEUER MEN-
SCHEN in Verbindung zu setzen. Auf einmal waren mein
Freund und ich allein. Und jetzt, sagte mein Freund, gehen
wir einen heben. Einen Blick in die Zukunft der menschlichen
Seele zu werfen, sei zwar immer wieder erhaben und lehr-
reich; er für seinen Teil aber müsse mit seinem alten Adam
auskommen, und der sei nun mal schwach. Und mächtig
durstig auch.

Durch einen offenen Torweg führte er mich in einen Innenhof, in dem blütenweiße Wäsche auf gepflegten Rasentrok-
kenplätzen hing und eine Gruppe älterer Männer dabei war,
einen Kinderspielplatz anzulegen. Mein Freund raste im Eil-
tempo mit mir an den Männern vorbei; wenn die uns schnap-
pen, keuchte er, stehn wir abends noch hier und hören uns

ihre Pläne an. Lauter Rentner als NEUE MENSCHEN, die Muster-Feierabendbrigade des Viertels.

Hinter der nächsten Passage tat sich der gleiche Innenhof noch einmal auf. Aber welch andres Bild bot er uns dar! Niemals hätte ich erwartet, in diesem Stadtteil Schmutz und Verwahrlosung anzutreffen. Das habe schon seine Richtigkeit, versicherte mein Freund und steuerte auf eine Eckkneipe zu, die wir vorhin straßauf, straßab vergebens gesucht hatten. »Wegen Renovierung geschlossen!« stand an der Tür, aber mein Freund lachte bloß: Tarnung für Uneingeweihte.

Wir gingen hinein. Es herrschte mäßiger Vormittagsbetrieb. Eine einzige schwarzhaarige, üppige, stark angemalte Kellnerin sorgte für die Bedienung, und hinter der Theke stand ein schwer apoplektischer Wirt, dem ich DRAUSSEN seinen baldigen Abgang durch Gehirnschlag prophezeit hätte. Jedermann, auch mein Freund, rief ihn »Emil«, und er duzte jeden. Er sei aus einem der seltenen Berlin-Romane hierherversetzt – ein Schicksal, das ihn ärgerte. Jedem neuen Gast zeigte er seinen Aktendeckel mit Beschwerden an den Gaststättenausschuß, und sogar mir, einem Wild- und Ortsfremden, klagte er: Lieber hundert anständig Besoffene jeden Tag als immerzu diese verklemmten Typen hier.

Kurz und gut: Der »Quellklare Tropfen« war die Kneipe für die positiven Helden mit kleinen menschlichen Schwächen, die sich bis zum vorvorletzten Plenum so großer Beliebtheit bei den Romanautoren erfreut hatten. Wir setzten uns zum Genossen Zahlbaum, einem verdienten Werkleiter aus der Zeit der Tonnenideologie, der beim Übergang zu Qualitätsarbeit und Automation auf der Strecke geblieben und ins Saufen geraten war. Er haderte mit seinem Autor, einem gewissen Eckehart Müllmann, der sich, gewissenlos wie die meisten Literaten, als sein Buch in der Luft zerfetzt wurde, als Kulturhausleiter aufs Land zurückzog, seinen Helden aber in der Misere sitzen ließ. Wenn er wenigstens ein bißchen tiefer in meine Psychologie eingestiegen wäre, schimpfte Zahlbaum, dann hätte er mir ein knuspriges junges Ding als persönliche Schwäche zugeteilt. In meiner Projektierungsabteilung war da

so eine . . . Saufen macht mir nämlich überhaupt keinen Spaß.
Und nicht mal umbringen darf sich unsereiner!

Umbringen! rief ein M-Mann vom Nebentisch herüber; um-
bringen sei, egal, wie hoch die Selbstmordziffern DRAUS-
SEN gerade lägen, in jeder Etappe untypisch gewesen. Und
Psychologie gebe es doch erst seit dem letzten Allgemeinen
Leiterkongreß im Frühling des Vorjahres; Unmögliches
könne Zahlbaum von seinem Autor auch nicht verlangen.

Leck mich am Arsch, sagte Zahlbaum und trank.

Kann ich ja nicht, sagte der M-Mann am Nebentisch, so gerne
wie ich's möchte. Du hast ja keinen.

Mein Freund und ich waren peinlich berührt. Auf derart
vulgärer Stufe verkehrten M-Leute und Helden sonst nicht
miteinander. Mensch Doktor, rief mein Freund zum Nebentisch rüber. Was für eine Laus ist Ihnen denn über die Leber
gelaufen!

Ach Sie sind's, sagte der Doktor mürrisch. Immerhin kam er
mit seiner Cognacflasche zu uns herüber und ließ sich mir
vorstellen: Doktor Peter Stumm. – Oder womöglich schon
Doktor habil.? fragte mein Freund. – Scheiß auf den Habil,
sagte Stumm. Er war betrunken und ließ sich auf den vierten
Stuhl an unserem Tisch fallen. Mein Freund verwünschte
offenbar seinen Einfall, mich in den »Quellklaren Tropfen«
mitzuschleppen. Aber der Wodka war eiskalt und gut. Peter
Stumm förderte aus einer schweinsledernen gelben Aktentasche ein ausgefranstes Manuskript zutage, das er als seine
Habilschrift bezeichnete und aus dem er eine Seite herausriß,
um sie zu einem Fidibus zusammenzudrehen und sich seine
Pfeife damit anzuzünden. Asche zu Asche! verkündete er.
Hochmut kommt vor dem Fall.

Ich kann die Szene nicht beschreiben, wie sie es verdiente.
Fakt ist – ich rede mit meinem Freund –: Einst war Peter
Stumm einer der hoffnungsvollsten Nachwuchskader in der
Literaturwissenschaft gewesen; sein Ehrgeiz hatte ihn ins
Verderben getrieben; wo andere M-Leute sich seit Jahren an
schwachsinnigen Flohknackereien festhielten (als Beispiel das
Thema: Unterschiede im Menschenbild der Prosa der ver-
schiedenen Etappen des Neuen Ökonomischen Systems), da

mußte er sich an ein theoretisches Problem machen, nämlich: Die Beziehungen zwischen den Einwohnern von Heldenstadt und ihren Urbildern DRAUSSEN. Sein Professor hatte ihn gewarnt. Nun saß er in der Tinte. Er hatte die Entdeckung gemacht, daß es Heldenstadt nicht gab.

Wie das! rief ich aus.

Vierter Grundzug der Dialektik, sagte Peter Stumm düster. Alles Wirkliche muß sich verändern. Hier aber verändert sich nichts, glauben Sie mir das. Ich habe es ausprobiert. Ja, auch mit dir, du Aas, sagte er zu der Kellnerin, die ihn auslachte. Was sich nicht verändert, ist nicht wirklich. Was nicht wirklich ist, existiert nicht. Ergo.

Was nun, fragte ich.

Was nun? Ich bin ruiniert. Ich hätte es in der Hand, den ganzen Spuk hier wegzuwischen. Zum Beispiel: Ich gebe Ihnen meine Arbeit mit und lasse sie im Ausland drucken. Was hab ich davon? Ich habe die Wahrheit gesagt und meine Existenz zerstört. Und warum gerade ich? Als Parteiloser? Könnten die Parteimitglieder nicht ebenso wissen, was los ist? Und sie wissen es, sage ich Ihnen. Und schweigen. Weil sie ihre Privilegien hüten. Weil es für die M-Leute hier einen Heldenstadt-Zuschlag gibt, der ein Drittel ihres Gehalts ausmacht. Und weil sie DRAUSSEN nicht so schnell gute Wohnungen kriegen wie hier.

Mein Freund war schon lange in der Herrentoilette verschwunden. Dafür kam Rüdiger Milbe herein, und in seinem Gefolge ein Schwarm junger Mädchen und Frauen, für die im Hintergrund des Raumes schon eine Tafel gedeckt war. Seufzend, wie von Leid gezeichnet nahmen sie Platz, widerwillig wurden sie von der Kellnerin bedient. Diese Damen, sagte Milbe, schwer beunruhigt durch meinen Kontakt mit Peter Stumm, diese Damen seien jene Frauen und Mädchen, mit und ohne Kind, die von ihren männlichen Partnern verlassen worden seien – Fälle, die in unserer zumeist noch immer von Männern geschriebenen Literatur allzu häufig vorkämen. Aus der Kolonie der Verlassenen seien sie freiwillig ins Neue-Menschen-Viertel übergesiedelt, um dem akuten Frauenmangel abzuhelfen.

Also doch eine Veränderung, sagte ich zu Peter Stumm.
Scheinbar! erwiderte der. Kommen Sie in einem Jahr wieder
her. Da säuft Zahlbaum. Da flirtet diese verdammte Schwarze
mit jedem Mann, der ihr in die Quere kommt. Da sind alle
diese armen Mädchen einsam und verlassen wie eh und je.
Der Mann tat mir leid. Es gibt Verzweifelte, denen tut ihre
Verzweiflung wohl. Peter Stumm gehörte zu den seltenen
anderen. Und doch überraschte er mich. Milbe nämlich, der
Nihilismus nicht vertrug, hob stotternd zu fragen an, wer
denn, wenn nicht sie, die M-Leute, die verfluchte Pflicht und
Schuldigkeit hätten, an Heldenstadt zu *glauben*; wer, wenn
nicht sie, das bedeutsame Wort des derzeitigen Ersten Vorsit-
zenden aufzunehmen und zu verbreiten hätten: Wenn es
Heldenstadt nicht gäbe, müßten wir es erfinden!
Das war der Augenblick, da Stumm mich verblüffte: Man
kann hier niemals vorher wissen, was ein Mensch im nächsten
Moment sagen oder tun wird. Stumm nämlich, weit davon
entfernt, seinen Standpunkt zu verteidigen, packte Rüdigers
Hand, drückte sie lange, wobei er ihm tief ergriffen in die
Augen sah, und zog dann aus der schweinsledernen Akten-
tasche einen dünnen Hefter hervor. Der enthielt ein einziges
Blatt: die Kopie einer Eingabe an die Kommission zur Verwis-
senschaftlichung der Umgangssprache in Heldenstadt. Fu-
ßend »auf den Ergebnissen seiner Forschungen über die uner-
meßliche Bedeutung von Heldenstadt«, forderte Doktor Peter
Stumm nicht mehr und nicht weniger als die Abschaffung des
Begriffes DRAUSSEN, der philosophisch nicht haltbar sei.
Wer die Sprache als Widerspiegelung der wirklichen Verhältnisse sehe, werde ihm beipflichten, daß alles, was nicht Hel-
denstadt sei, in Zukunft SEKTOR WIRKLICHKEIT be-
nannt werden müsse. Abgekürzt: Sektor W.
Milbe erbleichte. Mann, rief er, stotternd natürlich. Das ist
entweder genial, oder . . .
Oder revisionistisch, ergänzte Stumm gefaßt. Dies sei das
Risiko für einen jeden echten Neuerer.
Ich wußte nicht mehr, wem ich recht geben sollte. Unser
Fahrer kam immer noch nicht. Die verlassenen Mädchen
wurden aufdringlich. Wir gingen. Vielleicht, dachte ich, ist ein

längerer Aufenthalt für M-Leute in Heldenstadt gesundheits-schädigend.

Ich übergehe eine genaue Schilderung jenes Zuges historischer Helden, der am Fest der Lebensfreude teilnehmen sollte und den Ziebelkorn, der uns aus einem Lautsprecherwagen winkte, seit Tagen trainierte; sein Problem war das gefestigte Selbstverständnis der »Historischen«, die ihren Platz in der Geschichte kennen und sich nicht herumkommandieren las-sen wie wir selbstungewissen Zeitgenossen; ums Verrecken nicht wollte Müntzer neben Luther gehen, dafür aber bestand Einstein auf einem Platz neben Newton, da er sich mit »Gleichaltrigen«, so drückte er sich aus, die ihm nicht zu widersprechen wagten, zu Tode langweilte.

An das Neue-Menschen-Viertel stößt in Heldenstadt unmit-telbar der kleine, aber durch einen fremdartigen Benzingeruch und einen gewissen Luxus auffällige Bezirk der armen Westler – zu allermeist Schöpfungen gut verdienender Kriminalauto-ren, die sich ihre Verbrecher und Gauner jenseits der Grenzen ihres Landes zusammensuchen. Für die vereinzelt vorkom-menden westlichen Friedenskämpfer ist das Zusammenleben mit jenen Wölfen nicht leicht, das glaube ich wohl; und doch widersetzten sie sich allen Angeboten, sie in das Neue-Men-schen-Viertel umzuquartieren: Wenn sie sich nicht täglich an ihren Kriegshetzern bewähren konnten, würden sie bald auf-hören, Friedenskämpfer zu sein; außerdem aber – das sagte Milbe, nicht sie – verloren sie ohne Teilhabe an den zwei großen K des verrotteten westlichen Systems – Konsum und Komfort – unverzüglich ihre gute Laune und beschwerten sich über Versorgungslücken und die Mängel des Dienstlei-stungswesens. So mußte man sich darauf beschränken, die katastrophalen Auswirkungen solch demoralisierender Nachbarschaft auf die umliegenden Viertel einzudämmen. Die Jugend war wie überall am stärksten gefährdet. Kürzlich erst hatte das bekannte Kollektiv um Kriminalkommissar Gruner aus der Fernsehserie »Funkstreife« einen Schwarzmarktring ausgehoben, der westliche Konsumgüter gegen rote Fahnen, Parteiabzeichen und Symbole anderer fortschrittlicher Orga-nisationen handelte: Im Westlerviertel hatte sich absurderweise aus reinem Snobismus ein Bedürfnis nach diesen dort verbotenen Emblemen entwickelt. Der Mensch ist geheimnisvoll. Aber wenn irgendein Autor DRAUSSEN etwa auf die Idee käme, auch noch einen Rauschgiftschmuggler zu Papier zu bringen, sagte der Parteisekretär des Westler-Bezirks, ein älterer, aufrechter Genosse mit oberschlesischem Akzent – dann, ja dann würde er unverzüglich seinen Posten aufgeben. Später erfuhr ich, daß die Parteisekretäre im Westlerviertel sowieso alle halbe Jahre abgelöst werden müssen.

In der Kantine der M-Leute roch und schmeckte es vorzüglich, doch die Stimmung war gedrückt. Ich sehe so viele, die nicht da sind, sagte ein Spaßvogel, aber erklären wollte mir keiner, was daran bedenklich sein sollte, daß die Sitzung im Kulturhaus immer noch andauerte und daß Kollegin Büschel nicht dabei war, sondern mit einem verheulten Gesicht hier saß; im stillen erstaunte es mich auch ein wenig, daß unser blauäugiger Fahrer bei jener Sitzung unabkömmlich sein sollte, weit mehr aber bestürzte mich die Hiobsbotschaft, Fräulein Büschel werde mich für den Nachmittag betreuen. Streng fragte sie mich, was ich noch sehen wollte, und mich ritt der Teufel, zu sagen: Das Verbotenste.

Nicht, daß sie lächelte. Sie überlegte und sagte steinern: Kommen Sie! Und ich, so gerne ich meine Vorwitzigkeit zurückgenommen hätte, mußte ihr folgen. Sie führte mich die Allee der Fernsehhelden hinunter, die schnurgerade war und in einen Park mündete, den sie hier »Paradies« nennen. Die Fernsehhelden übrigens, die zusammenhielten wie Pech und Schwefel, sehen einander geschwisterlich ähnlich – ein etwas beklemmender Eindruck, der aber durch den akuten Schauspielermangel DRAUSSEN schnell erklärt war.

Das »Paradies« ist ein Vergnügungspark, wo man Karussell fahren und dazu Wiener Würstchen und Zuckerwatte essen kann. Ich würde es nicht erwähnen, würde es nicht durch einen unauffälligen, von Sträuchern überwachsenen Drahtzaun in zwei Hälften geteilt. TERRITORIUM FÜR SPEZIELLE FORSCHUNG steht auf einem gediegenen Schild an einer diskreten Tür, zu der die Kollegin Büschel den Schlüssel hat, ihn jedenfalls hatte. Es versteht sich, daß Unbefugten der

Eintritt verboten ist; warum aber ich von Dorothea Büschel
für befugt gehalten wurde, das ahne ich nicht. Denn nun
betrat ich die geschlossene Abteilung von Heldenstadt.

Zuerst fiel mir auf, daß anstelle der M-Leute hier weißbekit-
telte Gestalten ohne M-Plakette die Zügel in der Hand hielten.
Ärzte erkennt man überall auf der Welt an untrüglichen
Zeichen; diese hier waren noch um Grade unnahbarer als
Ärzte sonst. Frau Dr. Behrmann, die mich durch das Territo-
rium führen sollte, schien mich zu verachten; später erklärte
sie mir, anders könnten die Ärzte nicht aufbegehren gegen die
Zumutung, in der Literatur des Landes fast nur als negative
Helden vorzukommen. Übrigens mußte sie kichern, als ich sie
nach ihrer medizinischen Spezialausbildung fragte.

Psychiater, sagte die Büschel trocken an ihrer Stelle. Alles
Psychiater.

Da wäre ich nun gerne wieder draußen gewesen. Nein – nicht
DRAUSSEN in Sektor W., nur draußen in Heldenstadt, von
wo ich mich doch Minuten vorher weit weg gewünscht hatte:
So relativ sind Worte wie »drinnen« und »draußen«. Jetzt erst,
unter den hohen grünen Bäumen des »Paradieses«, hatte ich
das Gefühl, wirklich »drinnen« zu sein.

Doch was man gesehen hat, muß man beschreiben. Wir
begegneten einer Gruppe von Helden-Patienten, die uns nicht
grüßten, sondern ihr Gesicht abwandten. Die sind uns böse,
sagte Doktor Behrmann. Sie rief einen Herrn Kühn heran, der
verstockt stehenblieb und widerwillig auf ihre Fragen Antwort gab. Warum er hier sei? – Intrigen! Laßt mich erst
rauskommen! – Was dann? – Dann geh ich zum Kulturmini-
sterium, Theaterabteilung, und stecke denen mal, was unten
los ist. Dann fliegt der ganze Klüngel auf, und zwar mit
Karacho! – Frau Behrmann wollte ihm einreden, jeder Mensch
müsse lernen, mit seinen Niederlagen zu leben.

Herr Kühn fragte mich drohend nach meiner Meinung zu
dem Stück »Abfahrt im Regen«. Mir war es peinlich, das Stück
nicht zu kennen, in dem er, Kühn, die tragende Figur war: ein
Journalist, der, ohne auf seine Stellung Rücksicht zu nehmen,
um Gerechtigkeit für ein unschuldig angeklagtes Mädchen
kämpft, das er übrigens – aber erst gegen Ende des dritten

Aktes! – auch liebt. Ich solle das Stück lesen und mir selbst ein Urteil bilden, ob er darin ein standpunktloser Gerechtigkeitsapostel sei, den man einfach abhalftern könne wie einen ausgedienten Gaul.

Dorothea Büschel erläuterte, der Autor habe Herrn Kühn nach dem Ende einer Aufweichungsperiode aus seinem Stück herausgenommen; das vertrage ein psychisch labiler Typ eben nicht. Kühn verfiel in einen hysterischen Lachkrampf und wurde von einer Schwester weggeführt, während er laut nach einer gewissen Nora rief. Ein Wahngebilde, sagte Dr. Behrmann. Es gibt sie nicht.

Was! rief die Büschel. Aber sie ist doch jenes unschuldig angeklagte Mädchen!

Nie, sagte Dr. Behrmann. Ich habe das Stück gesehen.

Da lächelte Dorothea Büschel hintergründig: Wann?

Natürlich, in der letzten Fassung des Stückes – das übrigens nicht mehr »Abfahrt im Regen«, sondern »Näher zum Ziel« hieß – gebe es jene hypersensible Nora, die sich im Leben nicht zurechtfand, tatsächlich nicht mehr; an ihre Stelle habe der Autor eine junge Datenverarbeiterin namens Irene gesetzt, die nach dem Stückende vor dem Vorhang trete und dem Publikum zurufe:

So überwinden wir, entschlossen bis aufs Messer,
auch die Konflikte zwischen gut und besser.

Darüber sei Herr Kühn verrückt geworden.

Und der Autor? fragte ich.

Wie meinen Sie das? fragte Frau Büschel und sah mich groß an.

Aus dem vierten Stockwerk eines der festen Häuser, die zwanglos in die Landschaft eingestreut sind, ließ jemand eine Kette oder Leine herunter, die aus lauter Orden geknüpft war. Nehmt hin! rief eine Stimme von oben her dazu. Jeder andere ist ihrer würdiger denn ich! – Dr. Behrmann nahm wortlos die Leine in Empfang, die Büschel aber rief nach oben: Bravo, Heiner! So gefällst du mir! – Sie drängte uns, zu dem Mann hinaufzugehn. Der sei aus anderem Holz geschnitzt als dieser Kühn.

Wird man mir glauben? Im Parterre trafen wir auf die Katalog-Paranoiker: jene bedauernswerten Geschöpfe leichtfertiger Autoren, die sich allen Einteilungsprinzipien widersetzen. einmal dieser, einmal jener Kategorie zugeschlagen werden und in einer permanenten Identitätskrise stecken. Die Büschel kann diese Helden kaltblütig ›unvermeidliche Opfer einer rasanten Zeit‹ nennen; mir aber fällt es schwer, den Blick jenes abgezehrten Jünglings zu vergessen, der das Unglück hatte, als Sohn eines Intelligenzlers Produktionsarbeiter zu werden und in einer in Dialogform geschriebenen Erzählung mit reportagehaften Zügen zu agieren. Fünf verschiedenartige Einteilungsprinzipien hatten ihn einander streitig gemacht; nun trug er an der Wahnidee, tagsüber stückweise von einem Metzger verkauft zu werden und sich bei Nacht wieder zusammenzufinden. Er beschwor uns, ihn doch ganz und gar zu nehmen, für billiges Geld.

Ein Stockwerk höher lebten die »Abgebrochenen«: Patienten, von ihren Autoren als Trilogiehelden angelegt, die nie über den ersten oder zweiten Band gediehen waren und, verurteilt, als ewig schuldbewußte Kriegshelden zu vegetieren, sich vergebens nach ihrer Zukunft, nach dem Hinüberwachsen in die neue Zeit sehnten. Oder die besonders mitleiderregenden Helden aus den abgebrochenen Filmen, die, sofern sie mit Bewußtsein ausgestattet waren, sich selbst ein Schild um den Hals hängten, auf dem die Summe stand, die ihr vermurkster Film den Staat gekostet hatte. Sie arbeiten oder berechnen wie verrückt, wieviel von ihrer Schuld sie schon abgezahlt haben. Manche Besucher glaubten, sagte Dr. Behrmann, diese hier seien zu Zwangsarbeit verurteilt; weit gefehlt: Ihre größte Strafe wäre Arbeitsentzug.

Auf also in den dritten Stock, zu den »Phasenneurotikern«, wo Heiner uns schon erwartete. Sein Schicksal ist banal: Sein Autor bestimmte ihn zu einem tugendhaften und geachteten Mitarbeiter des Apparates, der unerbittlich durchgriff, weil er die schwache Menschheit in kürzester Zeit in das Ideal zwingen wollte, an das er glaubte, und sei es mit Gewalt. Als seine Phase vorbei war und eine neue anbrach, die weichere Worte, einschmeichelndere Versprechungen mit sich führte, mußte er zuerst ermahnt werden, dann gerügt, schließlich gemaßregelt und am Ende abgesetzt. Er soll getobt haben. Dann weinte er. Jetzt ist er im Stadium der Reue und hängt seine Orden zum Fenster raus: Reif, sagte Dr. Behrmann, zum Desensibilisierungsversuch, den ich mir, wenn ich wollte, ruhig mit ansehn sollte.

Wie machen sie es nur, daß man tut, was man nicht will? Warum ich mit ihnen ging, warum ich der Behrmann und der Büschel und dem armen Heiner hinter jene Tür folgte, auf der »Laboratorium« stand – ich weiß es nicht und will es nicht wissen. Der Raum war unauffällig. Doktor Brommer, Chefarzt, ein M-Mann, beherrschte ihn. Selten habe ich eine Intelligenz angetroffen, die seiner vergleichbar wäre; den Menschen möchte ich sehen, der sich ihm entziehen könnte. Er durchschaut jeden. Mir sagte er auf den Kopf zu, daß ich ihm mißtraute; ich sollte ihm aber den Gefallen tun, sein Experiment unvoreingenommen zu beobachten. Zu meinem Ärger beteuerte ich meine guten Vorsätze, und Brommer hatte Grund zu lächeln.

Lächelnd befahl er Heiner, in einem bequemen Sessel Platz zu nehmen, und schloß an seinen Handgelenken elektrische Kontakte an. Zwei Studenten saßen hinter einem einfachen Tisch und begannen auf ein Zeichen Brommers, dem Heiner Zeitungsmeldungen vorzulesen, die sich auf ihn bezogen: Die einen mußten ihm wohltun, die anderen ärgerten, kränkten oder verletzten ihn. Heiners Reaktionen wurden automatisch auf einer Meßtafel registriert; natürlich entspannte er sich, wenn man ihm vorlas, er sei wegen außerordentlicher Verdienste befördert worden; natürlich verkrampfte sich seine Muskulatur, wenn man ihn schwerer Vergehen bei der Arbeit mit den Menschen bezichtigte. Dies ging ein Weilchen so fort, heiß – kalt, ein Wechselbad, nicht angenehm sicherlich, aber dem Leben nachgebildet und wohl nicht unerträglich. Es konnte nicht alles sein. Und da – Heiner hörte gerade, man habe ihn auf einer Konferenz des Jugendverbandes als strahlendes Vorbild hingestellt – berührte Dr. Brommer, der neben einem Gerät stand, zu dem die Drähte an Heiners Handgelenken führten: da berührte Brommer ganz kurz und wie zufällig eine kleine weiße Taste, und Heiner zuckte unter dem unerwarteten, wenn auch sehr schwachen Stromstoß zusammen. Die Meßtafel zeigte die Werte, die sonst mit unangenehmen Nachrichten gekoppelt waren. Heiner reagierte, wie er sollte. Brommer ließ es dieses erste Mal bei ganz wenigen Gegensteuerungen, wie er es nannte, bewenden.

Als wir allein waren, setzte mir Brommer sein Prinzip auseinander. Heiner und seine Leidensgefährten seien falsch programmiert; die Zeit der Lobeshymnen sei für sie vorbei; ihre Empfindlichkeit gegen ungewohnten Tadel ist es, die sie krank macht. Man gewöhne sie an Kritik, und sie sind gesund. Das ist einfach wie alles Geniale. Was Sie denken, weiß ich, sagte Brommer, und er wußte es wirklich. Sie denken, man sollte versuchen, diesen Menschen zu ändern; Sie denken, er müßte als Persönlichkeit lernen, von Lob und Tadel gerade so viel anzunehmen, wie ihm selbst einleuchtet; weder von dem einen noch von dem andern abhängig zu sein und schließlich nach eigener Einsicht und auf eigene Verantwortung zu handeln.

So ähnlich dachte ich, sagte ich.

Ja. Sie sind ein Träumer. Sie vergessen: Der Mann hat gar keine Persönlichkeit. Er ist durch eine bestimmte Art von Signalen zu einem Reaktionsnetz verknüpft worden; alles, was wir tun können, ist, durch eine andere Art von Signalen neue Verknüpfungen herzustellen. Danach fühlt er sich wohler, glauben Sie mir. Wir haben schöne Erfolge.

Ich wollte gerne gehen. Beim Abschied sagte Doktor Brommer sehr ernst: Die Phantasten, die davon ausgehen, daß Menschen reif und frei sein könnten, stiften mehr Schaden als wir Realisten. Darüber denken Sie mal nach.

Und Sie? sagte ich. Halten Sie sich nicht für reif und frei?

Ich schon, sagte Brommer. Einer von zehntausend.

Wir gingen. Gott, war ich müde. Der Tag kam mir allzulang vor. Vielleicht hatten sie hier auch eine Maschine erfunden, die Zeit zu dehnen. Wo sind wir? fragte ich nach einer Weile die wortkarge M-Frau Büschel. – In KE, beschied sie mich. – Was ist das? fragte ich zurück. – Königsebene, sagte sie. – Da schwieg ich wieder.

Wir strebten einem Hochhaus zu, vor dem sich eine Gruppe

versammelt hatte, die ich auch ohne ihre weißen M-Plaketten als Besucher von DRAUSSEN erkannt hätte. Es zog mich zu ihnen wie den Durstigen zur Quelle. Sie benahmen sich genau so, wie jeder sich benimmt, der zum erstenmal in seinem Leben in Heldenstadt ist: Er versteckt seine Verwirrung unter forschem Auftreten. Übrigens stellte sich heraus, daß diese Leute Autoren waren. Meinen Freund traf ich unter ihnen wieder, auch Rüdiger Milbe. Geleitet wurde die Gruppe von einem seltsamen Gespann: einem älteren kultivierten Menschen mit birnenförmigem Schädel, der Genosse Wohlrath hieß und »vom Ministerium« war, und seinem persönlichen Referenten, einem kleinen, wendigen, kraushaarigen Mann Ende dreißig. Er hieß Baldrian und erläuterte den Autoren gerade, warum die verantwortlichen Stellen sich gezwungen sahen, die Autoren nach Heldenstadt und ganz besonders zur Königsebene zu führen, so gerne man ihnen gewisse Peinlichkeiten auch weiterhin erspart hätte. In diesem Hochhaus hier seien, des besseren Komforts und der Übersicht halber, alle Planer und Leiter aus allen literarischen Werken – Film, Funk und Fernsehen ausnahmsweise eingeschlossen – konzentriert. Man solle nur einmal sehen, wie viele Türschilder neben den Klingelknöpfen noch ohne Namen waren. Dies aber sei nur erst der quantitative Aspekt. Gravierender sei der qualitative. Baldrian klingelte im ersten Stock, bei Hennig.

Durch die Sprechanlage forderte uns eine Frauenstimme auf, hochzukommen. Na, Günter, sagte Wohlrath auf der Treppe zu einem bleichen, verklemmten Autor namens Breisach, bei der Frau Hennig überlassen wir am besten dir das Wort. – Breisachs Kollegen feixten. Rüdiger Milbe steckte mir, daß Frau Hennig ebenso wie ihr Mann, ein Mitglied der Bezirksleitung, der sich auf Dienstreise befand, Breisachs Geschöpfe waren.

Sie bügeln, Frau Hennig? Eine Verlegenheitsfrage von Breisach, auf die Frau Hennig, die sich schnell die Kittelschürze abband, schnippisch reagierte. Ich bügle, sagte sie. Was sollte ich denn sonst tun? Oder haben vielleicht Sie einen Einfall für mich, den Herr Breisach sich nicht abringen konnte? – Niemand verriet Breisach. Es waren ungemütliche zehn Minuten, nicht nur für ihn. Wir standen in Frau Hennigs blitzsauberem Wohnzimmer: die Sesselgarnitur, die dreiarmige Hängelampe über dem Eßtisch, die Schrankwand, die Küche und Wohnzimmer trennt, das schwarzweiß gemusterte Kaffeeservice . . . Nicht mal ein Kind habe ihr Autor ihr gegönnt, klagte Frau Hennig, und wissen Sie auch, warum? Ich bin ihm total gleichgültig, das ist es.

Dann standen wir wieder im Treppenhaus. Ein langer grauer Flur, rechts und links Türen, die numeriert waren. Wohlrath verzichtete zur allgemeinen Erleichterung darauf, an einer anderen Tür zu klingeln: Überall die gleiche Misere, sagte er. Vernachlässigte Leiterfrauen. Ungenutzte Reserven an Arbeitskräften noch und noch.

Endlich wurde klar, worauf das alles hinauslief. Baldrian verlas eine Liste derjenigen Stellen und Funktionen, die in Heldenstadt aus Mangel an geeigneten Helden nicht besetzt werden können; Kulturfunktionäre der höheren Ebene wurden am dringendsten gebraucht, ferner entwicklungsfähige junge Kader für strukturbestimmende Industriezweige. Mit Kenntnis in EDV.

Jetzt kommt Koldewitz, flüsterte hinter mir mein Freund. So war es. Es meldete sich ein Herr Koldewitz, der Jüngste nicht mehr, aber in der Rolle eines Jünglings. Kürzlich habe er auf einem Lehrgang der VVB Plaste genau solch einen künftigen Leiter kennengelernt, einen tollen Burschen, gebildet und trotzdem revolutionär, die neue Generation eben. Aber nicht einmal er, Koldewitz, den doch ein jeder als Feuerkopf kenne, habe ahnen können, daß es erwünscht sei, einen solchen Typ unter die Feder zu nehmen. Aus der Presse, die er jeden Tag gründlich studiere, sei es jedenfalls nicht hervorgegangen. Auch zwischen den Zeilen nicht.

Ach, sagte Wohlrath und winkte müde ab, wie man von einer gewissen Rangstufe an bei Erwähnung der Presse abwinken darf. Alle sahen auf den führenden Kulturredakteur, der die Gruppe zwecks Berichterstattung begleitet. Der zuckte die Achseln: Keine Anweisung!

Selber denken! versetzte Wohlrath. Oder ist das in diesem Land vielleicht verboten?

Die Autoren freuten sich. Baldrian sagte zum siebenten Mal in einer Stunde: Das ist Fakt. Herr Koldewitz schilderte in längeren Ausführungen seine Begegnungen mit unseren wunderbaren Menschen in Stadt und Land und rechnete dann detailliert auf, was diese Begegnungen ihn kosteten: in Mark und Pfennig. Genosse Wohlrath erklärte, im Zuge der Entwicklung des Auftragswesens würden die Hauptplanpositionen stipendienmäßig abgesichert. Baldrian notierte sich Herrn Koldewitz und fragte nach anderen einschlägigen Angeboten. Ein jüngerer, spitznasiger Dramatiker hoffte, einen Informationswissenschaftler aufreißen zu können, und eine reife, füllige Dame gelobte, den Annäherungsversuchen ihres Bungalownachbarn, eines lange verkannten Kybernetikers, nicht mehr ausweichen zu wollen. Recht so, Lily, sagten sie zu ihr, und sie lächelte schelmisch und warnte: Aber er ist ein Kauz! Macht nichts. Sie kam auf Baldrians Liste und sollte von ihm hören.

Fünfhundert Mark monatlich, raunte mein Freund hinter mir. Und das ein Jahr lang.

Ich fand das späte galante Abenteuer der Kollegin Lily ganz gut bezahlt, fragte aber bloß: Und wenn der Kybernetiker versagt?

A fonds perdu, erklärte mein gebildeter Freund.

Ach, dachte ich, in diesem Land möchte ich Autor sein.

Da sprang ein vierschrötiger jüngerer Mann nach vorn (hierzulande werden die Vierzigjährigen noch »jünger« genannt) und schrie, nun halte er es nicht mehr aus. Da streite man sich um den Schnee vom vergangenen Jahr und um die Pfründen, und alle Welt tue so, als habe er niemals seinen »Schütt« gemacht. Seinen Schütt, der Punkt für Punkt alle Forderungen erfülle, die soeben vom Genossen Wohlrath vorgetragen worden seien, der aber seit mehr als einem Jahr in einer Schreibtischlade des Ministeriums vergammle. Das müsse einen doch auf die Barrikaden treiben!

Anders kann die Wirkung auch nicht sein, wenn die englische Königin sich bei Hofe unanständig benimmt. Zuerst schien es, als wollte Baldrian sich taub stellen und zur Tagesordnung übergehn. Wohlrath aber ermahnte ihn: Man solle die ehrlich gemeinte Frage des Genossen Oskar Grabe genauso ehrlich beantworten. Auch wenn sich der – nicht wahr, Oskar? – in der Form vielleicht vergriffen habe.

Tschuldigung, murmelte Grabe, und Wohlrath hob sanft die Hand: Schon geschehn. Zur Sache also. Und da müsse er leider sagen: Genosse Grabe, du siehst da einiges falsch.

Endlich fand mein Freund Gelegenheit, mich über eine nicht ganz unwesentliche Kleinigkeit ins Bild zu setzen: Genosse Wohlrath leitete die Zensurstelle des Landes; einen Besseren, sagte mein Freund, hätte man für dieses Amt nicht leicht finden können; man stelle sich vor: Wohlrath liebe die Literatur.

Mein Freund schien gerührt. Wohlrath erkundigte sich gerade bei Grabe, ob sein Schütt nicht an Herzinfarkt sterbe.

In einer früheren Fassung, sagte Grabe düster.

Da sprang Baldrian in die Bresche Und was machst du in der letzten mit ihm? Na? Na?

Ich lasse ihn einen Brief schreiben, gab Grabe widerwillig zu.

Einen Brief! Aha. Und an wen bitte?

An den Ersten Sekretär! brüllte Grabe los. Weil sie den Schütt doch abschieben wollen, Mann! Da wehrt er sich. Aha, sagte Baldrian abermals, machte aber seinem Namen Ehre und blieb ruhig. Auch Wohlrath schwieg, und wir anderen waren sowieso mucksmäuschenstill. Nach langer Pause sagte Grabe leise: Aber den Schütt haben sie doch wirklich abgeschoben!

Den Rest machte Rüdiger Milbe ganz allein. Fast gar nicht stotternd hielt er dem Grabe seinen verhängnisvollen Hang zum Naturalismus vor und konnte ihm gleich drei Titel von neuen Arbeiten unserer Ästhetiker nennen, die er dringend studieren müsse. Ich sah, alle notierten sich die Titel, nicht nur Grabe, den Rüdiger anhand seiner Tabelle über die Merkmale des positiven Helden in eine Grundsatzdebatte verwickelte. Wohlrath lobte die freie Entfaltung des schöpferischen Meinungsstreits, dessen Zeuge wir soeben geworden seien, und versprach ein Leitungssystem aufzubauen, das die Betreuung einer jeden literarischen Idee von ihrem ersten Aufblitzen bis zu ihrer Materialisierung garantiere – jawohl, einschließlich des dafür benötigten Papierkontingents, auch dieses heiße Eisen wolle er hier in aller Öffentlichkeit ansprechen.

Er bekam den ungeteilten Beifall aller Anwesenden, auch den meinen. Ich gestehe, mich kam die Lust an, dem freundlichen Herrn Wohlrath auch meinerseits eine Leiterpersönlichkeit vorzusetzen, an der sein ganzes Ministerium selbst mit der Lupe kein Stäubchen finden sollte; da hörte ich zufällig, daß Wohlrath den Baldrian anfuhr, wie er diesen Grabe hierher habe einladen können, und wie Baldrian herumstotterte und den Lapsus auf einen Bezirksverbandssekretär schob; Wohlrath fragte Baldrian, ob er denn nicht wisse, daß »man« über Grabes Manuskript gesprochen habe; daß eine Anweisung existiere, es erst mal liegenzulassen; ob das einen erfahrenen Funktionär nicht zu erhöhter Wachsamkeit veranlassen müsse. Baldrian war zerknirscht, und ich dachte, daß ich es mir noch mal überlegen würde, ehe ich Wohlrath etwas zuliebe tat.

Fahren wir? fragte mein Freund. – Nichts lieber als das.

Die Autoren warteten auf dem Platz vor dem Kulturhaus auf ihren Bus, ich wartete auf unser Auto. Die Atmosphäre war locker, beinahe heiter. Rüdiger Milbe, der von jungen Autoren umringt war, stellte gerade die Frage nach dem Unterschied zwischen der Wüste Gobi und einem Fernsehkrimi – da flogen die Türen des Kulturhauses auf und die Teilnehmer der Sitzung, die den ganzen Tag über angedauert hatte, strömten auf den Platz. Milbe stockte mitten im Wort und rannte zur Büschel, die versteinerten Gesichts den Platz überquerte und unseren Blicken entschwand. Bald wußte es jeder: Ober-M-Mann Krause hatte sich nur halten können, indem er sie fallenließ. Das Material, das unser Fahrer mitgebracht hatte, habe die neuesten Weisungen enthalten, auf Grund deren der vormalige Erste Vorsitzende – ebenderselbe, dessen Empfangsrede ich am Morgen noch angehört hatte – umgehend habe abgelöst werden müssen. Dies hatte Ober-M-Mann Kraus ganz groß hingekriegt; keine Kleinigkeit, wenn man bedachte, daß er noch gestern den derzeitigen – nein, vormaligen Ersten Vorsitzenden verteidigt hatte . . .

Worum ging es denn? DRAUSSEN, das heißt: in Sektor W. (ich traute meinen Ohren nicht!), habe man die Pläne ändern müssen; das ziehe natürlich tiefgreifende Folgen für die Literatur nach sich. Schluß mit den Phasenhelden! laute jetzt die Losung. Vorwärts zum Produktionszweighelden! Neue Einteilungsprinzipien seien ausgegeben, das Gift der alten Anschauungen müsse wirksam entlarvt werden. Die unsäglich banale und schädliche Losung LF (»Lebensfreude«) sei natürlich für immer aus dem Verkehr gezogen, wie sie es verdiene.

Mein Kopf war leer. Ich registrierte, daß unser Fahrer, der endlich auch herauskam, von Gruppe zu Gruppe ging, sich von jedermann freundlich verabschiedete – auch vom vormaligen Ersten Vorsitzenden, der ganz alleine abseits stand; wie er für jeden ein menschliches, aufmunterndes Wort fand, so daß es mich nicht wundernahm, daß alle Herzen ihm entgegenflogen. Ich lobte ihn, unsern freundlichen Fahrer. Ja, sagte mein Freund. Mit dem hat die GEWOSTA einen guten Griff getan. – GEWOSTA? – Gesellschaft zum Wohle der Staatsbürger, sagte mein Freund, und mehr sagte er nicht.

Wir stiegen ins Auto. Ich will nicht ausschließen, daß ich sofort einschlief, aber merkwürdig ist es doch, daß ich weder von der Rückfahrt noch von unserer Ankunft irgendeine Erinnerung habe und erst am Morgen im Bett meines angenehmen Hotelzimmers aufwachte. Irgend etwas veranlaßte mich, meinen Freund anzurufen und ihn zu fragen, wie ihm unser kleiner Ausflug bekommen sei.

Ausflug? fragte er erstaunt. Welcher Ausflug?

Nach Heldenstadt? sagte ich. Gestern.

Heldenstadt? Nie gehört. Gestern? Da hab ich den ganzen Tag auf einer verdammten Konferenz gesessen.

Das war vorgestern! sagte ich. Am Fünfzehnten!

Du, sagte mein Freund, was ist mit dir los? Heute ist Dienstag der Sechzehnte. Also muß gestern der Fünfzehnte gewesen sein. Oder?

Mann, dachte ich, die können hier mehr als Brot essen.

Dann fehlt mir ein Tag, sagte ich zu meinem Freund.

Filmriß, er kannte das. Zu tief ins Glas geguckt, wie?

Was andres, sagte ich. Neulich hab ich irgendwo den Anfang von einem Witz gehört: Was ist der Unterschied zwischen der Wüste Gobi und einem Fernsehkrimi.

Ach der! rief mein Freund. Den kennst du nicht? Gar kein

Unterschied; beides eine einzige Durststrecke. Schlappes Ding, nicht?
Beinahe fehlt er mir jetzt, mein Freund. Man konnte so herzlich mit ihm lachen.

Selbstversuch
Traktat zu einem Protokoll

Kein Zweifel: Das Experiment ist geglückt. Sie, Professor: einer der großen Männer dieses Jahrhunderts. Der Ausfall von Tagesruhm kann Sie kalt lassen. Mir geben die Geheimhaltungsklauseln, an die wir gebunden sind, nicht nur die Gewähr für strengste Diskretion im Umgang mit allen Materialien, unseren Versuch betreffend; sie eröffnen mir auch die Freiheit, diese unverlangten Notizen dem Selbstprotokoll beizufügen.

Ausfüllen einer Berichtslücke durch Beschreibung ihres Entstehens: Glänzender könnte kein Vorwand sein, Ihnen diese Mitteilung zu unterbreiten. Der Vor-Wände und Rück-Halte müde, bediene ich mich lieber der unverblümten Rede, die ein zu wenig genutztes Vorrecht der Frauen ist – eine Erkenntnis am Rande aus der Zeit, da ich Mann war; richtiger: Mann zu werden drohte. Meine brühwarme Erfahrung verlangt nach Ausdruck. Froh, daß die Wörter mir wieder zur Verfügung stehen, kann ich es nicht lassen, mit ihnen zu spielen und ihre Vieldeutigkeit zu bestaunen, was mich nicht daran hindern soll, sämtliche Daten, die Sie meinem Protokoll entnehmen können, für exakt und korrekt und eindeutig zu erklären.

Petersein Masculinum 199 ist ein hervorragendes Mittel, geeignet, risikolos und ohne unerwünschte Nebenwirkungen eine Frau in einen Mann zu verwandeln. Die Tests, die unsere Hypothese beweisen, sind genauso, wie Sie uns schon als Studenten die Merkmale eines einwandfreien Tests eingeprägt haben: zuverlässig, empfindlich, gültig. Ich selbst habe sie entworfen. Meine Protokollführung war so gewissenhaft wie möglich. Jedes Wort in meinem Bericht stimmt. Alle seine Sätze zusammen erklären gar nichts: Nicht, warum ich mich für den Versuch hergab; erst recht aber nicht, warum ich ihn nach dreißig Tagen abbrach, so daß ich seit vollen zwei Wochen glücklich wieder eine Frau bin. Ich weiß, daß die Wahrheit – ein Wort, das Sie meiden würden – sich von den

Fakten jenes Protokolls weit zurückgezogen hat. Sie aber mit Ihrer abergläubischen Anbetung von Meßergebnissen haben mir jene Wörter meiner inneren Sprache verdächtig gemacht, die mir jetzt helfen könnten, der unwirklichen Neutralität dieses Protokolls mit meiner wirklichen Erinnerung zu widersprechen.

»Neugier« sollen Sie gesagt haben. Neugier als angenommenen Grund für mein Einverständnis zu diesem Experiment. Neugier ist eine Untugend von Frauen und Katzen, während der Mann erkenntnishungrig und wissensdurstig ist. Das hielt ich Ihnen vor, und Sie lächelten – anerkennend, wenn ich es richtig deute. Sie leugnen nie, wenn Sie ertappt sind. Aber Sie geben sich alle Mühe, niemals ertappt zu werden.

Und ich wollte wissen, warum.

Jetzt wollen alle von mir hören, welcher Unglücksteufel mich geritten hat, den erfolgreichen Versuch vorzeitig abzubrechen. Warum hat niemand Interesse für die Gründe gezeigt, die mich in diese Tollheit hineingetrieben haben? Sie selber fragten niemals, weder vorher noch nachher. Entweder wissen Sie alle Antworten, oder Sie sind zu stolz, sich durch Fragen eine Blöße zu geben . . .

Hätte etwa die Kaderleiterin mit mir reden sollen? Die hatte mit ihren Geheimhaltungsverpflichtungen zu tun. Heute will es mir beinahe verdächtig vorkommen, daß niemand von uns seine Schweigepflicht verletzt hat – wie Komplicen, deren Mund durch ein gemeinsames Vergehen versiegelt ist. – Mein Text unterschied sich von dem der anderen sechs – oder sieben, falls auch Sie in ihrem Gerechtigkeitsfanatismus unterschrieben haben. Weißes Dokumentenpapier, DIN-A 4-Format, Kopfaufdruck: Akademie der Wissenschaften. Daß ich: getragen von . . ., geleitet von . . . (Fortschritt der Wissenschaften, humanistische Ziele und so weiter), mich freiwillig als Versuchsperson (»im folgenden Vp«) zur Verfügung gestellt habe. Ich unterschrieb es, also ist es wahr . . . auf den Risikofaktor aufmerksam gemacht worden sei. Ich unterschrieb . . . daß etwaiges »teilweises oder gänzliches Mißlingen« des Experiments die Akademie zu sämtlichen anfallenden Ersatz- und Entschädigungsleistungen verpflichte. (Was

hatten Sie oder die Kaderleiterin sich unter »teilweisem Mißlingen« bloß vorgestellt?)

Erheitert und zornig unterschrieb ich, und die Kaderleiterin
sah mir mit Entsetzen und Begeisterung dabei zu, während
Ihre Sekretärin hinter meinem Rücken den bei jeder Auszeich-
nung und Ernennung fälligen Nelkenstrauß auswickelte.

Daß ich fast über die Maßen gut geeignet war zur Versuchsperson, wußte ich selbst: Alleinstehend. Ohne Kind. Nicht im
idealen, aber in noch brauchbarem Alter: dreiunddreißigein-
halb. Gesund. Intelligent. Doktor der Physiopsychologie und
Leiterin der Arbeitsgruppe GU (Geschlechtsumwandlung) im
Institut für Humanhormonetik, in dieses Forschungspro-
gramm also eingeweiht, wie kein zweiter außer dem Institutsleiter selbst. In den einschlägigen Meß- und Beobachtungs-
techniken und im Gebrauch des zuständigen Fachjargons
geschult. Schließlich: Imstande, männlichen Mut und mann-
hafte Selbstüberwindung aufzubringen, die beide zu ihrer Zeit
gefragt sein würden.

Eines halte ich Ihnen zugute: daß Sie nicht versucht haben,
meine verfluchte Pflicht und Schuldigkeit in ein Vorrecht
umzulügen. So entfiel die letzte Gelegenheit, wütend zu werden, mich zu wehren, abzuspringen. Wie wehrt man sich
mitten in einer Arbeitsbesprechung gegen die Überreichung
eines Aktendeckels durch den Institutsleiter? Gar nicht. Man
nimmt ihn. Ein fester Aktendeckel, der alles Material zur
Information der künftigen Versuchsperson enthält und den
jedermann hier kennt. Während keiner ahnt, daß sein genaues
Duplikat in meinem eigenen Tresor liegt und Sie sich darauf
verlassen, daß ich meine Gesichtszüge zu beherrschen weiß.
Wir gönnen unseren Mitarbeitern die Rührung, die sie nun
endlich überkommen darf.

Wir schrieben Montag, den 19. Februar des Jahres 1992, ein
trüber Monat, dessen Sonnenmittel unter dem des Durch-
schnitts der letzten fünfzig Jahre lag. Doch als wir den Beginn
des Experiments auf den 4. März festgelegt hatten und Sie die
Sitzung beendeten, indem Sie mir unüberlicherweise stumm
die Hand drückten, schien ungefähr zehn Sekunden lang die
Sonne in Ihr Arbeitszimmer. Handschlag und Lächeln und

Kopf hoch und maßvoll und vernünftig sein: Da stand ich wieder mal und sah alles ein. Auch, daß es unrentabel gewesen wäre, zuerst ein Präparat zur Verwandlung von Männern in Frauen zu entwickeln, weil sich für ein so abwegiges Experiment keine Versuchsperson angefunden hätte . . .

Die eine Minute, die Sie sich nach der Sitzung noch von mir erbaten, haben Sie um dreißig Sekunden überschritten, um mir zu sagen – was ich natürlich wußte – daß auch Petersein *minus masculinum* 199 ein zuverlässiges Mittel sei und, sobald ich es wünschte, meine Rückverwandlung noch vor der vorgesehenen Frist von drei Monaten bewirken werde. Sonst ist nichts vorgefallen – kein Zeichen, kein Blick, nicht einmal ein Blinzeln. Ihrer undurchdringlichen Miene setzte ich mein gefaßtes Gesicht entgegen, wie wir es lange geübt hatten.

Mein Freund Doktor Rüdiger, den Sie als Wissenschaftler schätzen und doch eine Spur zu lasch finden, hatte den rettenden Einfall, mich, als ich aus Ihrem Zimmer trat, von Kopf bis Fuß mit einem unverschämten Männerblick zu mustern, einen ordinären Pfiff auszustoßen und zu sagen: Schade, Puppe! – Das ging. Das war das einzige, was ging, hielt aber nur einen Augenblick lang vor. Die vierzehn Tage, die uns blieben, füllte wir mit bodenlosen Banalitäten aus, mit Albernheit und Dollerei, die Sie womöglich für Heiterkeit nahmen. (Inzwischen verriet jeder sich, so gut er konnte: Rüdiger ging dazu über, mir die Hand zu küssen, die Laborleiterin Irene »vergaß« mir ihre kleine Tochter zu bringen, wenn sie selbst über Nacht einen Mann beherbergte, und Beate – der beste, weibliche Chemiker, den Sie kennen, Professor – ließ durchblicken, daß sie mich beneide. Verschonen Sie mich mit diesen Steinzeit-Miasmen, werden Sie sagen. Unbeherrschtheiten, Stimmungen, alle Arten von Entgleisungen. Es sollte mich aber wundern, wenn Sie all die zehn Jahre über – seit Sie mich kurz vor dem Examen mit diesem Satz programmierten – eine einzige Zügellosigkeit an mir bemerkt hätten. Dafür durfte ich einer Äußerung Ihrer Sekretärin entnehmen, daß ich Ihnen jeden männlichen Wissenschaftler ersetze . . .)

Einmal, am Sonnabend, zwei Tage vor Beginn des Experiments, hätte ich Sie fast noch angerufen. Als ich allein »in den Wolken« saß – das ist Irenes Ausdruck, die ja zwei Stockwerke tiefer wohnt, also im 15. –, hinter der riesigen Glasscheibe meines Wohnzimmers; als es dunkel wurde und immer zahlreicher die Lichter unserer Wissenschaftssiedlung und dahinter die der Stadt Berlin zu mir heraufkamen, da trank ich einen Cognac – was gegen die Direktiven verstieß –, betrachtete minutenlang das Licht in Ihrem Arbeitszimmer, das ich aus allen Lichtern herausfinde, und hatte auch schon die Hand am Hörer. Ich wählte Ihre Nummer, hörte einmal das Amtszeichen und dann sofort Ihre Stimme, vielleicht um eine Idee weniger unpersönlich als sonst. Da Sie nicht auflegten, obwohl ich mich nicht meldete, aber auch nichts sagten, konnte ich Sie atmen hören, und Sie mich vielleicht auch. Ich dachte entlegene Sachen. Wußten Sie, daß das Wort »traurig« etwas mit fallen, sinken, kraftlos werden zu tun hat? Während »verwegen« ursprünglich nichts anderes bedeutet, als Richtung auf ein bestimmtes Ziel zu nehmen – und zwar frisch entschlossen. Was ich ja war, als ich, neunzehnjährig, in meiner ersten Vorlesung bei Ihnen mit großen Buchstaben das Wörtchen ICH auf einen Zettel kritzelte, den ich Rüdiger zuschob. Sie nämlich, Professor, hatten gerade scherzhaft die Vermutung geäußert, unter uns jungen Dingern, »unschuldig und nichts weiter«, sitze womöglich die Person, die sich in zehn, fünfzehn Jahren durch ein noch zu erfindendes phantastisches Mittel in einen Mann verwandeln lassen werde. ICH. – VERWEGEN! schrieb Rüdiger daneben. – Verstehen Sie nun, warum mir daran lag, gerade ihn in unsere Arbeitsgruppe zu ziehen?

Nach einer Minuten legte ich den Hörer auf, ging ins Bett, schlief sofort, wie ich es eisern trainiert hatte (erst jetzt versagt das Taining, merkwürdigerweise), verbrachte einen disziplinierten Sonntag nach vorgeschriebener Zeiteinteilung mit notwendigen Vorbereitungen, bei festgelegten Mahlzeiten, angeordneten Messungen und Notierungen, die, wie sich am Abend zeigte, vollkommen ihren Zweck erfüllten: Auch ich unterlag der Suggestion, einen geregelten, zufallsfreien Tagesablauf mit dem gesetzmäßigen Walten höherer Notwendigkeiten zu verwechseln, die uns Unruhe, Angst und Zweifel abnehmen. Wenn es keine Wahl mehr gibt, kann man manchmal erfahren, warum wir tun, was wir tun. Da fielen alle meine guten und schlechten Gründe nicht mehr ins Gewicht gegenüber dem einen, der allein ausreichte: daß ich hinter Ihr Geheimnis kommen wollte.

Am Montag früh war ich pünktlich im Institut und erhielt um sechs Uhr in einer angemessen sachlichen Atmosphäre die erste Injektion von Ihnen, die mich einschläferte und die Verwandlung einleitete, welche durch neun weitere, in Fünf-Stunden-Abständen verabreichte Dosen von Petersein masc. 199 vollendet wurde. Mir ist, ich träumte derweilen, obwohl Träumen das richtige Wort nicht sein mag. Aber man wird der Sprache nicht vorwerfen dürfen, daß sie kein Wort bereithielt für jene verschwommenen Übergänge, in die ich geriet und die in mir als Schwimmen am Grunde eines hellgrünen, von seltsam schönen Pflanzen und Tieren belebten Wassers gespiegelt wurden. Was da schwamm, kann am ehesten ein Pflanzenstengel gewesen sein, dem allmählich Flossen und Kiemen wuchsen, bis es ein schlanker, schöner, glatter Fisch war, der sich leicht und wohlig überall im Wasser zwischen den grünen Stielen und Blättern bewegte. Mein erster Gedanke beim Erwachen war: Nicht Fisch, nicht Fleisch. Und dann sah und erkannte ich schon unsere elektronische Uhr und las von ihr Datum und Zeit ab: Es war der 6. März 1992, drei Uhr früh, und ich war ein Mann.

Neben meinem Bett saß Beate: Ein guter Einfall, falls er von Ihnen kam. (Daß Sie buchstäblich in der letzten Minute vor meinem Erwachen erst den Versuchsraum verlassen haben, wußte ich bis vor wenigen Tagen nicht, Professor!) Ich wiederhole: Ihr Präparat ist ausgezeichnet. Benommenheit keine, Übelkeit keine. Körperliches Wohlgefühl und ein unbändiges Bedürfnis nach Bewegung in frischer Luft, das ich ja gleich sollte befriedigen können; denn von den regelmäßigen Tests abgesehen, war mir ein strenges Programm nicht auferlegt, weil wir annahmen, daß ein Mensch in größter Freizügigkeit seine Möglichkeiten am besten kennenlernen würde. Gewissenhafte Protokollführung schien gesichert, da wir bei keinem unserer Affenversuche durch den Geschlechterwechsel je signifikante Änderungen von Charaktermerkmalen festgestellt haben. Eine zuverlässige Äffin vom starken Nerventyp pflegte auch einen zuverlässigen Affen abzugeben.

Verzeihen Sie, ich werde unsachlich. Ohne Grund übrigens, denn mir war wohl wie lange nicht. Wohl wie einem, dem es endlich gelungen ist, die Lücke im Zaun zu finden. Befreit sprang ich auf, zog meine neuen Kleider an, deren tadelloser Sitz unsere Prognosen über zu erwartende Abmessungen der primären und sekundären Geschlechtsmerkmale glänzend bestätigte, quittierte Beate den Empfang meiner neuen Papiere auf den von Ihnen ausgesuchten Namen Anders und kam endlich nach draußen, auf die noch menschenleere, von Peitschenlampen erleuchtete Hauptstraße. Ich lief zum Sternwartenhügel, stand da oben eine Weile, fand den Anblick des Himmels über die Maßen schön, pries den Fortschritt der Wissenschaft und, warum sollte ich es verschweigen, Ihre Verdienste, Professor. Auch lobte ich freudig den Mut jener Frau, die ich noch vor zwei Tagen gewesen war und die, das fühlte ich ja ganz deutlich, wie eine Katze zusammengerollt in mir schlief.

Ich gebe zu, das war mir recht, denn warum die Arme gleich und endgültig verstoßen? Heute frage ich mich aber, ob wir nicht meine Nachfolgerinnen darauf gefaßt machen müssen, daß sie nicht zugleich mit ihrer Mannwerdung die Zustände ihres Frauenseins von sich abtun können.

Meine Hochstimmung dauerte eineinhalb Tage und eine Nacht. Dem Versuchsprotokoll entnehmen Sie, daß ich an jenem Morgen langsam – denn ich brauchte vierzig Minuten dazu – vom Sternwartenhügel zu meinem Wohnturm ging. Hatten wir eigentlich vorausgesehen, daß der nagelneue Mann auf die Erinnerungen der ehemaligen Frau angewiesen sein würde? Ich, Anders, dachte jedenfalls unterwegs an den ehemaligen Liebhaber jener Frau, die ich gewesen war. An meinen lieben Bertram, der mir fast auf den Tag genau drei Jahre vorher auf dem Weg vom Observatorium gesagt hatte, daß es einfach nicht mehr ging. Frauen als Wissenschaftler, ja, hohe weibliche Intelligenzquotienten selbstverständlich; aber was einer Frau einfach nicht steht, ist der Hang zum Absoluten. Es ging nicht, daß ich meine Nächte im Institut verbrachte (wir begannen damals mit den Affenversuchen; erinnern Sie sich an die ersten übernervösen weiblichen Tiere?); es ging nicht, daß ich dem Hauptproblem immer wieder auswich. Das Hauptproblem war ein Kind. (Ich war dreißig und gab Bertram recht. Es war der Tag, an dem Sie mir im Vorbeigehen einen Termin für den ersten Humanversuch in Aussicht gestellt hatten: drei Jahre. Und mir die Leitung der neuen Arbeitsgruppe anboten. Ich müsse wissen, was ich wolle. Ich wollte ein Kind. Bertram hat jetzt eines, das ich besuchen kann, so oft ich will, denn Bertrams Frau hat mich gern. Nur stört es mich, daß sie manchmal etwas wie Dankbarkeit gegen mich durchblicken läßt, aber auch Ratlosigkeit: Kann jemand etwas so Kostbares wie diesen Mann in andere Hände übergehen lassen?) Es ging nicht, verflucht nochmal, sagte Bertram – da standen wir vor dem hellerleuchteten Urania-Kulturpalast, es war ein schöner durchsichtiger Mai-Abend, und überall die blutjungen Liebespaare –, daß ich niemals Zeit hatte, in seiner großen Familie einen Geburtstag mitzufeiern. Daß ich ihm nichts richtig übelnahm. Daß ich nicht eifersüchtig war. Daß ich ihn nicht mit Haut und Haaren für mich haben wollte, was jeder für einen Mangel an Liebe halten mußte. Ob ich ihm denn nicht ein kleines bißchen entgegenkommen könne. Worauf ich ihn fragte, wohin. In eine gemeinsame, ferngeheizte Drei-Zimmer-Wohnung? Zu gemeinsamen Fernsehabenden und den ewigen Geburtstagsfeiern im Kreise seiner großen Familie?

Am nächsten Morgen übernahm ich die Leitung unserer Gruppe, und in meiner ersten Nacht als Mann konnte ich zum erstenmal ohne Reue daran denken. Das Wort »Unnatur« war damals gefallen und konnte nicht mehr weggezaubert werden. Eine Frau, die den eigens für ihr Geschlecht erfundenen Kompromiß ablehnt; der es nicht gelingen will, »den Blick abzuwenden und ihre Augen in ein Stück Himmel oder Wasser zu verwandeln«; die nicht gelebt werden will, sondern leben: Sie wird erfahren, was schuldig sein heißt. Wenn es dir man nicht nochmal leid tut. Es hat mir leid getan, schon, als

Bertram vor meiner Haustür kehrt machte. Und nun, als Mann an der gleichen Stelle, tat mir nichts mehr leid. Was ich fühlte, war Dankbarkeit.

Haben Sie eigentlich meine Taktik in den letzten drei Jahren durchschaut? Um Ihr Mittel auszuprobieren, brauchten Sie eine wie mich. Ich wollte Sie dahin bringen, daß Sie *mich* brauchten. Meinen Wert als Frau hatte ich zu beweisen, indem ich einwilligte, Mann zu werden. – Ich nahm ein bescheidenes Wesen an, um zu verbergen, daß ich meine absurde Lage begriff.

Dem Hausmeister meines Hauses habe ich mich noch an jenem ersten Morgen als mein eigener Cousin vorgestellt, der während einer Dienstreise seiner Cousine verabredungsmäßig deren Wohnung bewohnen wollte und unter der Spalte »Dauerbesucher« sofort ins Hausbuch eingetragen wurde. Keine Menschenseele hat die Mieterin von Wohnung Nummer 17.09 vermißt und den neuen Nachbarn zur Kenntnis genommen. Insofern klappte alles wie am Schnürchen.

Wie immer stellte ich mich oben sofort an mein großes Fenster. Im Schrank nebenan hingen die Anzüge eines Mannes, im Bad lagen eines Mannes Toilettensachen. Ich aber stand und suchte mit dem Blick der Frau das Fenster Ihres Arbeitszimmers, das zu meiner Genugtuung als einziges in der langen Front des Institutsgebäudes erleuchtet war, dann aber, als sei das Licht bei mir ein Signal für Sie gewesen, schnell dunkel wurde. Da suchte ich, Anders, das Lächeln zustande zu bringen, über das ich als Frau verfügt hätte. Es war noch in mir, ich konnte es deutlich fühlen. Zugleich aber spürte ich, wie es mir auf meinem Gesicht mißlang.

Es war der erste, ganz kurze Anfall von Verwirrung. Das kann ja heiter werden, sagte ich halblaut und ging mich duschen, wobei ich mit meinem neuen Körper Bekanntschaft, ja Freundschaft schloß, denn als Mann war ich genauso ansehnlich, wohlgestaltet und gesund wie als Frau. Eine häßliche Person hätten wir, um unsere Methode nicht in Mißkredit zu bringen, zu diesem Versuch auch nicht zugelassen . . .

Ressentiments? Doktor Rüdiger war der erste, der mir Ressentiments vorwarf. Aber vorher hatte er seinen Spaß an meiner Anekdote über die »Kleine von nebenan«, die ich am Morgen im Fahrstuhl getroffen und, da sie mich anseufzte, gefragt hatte, was ihr denn fehle. Worauf ich einen Blick erhielt, der einen Regenwurm zum Manne gemacht hätte. Bloß daß die allerangenehmsten Empfindungen in mir nicht zu ihrer vollen Entfaltung gelangten wegen des weiblich-spöttischen Gedankens: Sieh mal an, es funktioniert! – Darum erzähle ich das. Sie sollen nicht denken, Ihr Mittel hätte in irgendeinem und gerade in diesem allerwichtigsten Punkt versagt. Ich bin es gewesen, ich: die Frau, die mit Spott oder Empfindlichkeit oder einfach durch Ungeduld die männlichsten Triumphe des Herrn Anders sabotierte. Ich, die Frau, habe ihn gehindert, der »Kleinen von nebenan« ihr Handtäschchen aufzuheben (war »ich« nicht die Ältere?), Fehler auf Fehler gehäuft, bis der Blick der Kleinen zuerst ungläubig, dann eisig wurde. Ja, mein Lieber – so sprach Doktor Rüdiger jetzt mit mir – nun folgen die Tage der Rache. Über meinen Verlust hat er sich eigentlich schnell getröstet. Er fand mich passabel und wollte erst den Reaktionstest hinter sich bringen, der eindeutig bewies, daß meine Sinne brav weiter so reagierten, wie meine subjektiv genormte Skala es erwarten ließ. Blau war für mich blau geblieben, und eine Flüssigkeit von 50 Grad heiß, und die dreizehn verschiedenen sinnlosen Gegenstände auf unserem Versuchstisch konnte ich mir nicht schneller merken als vorher, was Rüdiger leicht zu enttäuschen schien. Beim Ergänzungstest dann, als manche meiner neuen Antworten sich von den alten unterschieden, wurde er lebhaft. Der Verlust an Spontaneität erklärte hinreichend die verlängerten Zeiten: Sollte ich als Frau antworten? Als Mann? Und wenn als Mann: wie denn, um Himmelswillen? So daß ich schließlich auf »rot« nicht »Liebe« sagte, wie sonst immer, sondern »Wut«. Auf »Frau« nicht »Mann«, sondern »schön«. Auf »Kind« »schmutzig« anstatt »weich«, und auf »Mädchen« nicht »schlank«, sondern »süß«. Olala, sagte mein Freund Rüdiger, ganz schön schon, mein Lieber.

Nun wollten wir essen gehen. Die langen Institutsgänge herunter zur Kantine, in ein lockerentspanntes Gespräch vertieft, ein Arm Rüdigers im Eifer der Unterhaltung zwanglos um

meine Schulter gelegt. Zwei gute Kumpel. Gemeinsamen Bekannten wurde ich mit Genuß als Fachkollege und Gast
vorgestellt, und wenn sie fragten, ob nicht irgendein Zug in
meinem Gesicht ihnen bekannt vorkomme, wurden sie ausge-
lacht. Hinter Ihrer Türe, Professor, herrschte Stille. Sie bogen
um keine Ecke. Sie saßen nicht in der Kantine. Neugier war
Ihre Schwäche nicht. So haben Sie nicht gesehen, wie ich
Eisbein mit Erbspürree essen mußte, was Doktor Rüdiger für
den Beweis von eines Mannes Männlichkeit hält.

Zum ersten-, aber nicht zum letztenmal kam mir der Gedanke, mein Gegenüber habe sich durch meine Verwandlung
stärker verändert als ich selbst. Nur Sie, wahrhaftig, sind sich
gleich geblieben. Doktor Rüdiger gab seine Genugtuung über
meine »Neufassung« nicht nur unumwunden zu, sondern war
auch bereit, sie zu begründen. Das Rachemotiv sei natürlich
ein Scherz gewesen. Obwohl mir ein kleines bißchen Strafe
vielleicht ganz gut täte. Wofür? Für meinen gottverdammten
Hochmut natürlich. Für das schlechte Beispiel, das ich anderen Frauen durch meine freiwillige Ehelosigkeit geliefert hatte,
so der um sich greifenden Ehe-Unlust des schwachen Geschlechts Vorschub leistend und die Rebellion gegen die Langeweile und Unproduktivität der Ehe verstärkend. O nein, er
sitze keineswegs im Glashaus. Ein Mann als Junggeselle – wie
er zum Beispiel – sei ein freier Mensch, der niemandem etwas
wegnehme. Er konnt ja nicht ahnen, Doktor Rüdiger, daß
mein weiblicher Instinkt mich noch nicht verlassen hatte und
mir signalisierte, daß so nach Rache lechzt, wer sich gedemü-
tigt fühlt. Es kränkte ihn schrecklich, daß er mich, auch wenn
er es gewollt hätte, nicht hätte kriegen können, weil keiner
mich hatte.

So unternahm er allen Ernstes den Versuch, mich zum Manne
zu bekehren, während wir Apfelkuchen aßen und Kaffee
tranken. Problemgeladene Frauen mag Doktor Rüdiger nicht
besonders – und wer mag die schon? Sie mögen sich ja nicht
mal selbst, sofern sie intelligent genug sind, die Zwickmühle
zu sehen, in der sie stecken, zwischen Mann und Arbeits-
drang, Liebesglück und Schöpfungswillen, Kinderwunsch und
Ehrgeiz ein Leben lang zickzack laufen wie eine falsch pro-

grammierte kybernetische Maus. Verkrampfungen, Verklemmungen, Aggressivitäten, wie man sie, als bekümmerter Freund, in meinen letzten Jahren als Frau an mir habe beobachten müssen ... Kurz und gut: Ich sollte bloß nicht so hirnverbrannt sein, in die Fallgrube zurückzuplumpsen, der ich glücklich entronnen war!

Du willst mich ja zum Manne bekehren, sagte ich und mußte lachen.

Siehst du, sagte Doktor Rüdiger, jetzt kannst du es dir leisten, so etwas komisch zu finden. – Da wir schon bei Witzen sind, sagte ich: Ob du nicht einfach einer Frau als Leiter überdrüssig bist? – Dies entschied Rüdiger, sei kein Witz, sondern gewöhnliches Ressentiment. Wogegen es Humor war, wenn er mir nach Tisch eine von seinen starken Kuba-Zigarillos anbot.

Da sah ich Irene und Beate quer durch die Kantine auf unseren Tisch zusteuern, Irene mit ihrem schlaksigen Gang und dem ewigen grünen Pullover, Beate neuerdings aschblond, was ihr ohnehin helles Gesicht nicht hebt. Ein Blick auf Rüdiger überzeugte mich: Er sah das alles auch. Gleich mußten wir den beiden beteuern, daß wir nicht über sie hergezogen waren. Warum müssen Frauen immer denken, zwei Männer, die zusammensitzen, ziehen über sie her? Weil sie es fast immer tun, sagte Irene. Weil Frauen sich zu wichtig nehmen, Doktor Rüdiger. Weil Frauen eben von Natur aus Minderwertigkeitskomplexe haben, fand Beate. Ich hörte ihnen zu und hatte keine Meinung, lebte im Unschärfebereich des Niemandslandes und hatte nichts als ein erstes bißchen Heimweh nach den Ungereimtheiten der Frauen. Irene, die in mir ein mitschuldiges Opfer gewissenloser Abwerbung sah, warnte mich vor den Bestechungsversuchen, denen ich ausgesetzt sein werde, um mir den Verrat von Geheimnissen abzunötigen, die ohne mich nie ein Mann erfahren würde. – Ich zweifelte, aber Doktor Rüdiger lieferte als Beleg eine Geschichte aus dem klassischen Altertum:

Teiresias, ein Grieche, sah einst zwei Schlangen sich begatten und verwundete die eine. Zur Strafe wurde er in ein Weib verwandelt und hatte Umgang mit Männern. Dem Gott Apoll tat er leid. Er gab ihm einen Wink, wie er wieder ein Mann werden könne: Er müsse denselben Schlangen noch einmal zusehen und die andere verwunden. So tat Teiresias und gewann sein wahres Geschlecht zurück. Zur gleichen Zeit aber stritten sich die großen Götter Zeus und Hera über die Frage, wer bei der Umarmung die größere Lust empfände, Mann oder Weib. Als kompetenten Richter riefen sie schließlich Teiresias. Der behauptete, der Mann empfände ein Zehntel der Wollust; das Weib aber koste die volle, ganze Lust aus. – Hera, erzürnt über den Verrat des streng gehüteten Geheimnisses, blendete den unglücklichen Teiresias. Zum Trost verlieh der große Zeus dem Blinden die Gabe des Sehers.

Das kurze Schweigen an unserem Tisch legte die Vermutung nahe, daß jeder einen ersten Gedanken für sich behielt (der meine war, merkwürdig genug: Wer wird mich blenden?). Der zweite war bei allen ein Ausruf, der aber Verschiedenes bedeutete, wie ja überhaupt Doktor Rüdigers Geschichte alles andere als eindeutig ist. Irene glaubte mich warnen zu müssen vor den Strafen, die auf Verrat von Weibergeheimnissen stehen. Wieso nur? sagte Beate leise. Teiresias hat doch gelogen . . .

Eine Unterhaltung unter Männern kann niemals das gleiche sein wie ein Gespräch zwischen gemischten Teilnehmern. Mein Hochgefühl war dahin. Statt dessen eine Empfindung von Leere, in Brusthöhe lokalisierbar. Kein Wunder. Aber was mich unsicher machte, war nicht das Fehlen eines weiblichen Organs, der Brust, sondern das Fehlen der abschätzenden Männerblicke, die einem anzeigen, daß man »da« ist.

Ich gebe Stichproben, Sie verstehen, und immer habe ich Angst, Sie zu langweilen. Es ist mir nie gelungen, mich als Spion zu fühlen, der mit der vollkommensten aller Tarnkappen im Hinterland des Gegners operierte. Dafür bekam ich Schwierigkeiten mit der Anwendung aller Ableitungen des Personalpronomens »ich«. Daß es die Erwartungen unserer Umwelt sind, die uns machen – wer wüßte das nicht? Aber was war all mein Wissen gegen den ersten Blick einer Frau, der mich traf? Gegen meine ersten Gänge durch die Stadt, die mich nicht erkannte und mir fremd geworden war? Mann und

Frau leben auf verschiedenen Planeten, Professor. Ich sagte es Ihnen – erinnern Sie sich? –, und Sie warfen mir Subjektivismus vor und erwarteten meinen Rückzug und die Beteuerung, daß ich wie üblich meine Sinneseindrücke und Empfindungen Ihrer Deutung unterwerfen würde. Da habe ich Sie zum erstenmal enttäuscht. Die alten Tricks kamen nicht auf gegen meine neue Erfahrung. Ich wollte doch einmal sehen, was dabei herauskam, wenn ich bei meiner Meinung blieb. Wenn ich nicht gleich wieder anfing, mich schuldig zu fühlen: schuldig eines irreparablen Charakterfehlers, der uns Frauen, so leid es den Männern tut, unfähig macht, die Welt zu sehen, wie sie wirklich ist. Während Sie sie in ihrem Fangnetz aus Zahlen, Kurven und Berechnungen dingfest gemacht haben, nicht wahr? Wie einen ertappten Sünder, mit dem man sich nicht weiter einlassen muß. Vom dem man sich distanziert – am raffiniertesten mittels einer unübersehbaren Aufzählung von Fakten, die wir als wissenschaftliche Berichte ausgeben.

Wenn Sie es so verstehen, Professor, haben Sie recht mit Ihrer scherzhaften Behauptung, scientia, die Wissenschaft, sei zwar eine Dame, sie besitze aber ein männliches Gehirn. Jahre meines Lebens hat es mich gekostet, mich jenem Denken, dessen höchste Tugenden Nichteinmischung und Ungerührtheit sind, unterwerfen zu lernen. Heute habe ich Mühe, mir wieder Zutritt zu verschaffen zu all den verschütteten Bezirken in meinem Innern. Die Sprache, das wird Sie wundern, kann mir helfen, mit ihrer Herkunft aus jenem erstaunlichen Geist, dem »urteilen« und »lieben« ein einziges Wort sein konnte: »meinen«. Immer haben Sie mir die Trauer über Unabänderliches verwiesen. Und doch ergreifen mich die Schicksale mancher Wörter; und doch peinigt mich mehr als alles andere die Sehnsucht, Verstand und Vernunft, im liederlich-schöpferischen Schoß der Sprache einst ein und dasselbe, durch uns miteinander zerstritten, wieder brüderlich vereint zu sehen . . .

Nie wäre ich, Anders, darauf verfallen, die gleichen Gegenstände mit denselben Wörtern zu benennen, mit denen ich, als Frau, sie einst bezeichnet hatte, wenn mir nur andere Wörter eingefallen wären. Zwar erinnerte ich mich, was ihr »Stadt«

war: eine Fülle immer wieder enttäuschter, immer sich erneuernder Hoffnung. Ihm – also mir, Anders – eine Ballung unausschöpfbarer Gelegenheiten. Er – also ich – war betäubt von einer Stadt, die mich lehren wollte, daß es meine Pflicht war, Eroberungen zu machen, während die Frau in mir noch nicht die Technik verlernt hatte, sich zu zeigen und, falls die Situation es so wollte, klein beizugeben.

Die Autogeschichte wird Sie nicht überzeugen, aber spaßig ist sie vielleicht doch. Daß Frauen einen mangelhaft entwickelten Orientierungssinn haben und daher, selbst bei guten technischen Fertigkeiten, keine guten Fahrer sind, sagte mein Fahrlehrer in der ersten Stunde, um mich auf die zwiespältigen Reaktionen anderer Verkehrsteilnehmer – und zwar Frauen und Männer – auf die Frau am Steuer vorzubereiten. Ich begann also, mich in Gegenden zu verirren, die ich früher zu kennen glaubte, und mich damit abzufinden, daß Autofahren anstrengend ist. Bis mich, zu Beginn meiner zweiten Woche als Mann, mein Motor mitten auf der verkehrsreichen Kreuzung am Alexanderplatz im Stich ließ und mir nichts anderes übrigblieb, als den Verkehr zu blockieren, auf die schrillen Pfiffe und das geringschätzige Achselzucken des Verkehrspolizisten, auf das Hupkonzert hinter mir und die höhnischen Zurufe der Vorbeifahrenden zu warten. Ich glaubte zu träumen, als der Polizist mit Pfiff und Handzeichen meine Fahrtrichtung sperrte, von seiner Verkehrskanzel herunterstieg und mich fragte, wo es denn fehle, wobei er mich mit »Meister« anredete, als ein paar Fahrerkollegen aus anderen Wagen ohne viel Federlesens das Unglücksauto von der Kreuzung schoben und niemand Lust zeigte, mein dringendes Bedürfnis nach Belehrung, Strafpredigt und Strafmandat zu befriedigen. Wollen Sie mir glauben, daß es für mich keine Orientierungsschwierigkeiten mehr gibt?

Doch zurück zu meinem Planeten. Wo hätte ich in dem Protokoll mein nicht nachweisbares Empfinden eintragen sollen, daß mir als Mann die Erdenschwere leichter wurde? Während jene blutjunge Studentin eines Abends auf menschenleerer Straße ohnmächtig neben mir zu Boden sank. Mit unbegründet schlechtem Gewissen half ich ihr auf, führte sie zu einer Bank und bot ihr – die selbstverständlichste Sache der Welt – eine Erholungspause in meiner nahegelegenen Wohnung an. Worauf sie mich empört musterte und »naiv« nannte. Ich habe später nachgesehen: Naiv hieß früher soviel wie »angeboren, natürlich« – aber hätte ich dem Mädchen von angeborener Freundlichkeit oder natürlicher Hilfsbereitschaft reden können, ohne ihre Erbitterung gegen uns Männer noch zu steigern? Ich hatte das Unglück, mich auf ihren »Zustand« zu berufen, denn daß sie schwanger war, sah jede Frau auf den ersten Blick. Ich aber war keine Frau, mir konnte sie nur ihre Verachtung zeigen (»Was denn für ein Zustand!«) und mich abblitzen lassen. Da stand ich, wie vor den Kopf geschlagen, zum erstenmal im Leben für mein Geschlecht beleidigt. Ich begann mich zu fragen, was ihr eigentlich mit uns angestellt habt, daß wir es euch aus Rache verwehren müssen, freundlich zu uns zu sein. Wenig beneidenswert schien mir eure Verstrickung in die Unzahl eurer nützlichen Tätigkeiten, da ihr doch tatenlos zusaht, wie die Wörter »menschlich« und »männlich«, einer Wurzel entsprungen, unrettbar weit voneinander wegtrieben.

»Unrettbar« sagte Irene: So kategorisch bin ich nicht. Sie kam, um ihre Melancholie mit der meinen zusammenzutun, in meinen siebzehnten Stock. Ein Wein hat sich uns öfter dabei als hilfreich erwiesen, Musik, hin und wieder der Fernseher. Der führte uns die Probleme einer überlasteten Lehrerin, Mutter von drei Kindern, mit ihrem phlegmatischen Ehemann vor, einem Haushaltgerätekonstrukteur. Der Autor dieses Films, leider eine Frau, gab sich alle Mühe, durch ein bedarfsgerechtes Sortiment an Küchen- und Haushaltsmaschinen gleichzeitig die Planerfüllung des Betriebes und die Ehe der Lehrerin in Ordnung zu bringen. Irene mußte sich fragen, ob nicht der ganze Schlamassel, in dem sie steckt, seine schlichte Erklärung in der Seltenheit von Haushaltsgerätekonstrukteuren findet. Den langen, schlaksigen, kraushaarigen Menschen, den sie zwei Monate lang gar nicht so übel gefunden hatte, mußte sie auch wieder wegschicken, wegen seiner Unfähigkeit, erwachsen zu werden. Irene ist aufgebracht über die Mütter von Söhnen und trägt sich mit der Absicht, eine

Erziehungsfibel zu verfassen, deren erster Satz lauten soll: Liebe Mutter, Ihr Kind, obwohl ein Sohn, ist schließlich auch ein Mensch. Erziehen Sie ihn so, daß Sie Ihrer Tochter zumuten könnten, mit ihm zu leben.

Wie wir uns zusammen noch ein paar Sätze ausdachten, die wir auf einem Zettel notierten; wie wir in Fahrt kamen und uns ins Wort fielen und einer über den anderen lachen mußte; wie Irene sich einen Spaß daraus machte, mich dauernd mit meinem Männernamen anzureden (du, Anders!); und wie sie dann unseren Zettel im Aschenbecher verbrannte, weil es nichts Komischeres gibt als Frauen, die Traktate schreiben – das alles werde ich nicht in Einzelheiten berichten. Nur daß ich sagte: Frauen? Ich seh hier nur Mann und Frau! Und daß es mir gelang, meiner Frage genau jenen Unterton zu geben, den eine Frau zu dieser Stunde von einem Mann erwarten konnte. Und daß sie nur sehr wenig noch sagte, zum Beispiel, wie schade es jetzt doch sei, daß wir uns von früher kannten. Und daß ich zum Beispiel ihr Haar berührte, das mir schon immer gefallen hatte, glatt und dunkel. Und daß sie noch einmal, du, Anders, sagte: Du, Anders, ich glaub, wir haben keine Chance. Aber vielleicht hat diese verdammte Erfindung von deinem Professor doch ihr Gutes.

Für andere, meinte sie. Und für den Fall, daß gewisse Fähigkeiten den Männern noch weiter verkümmern sollten – wie das Vermögen, uns im wörtlichen wie im biblischen Sinne zu erkennen. Feminam cognoscere. Und er erkannte sein Weib ... Ja: Höher als alles schätzen wir die Lust, erkannt zu werden. Euch aber ist unser Anspruch die reine Verlegenheit, vor der ihr euch, wer weiß, hinter euren Tests und Fragebogen verschanzt.

Haben Sie die Andacht gesehen, mit der unser kleiner Kybernetiker seinen Computer füttert? Diesmal handelte es sich um die Auswertung der 566 Fragen meines MMPI-Tests, die unserm Kybernetiker Zeit ließ, mich darüber zu trösten, daß wir Frauen auch die Kybernetik nicht erfunden haben – ebensowenig wie vorher das Pulver, den Tuberkulosebazillus, den Kölner Dom oder den »Faust«. – Durch das Fenster sah ich Sie aus der Tür des Hauptgebäudes treten. – Frauen, sagte unser kleiner Kybernetiker, die in der Wissenschaft die erste Geige spielen wollen, sind einfach zum Scheitern verurteilt. Jetzt sah ich erst, wie verzweifelt er darüber war, daß der Erfolg dieses hochwichtigen Experiments, welches zur Reduzierung einer fragwürdigen Gattung beitragen konnte, ganz und gar in den Händen einer Frau lag. – Unten fuhr der schwarze Instituts-Tatra vor, und Sie stiegen ein. – Unser kleiner Kybernetiker studierte die Auskünfte seines Computers. Zum erstenmal sah ich ihn mir näher an, seine kleine Gestalt mit dem großen Kopf, die schmalen, nervösen, eifernden Finger, die schwächliche Statur, seine verstiegene Redeweise ... Wie mag er als Jüngling unter uns Frauen gelitten haben! – Ihr Wagen hatte den Bogen über den Kieshof beschrieben und war zwischen den Pappeln am Tor verschwunden. – Unser Kybernetiker gab bekannt, daß meine Konditionierung anscheinend zum Teufel gehe. Mich interessierte es verdammt wenig, ob ich noch meine üblichen Reaktionen auf emotionale Reize zustande brachte, aber er wußte nicht, ob es ihn bekümmern oder freuen sollte, daß sein Computer mich für zwei grundverschiedene Personen hielt und mit einer Beschwerde wegen böswilliger Irreführung drohte.

Im Labor sagte mir Irene mit undurchdringlicher Miene, nach Auswertung der letzten Analysen sei ich der männlichste Mann, den sie kenne. Ich stellte mich ans Fenster. Er kommt nicht gleich zurück, sagte sie. Er macht heute von dieser Konferenz in der Uni Gebrauch. Da glaubte ich immer noch, Sie hätten es bis jetzt vermieden, mich in meiner neuen Gestalt zu sehen. Daß Sie es aber fertigbringen würden, mich nicht zu erkennen, wäre mir nicht im Traume eingefallen. Bestürzt sind Sie ja niemals. Schon lange hatte ich Sie fragen wollen, wann dieses Immer-auf-alles-gefaßt-sein bei Ihnen angefangen hat. Aber die Frage wäre ein arger Verstoß gegen die Spielregeln gewesen, die wir heilig hielten. Sie schützten uns zuverlässig davor, aus unseren Rollen zu fallen, wie sehr mir auch meine Rolle des munteren Verlierers längst gegen den Strich ging. Manchmal hieß das Spiel: Wer fürchtet sich vorm schwarzen Mann? und ich hatte zu rufen: Niemand! Dann wieder galten andere Spiele, nur eine Regel blieb: Wer sich umdreht oder lacht, dem wird der Buckel blau gemacht. Ich habe mich niemals umgedreht. Nie den Spielmeister ertappt. Nie über ihn gelacht. Hätte ich ahnen sollen, daß Ihre eigenen Vorschriften Sie drücken?

Sie werden sich erinnern. Es war Sonnabend, der 16. März, jener Tag mit dem »launischen Aprilwetter«, der elfte meiner verwandelten Existenz, als Sie gegen 23 Uhr das Operncafé verließen, allein und so gut wie nüchtern, und ein wildfremder junger Mann, der Ihnen offenbar aufgelauert hatte, auf Sie zutrat, Ihnen seine Begleitung aufdrängte und nicht einmal die Manieren hatte, sich vorzustellen. Sie, ohne Überraschung zu zeigen, ohne ein Erkennungszeichen von sich zu geben, stellten sich, als gebe es für Sie nichts Alltäglicheres als ein vertrauliches nächtliches Gespräch mit einem Unbekannten. Gleich waren Sie wieder Herr der Lage. Geistesgegenwärtig entwickelten Sie ein neues Spiel, und Sie waren es wieder, der die Teilnahmebedingungen festlegte, die Sie übrigens großzügig handhaben, wenn nur eines nicht angetastet wurde: daß Sie das Recht hatten, sich draußen zu halten. Was ich Ihnen vortrug – die Klage etwa, daß einem Mann das Erinnerungsarsenal einer Frau lästig werden kann –, nahmen Sie höflich zur Kenntnis, aber es ging Sie nichts an. Sie waren unverfroren, und ich sagte es Ihnen. Sie zuckten mit keiner Wimper. Ich wußte, daß ich jetzt empört sein sollte, aber ich war nicht empört. Kühl nahm ich meine Gelegenheit wahr, Ihnen mit meinen neuen Erfahrungen zu Leibe zu rücken, den Spieß umzudrehen, Sie mit Beschwerden, Anklagen, Drohungen einzukreisen. Ich erinnerte mich genau, wie oft ich diesen Augenblick in Gedanken durchgespielt hatte, jede Wendung, alle Stellungen kannte ich auswendig. Aber da ich sie endlich ausführte, hatte ich die Lust an ihnen verloren und begann zu ahnen, was das bedeuten mußte. Fast wie zu einer Pflichtübung verstieg ich mich noch zu der Behauptung, daß Mann und Frau auf verschiedenen Planeten wohnen, um Sie zu Ihren üblichen milden Einschüchterungsversuchen zu zwingen und damit auftrumpfen zu können, daß sie nichts mehr bei mir verfingen.

Wir standen am Fuß des Fernsehturms am Alex. Dachten Sie, ich hätte aus gekränkter Eigenliebe auf einmal in einem zufällig leer vorbeifahrenden Taxi die Flucht ergriffen? Weit gefehlt. Ich floh, weil ich nicht gekränkt war, weil ich keine Angst hatte, weil ich nicht traurig und nicht froh war und die Spannung dieses ganzen Tages überhaupt nicht mehr verstand. Ich floh, weil ich die ganze Zeit mit Ihnen über einen Fremden gesprochen hatte, für den ich selbst kein Mitgefühl mehr aufbringen konnte. Was ich mir auch, allein im dunklen Auto, an Schönem und Gräßlichem vorstellen mochte – mein Gefühl blieb taub. Was ich auch in mich hineinfragte – niemand antwortete mir. Die Frau in mir, die ich dringlich suchte, war verschwunden. Der Mann noch nicht da.

Mattgesetzt – dieses Wort fiel mir ein, denn die Sprache wenigstens hatte sich mir noch nicht entzogen.

Unbewußt hatte ich dem Taxifahrer die Adresse meiner Eltern genannt. Nun beließ ich es dabei, zahlte, stieg aus, erblickte schon von der Straße her das Licht in ihrem Wohnzimmerfenster und stellte mich auf den Steinsockel im Vorgarten, von dem aus man das Zimmer ungehindert übersieht. Meine Eltern saßen in ihren Stammsesseln und hörten Musik. Die Bücher, die sie vorher gelesen hatten, lagen, mit den Rücken nach oben, vor ihnen auf dem niedrigen Tischchen. Sie tranken Wein, einen Bocksbeutel, den sie allen anderen Weinen vorziehen, aus den altmodischen langstieligen Gläsern. Einmal in zwanzig Minuten bewegte mein Vater die Hand, um meine Mutter auf eine Passage des Konzerts hinzuweisen. Meine Mutter lächelte, weil er sie immer mit der gleichen Handbewegung auf dieselbe Stelle hinweist und weil sie darauf wartet und es gerne hat, daß er, wie er dann auch tat, aufblickt und ihr Lächeln mit ein wenig Selbstironie erwidert. Wie aus den erregten Debatten mit Freunden, die in meiner Kindheit das Haus meiner Eltern erfüllten, allmählich Unterhaltungen wurden, aus Freunden und Feinden Gäste, stieg meiner Eltern Lust am Alleinsein. Sie haben das Kunststück fertiggebracht, einander mit der notwendigen Schonung zu begegnen, ohne das Interesse aneinander zu verlieren.

Ich hätte hineingehen können. Hätte die Geheimhaltungsvorschriften übertreten und ihnen meine Lage schildern können. An Verständnis für mich hat es ihnen nie gefehlt. Keine unpassende Frage, kein Befremden, nicht die Spur eines Vorwurfs wäre mir begegnet. Sie hätten in meinem alten Zimmer mein Bett fertiggemacht und den in unserer Familie gebräuchlichen Schlaftrunk bereitet. Dann hätten sie beide nebenan schlaflos gelegen und die ganze Nacht darüber gegrübelt, was sie falsch gemacht haben. Denn das Glück meiner Eltern ruht auf einem ziemlich einfachen Begriff von den Zusammenhängen zwischen Ursache und Wirkung.

Ich bin nicht hineingegangen. Mit dem nächsten Taxi bin ich zu mir nach Hause gefahren, habe mich ins Bett gelegt, um drei Nächte und zwei Tage nicht aufzustehen – eine Zeitspanne, in der ich aber meine Protokollnotizen leidlich aufrechterhielt, obwohl die Fähigkeit, Bezeichnungen für meinen Zustand zu finden, in dem Maße nachließ, in dem ich mich körperlich gesunden fühlte. Da Sie den Begriff »Krise« niemals zulassen würden, einigten wir uns stillschweigend auf »Peripetie« – als stünden wir kurz vor der unvermeidlichen Auflösung aller Verwicklungen in einem dümmlichen klassischen Drama.

Beate aber sprach am Montag ohne Umschweife von einem Fiasko. Sie wissen, was passierte: Mein Versagen beim Gedächtnistest. Dabei hätte auch ihr wohl einleuchten können, daß für einen gewissenhaften Menschen die Antwort »ich weiß nicht«, verglichen mit einer massiven Lüge, das kleinere Übel darstellt. Nach angestrengtem Überlegen – das bezeugen die mir an Puls und Gehirnströme angeschlossenen Apparate – antwortete ich siebenmal auf ihre Fragen, ich wisse es nicht, ehe sie nervös wurde und begann, mir vorzusagen. Als hätte ich den Namen meines Lieblingslehrers vergessen! Aber wie konnte ein Mann, der, wie ich auf einmal deutlich sah, seine wohlberechnete Wirkung auf Mädchen in den Ablauf seiner Chemiestunden einbaute, je mein Lieblingslehrer gewesen sein? Oder die »größte Kindheitsfreude«. Natürlich wußte ich, was ich dreimal in Abständen von einem Vierteljahr darauf geantwortet hatte: schaukeln. Ich konnte ja auch, wenn es denn sein mußte, das Erinnerungsbild eines schaukelnden

Mädchens in mir herstellen, das juchzte, dem die Röcke flogen, das sich von einem Jungen abstoßen ließ ... Nur daß dieses Bild eindeutig Unlust in mir erzeugte und als Antwort auf die Frage nicht mehr paßte. Ebensowenig wie der Name des Jungen – Roland, ja doch, zum Teufel! – zu der Frage nach dem »ersten Freund«. Mein erster Freund konnte doch unmöglich – sah denn Beate das nicht? – jenes fremde schaukelnde Mädchen umfaßt und von der Schaukel gehoben haben ...

Unterstellungen, alles Unterstellungen, was in meiner Akte zu lesen stand. Nehmen Sie nur diese alberne, ewig unfertige Farbtafel. Freilich hatte ich dieses Bildchen immer als »Liebespaar, unter freiem Himmel dem Wald zustrebend« gedeutet. Nur konnte ich das Liebespaar jetzt einfach nicht mehr finden, so peinlich mir das auch war, weil es nach Ziererei aussah. Zwei Sportler, zur Not, die sich auf einen Wettkampf vorbereiteten. Aber auch das nicht sicher. Also schwieg ich besser. Es war doch kein Unglück, nicht zu erkennen, was diese sinnlose Tafel darstellen sollte.

Da fing Beate zu weinen an. Die stille, die bescheidene Beate. Beate, deren Name so gut zu ihr paßte: die Glückliche. Die alles ins rechte Verhältnis zueinander brachte: den schwierigen Beruf, einen anspruchsvollen Mann, zwei Kinder; die nie von sich reden machte. Und die vielleicht selbst nicht geahnt hatte, welch Unmaß an Hoffnung sie mit diesem Experiment verband. Wissen Sie, daß sie zu allem bereit war? Sie wollte die nächste sein: Das war ihr Ernst. Über mein Versagen geriet sie außer sich. In meinem widerwärtigen Hochmut werde ich noch diese einmalige Chance für alle anderen mit vertun, weil ich sie nicht wirklich brauche und daher gar nicht zu schätzen wisse.

Irene half mir, Beate ins Auto zu bringen. Ich fuhr sie nach Hause. Was sie unterwegs noch alles sagte, in welchem Ton, welche Art von Wörtern sie dabei benutzte, behalte ich für mich. Aber mir ist eine Scheu vor den stillen, bescheidenen Frauen geblieben. – Sie wohnt schön, Beate. Garten und Haus sind gepflegt. Keine schmutzige Tasse, kein ungemachtes Bett. Keine Unordnung hinter ihrem Rücken, sie wollte sich nie etwas vorzuwerfen haben. Ich bettete sie auf die Couch und gab ihr Schlaftabletten. Ehe sie einschlief, fragte sie: Warum sagst du nichts?

Sie dachte wohl, es stünde mir frei, zu reden oder zu schweigen. Sie konnte sich die Stille nicht vorstellen, die in mir herrschte. Keiner kann sich diese Stille vorstellen.

Wissen Sie, was »Person« heißt? Maske. Rolle. Wirkliches Selbst. Die Sprache, scheint mir nach alledem, ist wohl an wenigstens einen dieser drei Zustände gebunden. Daß sie mir alle abhanden gekommen waren, mußte soviel bedeuten wie totales Schweigen. Über niemanden läßt sich nichts aufschreiben. Dies erklärt die Drei-Tage-Lücke in meinem Bericht.

Als mir nach Tagen der Gebrauch von JA und NEIN möglich wurde, ging ich wieder unter Menschen. Verändert, natürlich: das haben sie alle ganz richtig gesehen. Aber doch nicht schonungsbedürftig. Doch nicht angewiesen auf diese besorgt forschenden Blicke, die es mir ja nur schwerer machten, überzeugend zu zeigen, daß ich über den Berg war. Absurderweise wollte gerade jetzt keiner mir glauben: Ihr Zweifel tauchte auf, als meiner sich verflüchtigte. Mein wahrheitsgemäß-stereotypes »Danke gut« auf ihr stereotypes »Wie geht es dir?« ging ihnen auf die Nerven. Aber die Meinungen, die sie über mich haben mochten, lagen mir nicht wie früher am Herzen. Das wieder paßte ihnen nicht.

Aber was hatten wir uns eigentlich alle gedacht?

Oder Sie! Wäre es denkbar, daß Sie den Preis, den ich zahlen sollte, nüchtern einkalkuliert hatten? Ich frage ja bloß: affektfrei, wie Sie es immer gefordert haben. Affektfrei, aller alten Bindungen los und ledig, konnte ich endlich aussteigen aus einem gewissen Spiel, dessen Regeln uns so lange heilig gewesen waren. Dieses Schutzes bedurfte ich nun nicht mehr. Der Verdacht, daß Sie genau das vorausgesehen und sogar gewünscht haben mochten, kostete mich ein Achselzucken. Ich entdeckte das Geheimnis der Unverwundbarkeit: Gleichgültigkeit. Kein Brennen mehr in mir, wenn ein gewisser Name fiel, eine gewisse Stimme zu hören war . . . Eine bedeutende Erleichterung, Professor, die mir ungeahnte Freiheiten eröffnete. Wenn ich die Augen schloß, war ich nicht mehr gezwungen, schmerzhafte Lust aus einer Folge von Bildern zu ziehen, die – beschämend genug – immer die gleichen zwei Personen in immer den gleichen Situationen zeigte. Vielmehr beherrschten mich Zukunftsvisionen: Mein glorreiches Abschneiden in diesem Experiment, mein Name in aller Munde, Jubel, Auszeichnungen, der Ruhm in vollen Zügen.

Sie schütteln den Kopf, Sie mißbilligen. Aber was wollen Sie: Sollte ich fertigbringen, was den meisten Männern nicht gelingt – ohne Selbstbetrug Auge in Auge mit der Realität zu leben? Vielleicht hatten Sie gehofft, daß einer es schaffen würde: Ihr Geschöpf. Daß Sie ihn dabei beobachten könnten und der Abglanz von Empfindungen auf Sie fallen würde, die Sie sich selbst seit langem verboten und allmählich wohl verloren haben (was Ihnen geblieben sein mag, ist das Gefühl eines unersetzlichen Verlusts); aber ich mußte Sie enttäuschen. Ohne es zu merken, begann auch ich, den leichteren Weg vorzuziehen und den Erfolg des Experiments, dessen barbarischer Unsinn mir nicht mehr voll gegenwärtig war, allen Ernstes in den Mittelpunkt meiner Bestrebungen zu rücken. Des Doktor Rüdiger klassische Anekdote fällt mir ein. Ohne es zu wissen oder zu wollen bin ich doch Spion gewesen im Hinterland des Gegners und habe erfahren, was euer Geheimnis bleiben muß, damit eure bequemen Vorrechte nicht angetastet werden: daß die Unternehmungen, in die ihr euch verliert, euer Glück nicht sein können, und daß wir ein Recht auf Widerstand haben, wenn ihr uns in sie hineinziehen wollt.

Nein, Professor: Keine Göttin steigt herab, den Verräter zu blenden – es sei denn, Sie wollen die Gewohnheit, die uns blind macht, eine allmächtige Göttin nennen. Die Teilerblindung, die fast alle Männer sich zuziehen, begann auch mich zu befallen, denn anders ist heute der ungeschmälerte Genuß von Privilegien nicht mehr möglich. Wo ich früher aufbegehrt hatte, erfaßte mich jetzt Gleichmut. Eine nie gekannte Zufriedenheit begann sich in mir auszubreiten. Einmal akzeptiert, gewinnen die Übereinkünfte, die wir scharf beargwöhnen müßten, eine unwiderstehliche Macht über uns. Schon verbot ich mir die Traurigkeit als unfruchtbare Vergeudung von Zeit und Kraft. Schon kam es mir nicht mehr gefährlich vor, an jener Arbeitsteilung mitzuwirken, die den Frauen das Recht auf Trauer, Hysterie, die Überzahl der Neurosen läßt und ihnen den Spaß gönnt, sich mit den Entäußerungen der Seele zu befassen (die noch kein Mensch unter dem Mikroskop gefunden hat) und mit dem großen, schier unausschöpflichen Sektor der schönen Künste. Während wir Männer die Weltkugel auf unsere Schultern laden, unter deren Last wir fast zusammenbrechen, und uns unbeirrt den Realitäten widmen, den drei großen W: Wirtschaft, Wissenschaft, Weltpolitik. Und einen Gott, der käme, uns die Sehergabe zu verleihen, voll ehrlicher Entrüstung abweisen würden ...

Wie die ziellosen Klagen unserer Frauen.

So weit war ich noch nicht, Professor. Die Zeit hatte nicht ausgereicht. Anfälle meiner alten Unruhe suchten mich heim. Ein Schock konnte mich noch retten. Eine Frage. Zwei Worte.

Wie ich Ihre Tochter Anna kennengelernt habe? Ich habe sie nicht als Ihre Tochter kennengelernt – der Verdacht ist unbegründet –, sondern als eine sehr gescheite, etwas schnippische junge Person, die im Filmclub zufällig neben mir saß und die ich – schon nicht mehr zufällig – zu einem Eisbecher einlud. Es ging ganz einfach. Sie werde mir nicht in den Arm fallen, sagte sie, wenn ich für sie bezahlen wolle: Sie sei gerade pleite, und es treffe ja wohl keinen Armen. Absichten? Die gewöhnlichsten von der Welt; denn wenn ich schon irgendwo anfangen mußte mit der Gockelei – die Frauen lassen einem Mann keine Ruhe! – warum nicht bei diesem Mädchen, das mir wegen seines ironischen Lachens gefiel?

Der Gockel war dann nicht gefragt. Für Anna war ich ein älterer Herr, nehme ich an, der, verblödet wie die meisten Männer – dies sind ihre Worte, aber Sie kennen sie ja – nicht mehr imstande ist, irgend etwas zu merken. Zum Beispiel, daß diese Filmleute vorhin uns ganz einfach für dumm verkaufen wollten. Sie heiße übrigens Anna (ich schwöre Ihnen: Ihren Familiennamen hat Ihre Tochter mir nicht genannt!). Anna ist dafür es den Männern nicht zu leicht zu machen. Sie seien ja schon zu faul zu allem geworden, zur Liebe jedenfalls, findet Anna, und eines Tages werde es dahin kommen, daß sie zu faul werden zu beherrschen. Und uns ihre himmelschreiende Bequemlichkeit als Gleichberechtigung aufdrängen, sagte Ihre Tochter Anna zornig. Schönsten Dank, aber ohne mich.

Warum sie mich dann mit nach Hause nahm? Ich schwöre Ihnen . . . Ach was. Schluß mit der Schwörerei. Natürlich hätte ich mich, als Mann, in Anna verliebt. Es regte sich etwas, wenn Sie das beruhigt. Die Gegenregung hielt der anderen aber für diesmal noch die Waage. Anna muß etwas gespürt haben, denn sie wurde stiller. Sie sagte, ich sei ihr ein bißchen rätselhaft, aber trotzdem sympathisch. Sie wollte mir ihre Platten vorspielen.

An Ihrer Gartentür hätte ich noch umkehren können. Aber nun wollte ich sehen, wie wir uns aus der Affäre ziehn. Vielleicht wollten auch Sie das sehen. Vielleicht wollten Sie mir beweisen, daß Sie die Suppe auslöffeln, die Sie sich eingebrockt haben. Sonst hätten Sie wenigstens die Einladung zum Abendbrot verhindern können. Ich, als neue Bekanntschaft Ihrer Tochter Anna von Ihrer Frau und Ihrer alten Mutter gehörig gemustert, Ihnen gegenüber an der Schmalseite Ihres Abendbrottisches. Ein Witz natürlich. Sie hatten keine Mühe, gute Miene zum bösen Spiel zu machen. Alles stumme Szenen, nur Blicke und Gesten. Aber soviel wurde klar: Sie boten Ihre bedingungslose Kapitulation an. Das Spiel war zu Ende. Keine Rede mehr davon, daß Sie die Fäden in der Hand hielten. Sie steckten in der Klemme und sahen ein, daß Ihnen recht geschah. Es stand Ihnen und entwaffnete mich. Mir also blieb überlassen, ob ich mich freiwillig noch an irgendeine Spielregel hielt. Sie wußten nicht, daß ich schon im Aus war. Die Person, der Sie Ihre Kapitulation anboten, saß nicht mit am Tisch.

Lockere Gespräche also, Heiterkeit. Erleichterung auf der einen, Großmut von der anderen Seite. Maßvolle Beobachtungen. Ein schwer zu bestimmender Ausdruck im Gesicht Ihrer Frau, der mir erst jetzt zu denken gibt. Die gute Laune Ihrer Mutter, die Fröhlichkeit Ihrer Frau: Geschickte Nachahmungen Ihrer eigenen guten Laune und Fröhlichkeit: Die beiden Frauen haben Sie mit hochempfindlichen Radarsystemen umstellt, die ihnen auch die leiseste Ihrer Gefühlsregungen zutragen. Daß Ihre Frau ein spiegelbereites Gesicht hat – das ist es. Und Objekt für den Spiegel: Sie, wiederum Sie. Eine vollkommene Einkreisung. Anna aber nicht bereit, sich abzufinden. Kratzbürstig und schnippisch, vor allem aber, worum ich sie beneide: überlegen. Es war der neunundzwanzigste Tag nach meiner Verwandlung, ein lauwarmer Aprilabend.

Wo bleibt der Schock? Die Frage? Die zwei Worte?

Ich müßte sie Ihnen wohl nicht wiederholen. Wir standen ja dann in Annas Zimmer vor ihrem Bücherbrett, unsere Weingläser in der Hand, während sie ihre Platten auflegte. Sie hatten zum erstenmal den Mut, mich zu erkennen, die Verwandlung, sie Sie bei mir bewirkt hatten, nicht zu fliehen oder zu leugnen. Ohne weiteres redeten Sie mich mit dem Namen an, den Sie mir gegeben haben: Nun, Anders – wie fühlen Sie sich? Die Frage. Wobei Sie genau den Ton zwischen Berufsinteresse und freundschaftlicher Anteilnahme trafen: neutral. Aber es kränkte mich nicht. Jener Anders entfernte sich unaufhaltsam von der Person, die so etwas hätte kränken können.

Gelassen, der Wahrheit gemäß, gab ich Auskunft: Wie im Kino.

Da rutschte Ihnen, zum erstenmal, seit ich Sie kenne, etwas heraus, was Sie nicht hatten sagen wollen: Sie auch – Die zwei Worte.

Sie wurden bleich und ich hatte mit einem Schlag begriffen. Immer ist es ein Gebrechen, das man so sorgfältig versteckt. Ihre kunstvoll aufgebauten Regelsysteme, Ihre heillose Arbeitswut, all Ihre Manöver, sich zu entziehen, waren nichts als der Versuch, sich vor der Entdeckung abzusichern: Daß Sie nicht lieben können und es wissen.

Es ist zu spät, Entschuldigungen vorzubringen. Aber an mir ist es nun, Ihnen zu sagen, daß auch ich keine Wahl hatte, mich in dieses Spiel einzulassen oder nicht; es wenigstens abzubrechen, solange noch Zeit war. Vieles können Sie mir vorwerfen, ohne daß ich etwas zu meiner Rechtfertigung vorbringen würde – vor allem anderen meine Leichtgläubigkeit, meinen Gehorsam, meine Abhängigkeit von den Bedingungen, die Sie mir aufzwangen. Wenn Sie mir nur glauben wollten, daß es nicht Leichtsinn oder Übermut waren, die jenes Geständnis von Ihnen erpreßten. Wie hätte ich wünschen sollen, daß die erste und einzige Vertraulichkeit zwischen uns das vertrauliche Eingeständnis eines Defekts wäre . . .

Jeder von uns hatte sein Ziel erreicht. Ihnen war es gelungen, sich meiner zu entledigen; mir, hinter Ihr Geheimnis zu kommen. Ihr Präparat, Professor, hatte getan, was es konnte. Nun ließ es uns im Stich.

Es gibt nichts Schlimmeres als zwei Menschen, die miteinander quitt sind.

Ich komme zum Schluß.

Am nächsten morgen erwarteten Sie mich im Institut. Gesprochen wurde wenig. Sie zeigten mir Ihr Gesicht nicht, als Sie die Spritze aufzogen. »Scham« hängt mit »Schande« zusammen. Zuschanden machen. Es bleibt uns nichts übrig, als mit dem quälendsten aller Gefühle von vorn zu beginnen.

Ich träumte nichts. Beim Erwachen sah ich einen größer werdenden hellen Fleck. Auch Ihr Petersein minus masculinum ist ein zuverlässiges Mittel, Professor. Es steht ja im Protokoll. In allen Ihren Voraussagen haben Sie recht behalten.

Jetzt steht uns mein Experiment bevor: der Versuch zu lieben. Der übrigens auch zu phantastischen Erfindungen führt: zur Erfindung dessen, den man lieben kann.

Inhalt

Christa Wolf

im Luchterhand Literaturverlag

Christa Wolf

im Luchterhand Literaturverlag

Nachdenken über Christa T.
208 Seiten. Gebunden
Auch als SL 31

**Dokumentation zu
Christa Wolf
»Nachdenken über Christa T.«**
Hg. von Angela Drescher
224 Seiten. Broschur
Auch als SL 1043

Sommerstück
Erzählung
224 Seiten. Leinen
Auch als SL 988
»Dieses Buch ist, was es nicht gibt:
eine idyllische Elegie. Es ist die vielleicht ergreifendste Prosa der Christa Wolf – ganz leise, traurig, ohne
Pathos, sattgesogen von Abschied,
doch gar nicht tränendick: Altern
ist Rückzug. Was vorliegt, ist ein
kleines großes Meisterstück.«
Fritz J. Raddatz

Störfall
Nachrichten eines Tages
SL 777. Originalausgabe

Unter den Linden
Erzählung. SL 249

Was bleibt
Erzählung
112 Seiten. Gebunden
Auch als SL 1073
»Die Erzählung entstand 1979 und
beschreibt die Zeit Ende der siebzi-
ger Jahre, in der Staatssicherheits-
beamte wochenlang bei uns vor
dem Haus standen.«
Christa Wolf

**Christa Wolf/Gerhard Wolf
Till Eulenspiegel**
SL 430

Irmtraud Morgner

im Luchterhand Literaturverlag

Amanda
Ein Hexenroman
Samlung Luchterhand 529
»Die Hexe Amanda und Kassandra,
die Seherin, sind im übrigen nicht
zufällig weibliche Figuren, die im
Sagenhaften und Mythologischen
wurzeln. Der Roman und die Erzählung suchen nach einer neuen, weiblichen Sicht auf die Welt.« *Volker
Hage*

**Hochzeit in
Konstantinopel**
Roman
SL 267

**Leben und Abenteuer der
Trobadora Beatriz nach Zeugnissen
ihrer Spielfrau Laura**
Roman in 13 Büchern und
7 Intermezzos
Luchterhand Bibliothek
684 Seiten. Leinen
Auch als SL 223
Es »ist nicht nur ein Buch, das von
Emanzipation handelt, es ist auch
seiner Form nach selbst ein Stück
Emanzipation innerhalb der Litera-
tur«. *Frankfurter Rundschau*

Rumba auf einen Herbst
Roman
374 Seiten. Gebunden

Der Schöne und das Tier
Eine Liebesgeschichte
40 Seiten. Leinen
Irmtraud Morgner, die am 6. Mai
1990 nach langer schwerer Krankheit starb, hat bis zu ihrem Tod am
(unvollendet gebliebenen) dritten
Band ihres großen Romanwerks,
der Salman-Trilogie, gearbeitet. Die
Erzählung ›Der Schöne und das
Tier‹, eine Liebesgeschichte, ist ein
Teil daraus.
»Wer sagt, die Liebe ist eine Produk-
tivkraft, ist krank. Denn sie ist
natürlich eine Krankheit. Die verrückt macht. Vor Freude verrückt
und vor Sehnsucht sowieso.«

**Die wundersamen Reisen Gustavs
des Weltfahrers**
Lügenhafter Roman mit
Kommentaren
SL 350

Texte, Daten, Bilder
Hg. von Marlis Gerhardt
SL 825

*Der Luchterhand Literaturverlag
bereitet die Veröffentlichung von
Schriften und Fragmenten aus dem
Nachlaß Irmtraud Morgners vor.*

Nachdenken über Deutschland